权威·前沿·原创

皮书系列为

“十二五”“十三五”国家重点图书出版规划项目

教育部人文社会科学发展报告项目资助

云南大学澜沧江－湄公河次区域研究中心
云南大学周边外交研究中心

澜沧江－湄公河合作发展报告（2018）

REPORT ON THE DEVELOPMENT OF THE LANCANG-MEKONG COOPERATION (2018)

主　编／刘　稚
副主编／卢光盛

图书在版编目(CIP)数据

澜沧江 - 湄公河合作发展报告. 2018 / 刘稚主编. -- 北京: 社会科学文献出版社, 2018. 12
（澜湄合作蓝皮书）
ISBN 978 - 7 - 5201 - 4039 - 3

Ⅰ. ①澜… Ⅱ. ①刘… Ⅲ. ①澜沧江 - 流域 - 国际合作 - 区域经济合作 - 研究报告 - 2018②湄公河 - 流域 - 国际合作 - 区域经济合作 - 研究报告 - 2018 Ⅳ. ①F127. 74②F125. 533

中国版本图书馆 CIP 数据核字（2018）第 286373 号

澜湄合作蓝皮书
澜沧江 - 湄公河合作发展报告（2018）

主　　编 / 刘　稚
副 主 编 / 卢光盛

出 版 人 / 谢寿光
项目统筹 / 宋月华　郭白歌
责任编辑 / 郭白歌

出　　版 / 社会科学文献出版社 · 人文分社（010）59367215
地址: 北京市北三环中路甲 29 号院华龙大厦　邮编: 100029
网址: www. ssap. com. cn
发　　行 / 市场营销中心（010）59367081　59367083
印　　装 / 三河市龙林印务有限公司

规　　格 / 开 本: 787mm × 1092mm　1/16
印 张: 17　字 数: 255 千字
版　　次 / 2018 年 12 月第 1 版　2018 年 12 月第 1 次印刷
书　　号 / ISBN 978 - 7 - 5201 - 4039 - 3
定　　价 / 98. 00 元

皮书序列号 / PSN B - 2011 - 196 - 1/1

澜沧江 - 湄公河合作蓝皮书
编　委　会

主要编撰者简介

刘　稚　云南大学澜沧江－湄公河次区域研究中心主任，研究员、博士生导师，中国东南亚研究会副会长，主要研究领域为澜沧江－湄公河次区域合作、中国与东南亚的跨界民族及沿边开放。

卢光盛　云南大学国际关系研究院副院长兼云南大学东南亚研究所所长，云南大学周边外交研究中心首席专家，教授、博士生导师，中国东南亚研究会常务理事。主要研究领域为东南亚经济、区域经济合作与国际关系。

摘　要

发源于中国青藏高原唐古拉山的澜沧江（出境后称为湄公河）素有“东方多瑙河”之称，自北向南流经中国、缅甸、老挝、泰国、柬埔寨、越南六国，全长4880公里，是亚洲重要的国际河流。中国与湄公河流域国家山水相连，人文相通，是天然的合作伙伴。在合作日益深化、利益紧密交融的基础上，2016年3月23日澜沧江－湄公河合作（简称澜湄合作）首次领导人会议在海南三亚成功举行，正式启动了“澜沧江－湄公河合作”机制，从而标志着“同饮一江水、命运紧相连”的沿岸六国在共同主导、协调推进次区域合作方面取得了历史性的进展；新机制将打造更为紧密、互利合作的澜湄国家命运共同体，为该区域的合作与发展注入新的活力。

澜湄合作启动两年多来，在中方的积极推动和相关各国的共同努力下，在政治安全、经济和可持续发展、社会人文三大支柱和互联互通、产能、跨境经济、水资源、农业和减贫五个优先领域的合作都取得了重要的进展。与此同时，随着国际和地区形势的发展变化，澜湄合作也面临着新的问题和挑战。在此形势下，云南大学澜沧江－湄公河次区域研究中心继续深入追踪分析该区域2017年以来的合作进展情况，以把握全面、突出重点为宗旨，推出《澜沧江－湄公河合作发展报告（2018）》，从三个层面系统介绍和研究2017年以来澜沧江－湄公河合作的热点和重点问题，展望次区域合作的发展趋势。

报告分为三部分。第一部分“总报告”对2017年以来澜沧江－湄公河合作的主要进展、面临问题和发展趋势进行全面分析、总结和展望。第二部分“专题篇”就《澜湄合作五年行动计划》的出台、湄公河地区国际合作机制的重叠及影响、亚行对次区域国家投资援助的特点与启示、老挝溃坝事件与澜湄合作中“以河之名”的新挑战、非国家行为体对湄公河水治理的参与，以及缅甸罗兴亚难民危机等热点问题进行专题研究和深入分析，并对新形势下我国推进澜沧江－湄公河合作的策略、重点和路径提出相关对策建议。第三部分“区域篇”则从参与澜沧江－湄公河合作的相关国家和地区入手，着重分析2017年各成员国的政治、经济、外交形势及对澜沧江－湄公河合作产生的影响，介绍相关成员参与次区域合作的具体进展和政策措施及其对澜沧江－湄公河合作的影响。

关键词： 澜湄合作　澜湄国家　命运共同体　次区域合作

Abstract

The Mekong River, known as "the Orient Danube", is an important international river flowing through China, Myanmar, Laos, Thailand and Vietnam, with a total length of 4880 km. It originates in Tanggula Mountains on the Qinghai-Xizang Plateau and iscalled Lancang River in China. China and the other Mekong countries linked together by mountains and rivers, as well as shared cultures. Based on sound cooperation and common interest, the First Lancang-Mekong Cooperation (LMC) Leaders' Meeting was held in China's Sanya on 23 March 2016, which marks the official launch of the LMC. It also demonstrates that the six Mekong countries makes with shared river and destiny make historical progress in promoting sub-regional cooperation. The LMC aims to build a much closer community of shared destiny of Lancang-Mekong country, which will not only benefit to themselves but also the development of the region.

Over the past more than two years, with the efforts of its member countries and outsider supporters, the LMC has made great achievements in all the five key priority areas of cooperation, namely, connectivity, production capacity, cross-border economic cooperation, water resources, agriculture and poverty reduction. Therefore, the Lancang-Mekong Cooperation Studies Center of Yunnan University completes this annual report after comprehensive studies on the new changes in the Lancang-Mekong sub-region since 2017. This report gives in-depth introduction and analysis on the LMC through three different levels, not only its progress, but also its prospect.

This report includes three parts, General Report, Special Topics, as well as Province and Country Reports. The General Report makes an overall analysis on the progresses and characteristics of the LMC since 2017, and its development trends. The Special Topics explores several hot issues, including the Five-Year Plan of Action on Lancang-Mekong Cooperation (2018 – 2022), the Overlapped

International Cooperation Mechanisms in the Mekong Region, ADB's investment assistance in the LMC countries, the new challenge "in the Name of Mekong River" in building a community of shared future for the LMC countries brought by Laos' dam break, non-state actors' participation in Mekong's water management, as well as Myanmar's Rohingya refugee issue. Moreover, this part also makes some suggestions for China to promote the LMC under the present complicated regional and global situation. The last part of this report analyzes political, economic and diplomatic situations in Lancang-Mekong countries and regions in 2017, as well as their impacts on the LMC. It also explores relevant their specific initiatives and policies for promoting the LMC, as well as the effects generated.

Keywords: Lancang-Mekong Cooperation; Lancang-Mekong Country; Community of Shared Destiny; Sub-region Cooperation

目　录

Ⅰ　总报告

Ⅱ　专题篇

Ⅲ 区域篇

皮书数据库阅读**使用指南**

CONTENTS

I General Report

II Special Topics

Ⅲ Province and Country Reports

总 报 告

General Report

B.1 澜湄合作的新进展与发展趋势（2017 ~2018）*

刘 稚 邵建平**

摘 要： 2017 ~2018 年，澜沧江 - 湄公河合作在中方的积极推动和相关各国的共同努力下，各方在政治安全、经济和可持续发展、社会人文三大支柱和互联互通、产能、跨境经济、水资源、农业和减贫五个优先领域的合作都取得了新的进展和成效。同时，随着国际和区域内各国形势的发展变化，澜湄合作也面临着一些新的挑战。今后应以《澜湄合作五年行动计划》为纲推动澜湄命运共同体建设，注重区域合作规划与澜湄国家和东盟发展规划的对

* 本报告为2015 年国家社科基金重大项目《“一带一路”视野下的跨界民族及边疆治理国际经验比较研究》（批准号：15ZDB112）的阶段性成果。

** 刘稚，云南大学澜沧江 - 湄公河次区域研究中心主任，研究员，博士生导师，中国东南亚研究会副会长；邵建平，红河学院政治学与国际关系学院副教授，博士。

接，以及与其他相关机制的协调发展，构建区域合作大格局。

关键词： 澜湄合作　澜湄六国　《澜湄合作五年行动计划》

2016 年 3 月正式启动的澜沧江 – 湄公河合作是中国与周边国家开展区域次区域合作进展最为迅速和最具成效的机制之一。两年来，在中、老、缅、泰、柬、越六方共同努力推动下，澜湄合作建立了领导人会议、外长会议、高官会议、优先领域联合工作组会议等四个层次机制，初步形成了“高效务实、项目为本、民生优先”的合作模式，以“澜湄效率”和“澜湄速度”引起世人瞩目。在逆全球化、贸易保护主义、孤立主义等势力抬头的背景下，澜湄合作“风景这边独好”，成为次区域合作和国际流域治理的典范。2017 年 12 月 15 日，澜湄合作第三次外长会议在云南大理成功举行。会议总结了澜湄合作机制成立以来取得的成绩，宣布了《2017 年度澜湄合作专项基金支持项目清单》并散发了《首次领导人会议和第二次外长会倡议落实清单》。会议还发表了《第三次外长会联合新闻公报》，并就《澜沧江 – 湄公河合作五年行动计划（2018 ~2022）》（以下简称《澜湄合作五年行动计划》）原则达成了一致性意见。总之，澜湄合作机制 2017 年继续在“3 +5”框架下取得了全面迅速的进展，提前完成了第二次外长会确定的目标。[①] 2018 年 1 月 10 日，澜湄合作机制第二次领导人会议在柬埔寨金边举行，会议发表了《澜湄合作五年行动计划》，为澜湄合作机制未来五年的发展规划了蓝图，勾勒出次区域共同繁荣的美好愿景。各国领导人一致认为澜湄合作机制自成立以来成效显著、发展迅速，已经从培育期进入了发展期，第一次领导人会议上提出的 45 个早期收获项目和第二次外长会议上提出的 13 个倡议都已经结出硕果。[②] 总体来看，

① 《澜沧江 – 湄公河合作第三次外长会联合新闻公报》，新华社云南大理 12 月 15 日电，http：//www. xinhuanet. com/politics/2017 – 12/16/c_ 1122119566. htm。

② 《澜湄合作第二次领导人会议发表〈金边宣言〉》，中华人民共和国外交部，2018 年 1 月 11 日，http：//www. fmprc. gov. cn/web/ziliaiao_ 674904/1179_ 674909/t1524872. shtml。

2017 年以来，澜湄合作在取得全面进展的同时，也面临着一些困难和问题，需要我们及时总结，拓展思路，积极推进。

一　澜湄合作的新进展

2017～2018 年，澜湄合作机制在三大支柱和五大优先领域的合作都取得了全面的进展。此外，澜湄合作框架和机制进一步完善，将“3＋5 合作框架”发展为“3＋5＋X 合作框架”。6 个成员国在 2017 年先后成立了澜湄合作国家秘书处（老挝、中国、泰国和柬埔寨）或澜湄合作国家协调机构（缅甸、越南），提升了成员国间的协调和沟通水平。同时，还成立了包括澜湄水资源合作中心、澜湄环境合作中心和全球湄公河研究中心三个辅助性机构，三个中心在政策对话、项目合作、人员培训、联合研究等方面对澜湄合作机制提供了有力支撑。

（一）三大支柱领域进展平稳

1. 政治安全方面的进展

在政治合作领域，澜湄六国间高层互访频繁、各国间议会、政党、民间团体交流不断。各国在互访过程中，就双边及多边关系中的问题和共同关注的国际问题进行了战略沟通，强调治国理政经验交流、推动党际交流合作的机制化。高层间频繁的互访深化了战略互信，为推进澜湄合作提供了政治保障和动力。2017 年，澜湄六国间高层互访情况具体见表 1。

双边高层互访过程中，领导人间除了就双边关系进行沟通交流外，还专门就澜沧江－湄公河合作进行了对话，表示要加强合作，促进澜湄流域的可持续发展。如 2017 年 4 月 26～27 日，越南政府总理阮春福访问老挝。在两国签署的《联合公报》中，双方“同意继续加强合作并在确保湄公河次区域各国，尤其是其下游国家的利益和谐的基础上，与有关各国和各国际组织紧密合作有效且可持续管理与利用湄公河水资源；此外，制定双方及有关各方的配合机制，以便就湄公河水资源利用活动造成的影响进行评

表 1　2017 年澜湄六国间高层互访情况

时间	高层互访情况
2017 年 1 月	越共中央总书记阮富仲访问中国
2017 年 2 月	缅甸总统吴廷觉访问柬埔寨
2017 年 2 月	老挝人民革命党中央委员会总书记、国家主席本扬·沃拉吉访问柬埔寨
2017 年 4 月	缅甸总统吴廷觉访问中国
2017 年 4 月	越南总理阮春福访问柬埔寨
2017 年 4 月	越南总理阮春福访问老挝
2017 年 5 月	越南国家主席陈大光访问中国
2017 年 5 月	柬埔寨首相洪森访问中国
2017 年 5 月	老挝人民革命党中央委员会总书记、国家主席本扬·沃拉吉访问中国
2017 年 6 月	中共中央军委副主席范长龙访问越南
2017 年 7 月	越共中央总书记阮富仲访问柬埔寨
2017 年 8 月	越共中央总书记阮富仲访问缅甸
2017 年 8 月	越南总理阮春福访问泰国
2017 年 9 月	泰国总理巴育访问柬埔寨
2017 年 9 月	中共中央政治局常委、中央书记处书记刘云山访问柬埔寨
2017 年 10 月	老挝总理通伦·西苏里访问越南
2017 年 11 月	习近平主席访问越南
2017 年 11 月	习近平主席访问老挝
2017 年 12 月	缅甸国务资政昂山素季访问中国
2017 年 12 月	柬埔寨首相洪森访问中国
2017 年 12 月	老挝人民革命党中央委员会总书记、国家主席本扬·沃拉吉访问越南

估及监督”①。

同样，高层间密集的互访促进了澜湄合作机制成员国间双边关系的提升。如 2017 年 11 月 12 ~ 14 日，中国国家主席习近平访问了越南和老挝，将中国与越南和老挝的关系提升到了一个更高的层次。此次访问是中共十九大成功召开后习近平主席的首次对外访问，显示了中国对同为社会主义国家的越南和老挝的重视。在访问期间，习近平主席与越南、老挝的党和国家领导人进行了密集会面，并就如何深化双边关系、加强在次区域等层次的合作

① 《越南与老挝发表联合声明（全文）》，〔越〕《人民报》2017 年 4 月 27 日，http：//cn. nhandan. org. vn/documentation/important - documents/item/5045401 - 越南与老挝发表联合声明（全文）. html。

进行了沟通，尤其对治国理政经验进行了交流。在越南，习近平主席两次会见了越共中央总书记阮富仲、会见了越南国家主席陈大光、越南总理阮春福、越南国会主席阮氏金银；在老挝，习近平主席多次接见了老挝人民革命党中央委员会总书记、国家主席本扬，老挝人民革命党中央委员会前总书记、前国家主席朱马里，老挝总理通伦，老挝国会主席巴妮，还会见了老挝奔舍那家族友人。在访问老挝期间，习近平主席在老挝《人民报》《巴特寮报》《万象时报》发表题为《携手打造中老具有战略意义的命运共同体》的署名文章，提出了中老关系和中越关系一样都是具有战略意义的命运共同体。此外，在访问过程中，中国和越南、老挝都一致同意继续加强"一带一路"与越南"两廊一圈"、老挝"陆锁国变陆联国"战略的对接。

政党交流方面，中国于2017年11月30日至12月3日举办了中国共产党与世界政党高层对话会，为澜湄六国间的政党对话和交流提供了机会。越南、老挝、缅甸、泰国和柬埔寨都派出代表团参加。其中，缅甸国务资政昂山素季、柬埔寨首相洪森亲自与会，并与习近平主席进行了会谈。在会上，澜湄六国执政党就治国理政等进行了交流。越南代表团团长越共中央书记处书记、中央内政部部长、中央反腐败指导委员会常务副主任潘廷镯表示"腐败问题是越共面临的最大威胁之一，预防、打击腐败分子和腐败行为以及阻止和杜绝党内政治思想衰退、道德滑坡、生活作风不正和'自我演变''自我转化'等现象是长期性、经常性的任务"①。因此，越南希望通过参加中国共产党与世界政党高层对话会重点学习中国共产党在反腐、从严治党方面的经验。在双边层面，中国和越南也表示要加强党际交流与合作。2017年5月11～15日，越南国家主席陈大光应邀对中国进行国事访问并出席"一带一路"国际合作高峰论坛。访问期间他与习近平主席、李克强总理、张德江委员长等进行了会谈，双方相互通报了各自党和国家的情况并表示要"有效落实2016～2020年两党合作计划，办好两党高层会晤、理论研讨会，

① 《越南共产党代表团赴华出席中国共产党与世界政党高层对话会》，〔越〕《时代报》2017年12月3日。

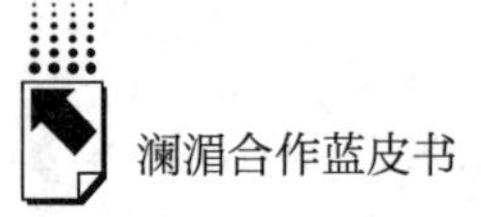

推进两党团组交流和干部培训合作，继续推动地方党组织交流合作。加强越南国会和中国全国人大、越南祖国阵线和中国全国政协之间的友好交流合作”①。

在安全领域，澜湄六国非传统安全领域的合作也在继续推进，而中国和越南在管控双方在南海的分歧方面也取得了进展。其中，2017 年澜湄合作机制在安全领域最主要的进展是 2017 年 12 月 28 日在中国昆明正式成立了澜湄流域第一个综合性的执法安全合作类政府间国际组织——澜沧江 - 湄公河综合执法安全合作中心。该中心是中老缅泰湄公河流域执法安全合作的升级版和实体化，将成为次区域国家间预防和打击跨国违法犯罪、情报信息融合交流、专项治理联合行动、加强执法能力建设的综合平台。② 此前，中老缅泰湄公河联合执法巡逻在 2017 年完成了 12 次联合巡逻，继续为澜沧江 - 湄公河“平安航道”保驾护航。据统计，自 2011 年成立至 2017 年，湄公河流域执法安全合作机制累计开展了 65 次联合巡逻、4 次“平安航道”联合扫毒行动、破获跨境贩毒案件 3.9 万多起、缴获各类毒品 87.4 吨多、救助遇险船只 120 多艘。③ 中国和老挝、缅甸还就利用遥感技术检测罂粟种植开展了交流与合作。2017 年 4 月 6 日，中国科学院遥感与数字地球研究所举办了“2016 ~2017 年度缅甸、老挝罂粟种植遥感监测研讨会”，老挝国家禁毒委官员和缅甸警察部队毒品管制处及自然资源与环境保护部官员参会，并就如何利用遥感技术监测罂粟种植、加强禁毒合作进行了交流。④

此外，澜湄国家间在其他领域，包括防务、边境安全领域的合作都在持续推进，各国高层就深化安全合作达成了重要共识。2017 年 8 月 17 ~19

① 《中越联合公报（全文）》，中华人民共和国外交部，2017 年 5 月 15 日，http：//www. fmprc. gov. cn/web/ziliao_ 674904/1179_ 674909/t1461612. shtml。

② 澜沧江 - 湄公河综合执法安全合作中心，http：//lm - lesc - center. org/Pages_ 75_ 180. aspx。

③ 《澜沧江 - 湄公河综合执法安全合作中心启动》，中国禁毒网，2017 年 12 月 29 日，http：//www. nncc626. com/2017 - 12/29/c_ 129778760. htm。

④ 《老挝、缅甸国家禁毒委代表团访问遥感地球所》，中国科学院遥感与数字地球研究所，2017 年 4 月 7 日，http：//www. radi. ac. cn/dtxw/gjhz/201704/t20170407_ 4772287. html。

日，越南政府总理阮春福访问泰国，双方发表了《联合声明》，指出双方将加强防务安全合作，合作打击跨国犯罪尤其是毒品犯罪、贩卖人口犯罪、非法移民、武器走私、恐怖主义、网络犯罪等各种犯罪。[①] 2017年10月1～3日，越南国防部部长吴春历大将率团访问了缅甸，与缅甸国防军总司令敏昂莱就两国防务合作进行了磋商。2017年11月，习近平主席访问越南后，两国签署了《中越联合声明》，也表示将加强在反恐、禁毒、反假币、打击电信诈骗、出入境管理、边境管控、网络安全等领域的合作。[②] 在实际行动方面，2017年9月24日，中越第四次越中边境国防友好交流活动在中国云南金平金水河口岸举行，越中两军边防部队开展了联合反恐演练。中共中央政治局委员、中共中央军事委员会副主席范长龙上将和越共中央政治局委员、中央军委副书记、国防部部长吴春历大将出席了活动。2017年11月，中国南宁海关与越南广宁省、谅山省、高平省海关局启动了共同组织开展打击跨境走私“两国四方”联合行动，该行动持续到2018年4月。2017年9月15～16日，中国和老挝在老挝琅南塔省、乌多姆赛省和中国云南省勐腊县举行了中老两军首次边境高层会晤，两国军队开展了联合巡逻等演练，中国国务委员兼国防部部长常万全与老挝国防部部长占沙蒙率团出席活动。2017年5月26日，越南公安部警察力量与老挝安全部警察力量在老挝万象召开了第八次防范打击犯罪保障社会治安会议，双方表示两国警察力量将加强罪犯信息交换、犯罪侦查合作、两国有共同边界线各省之间的秩序治安保障、打击毒品犯罪，在国际刑警组织和东盟刑警组织加强合作。[③] 2017年6月29～30日，越南和老挝第八次越老安全合作会议在万象举行，双方就直接影响各国安全的各种犯罪、越老边境地区安全秩序、两国安全力量合作结果、两国在第七次越老安全合作会议上所达成的各项合

① 《越南与泰国发表联合声明（全文）》，〔越〕《人民报》2017年8月20日。

② 《中越联合声明》，新华社河内11月13日电，http：//www. xinhuanet. com/2017－11/13/c_1121949420. htm。

③ 《越老加强警务合作全力打击跨境犯罪》，〔越〕《人民军队》2017年5月26日，http：//cn. qdnd. vn/cid－6126/7186/nid－539513. html。

作协议开展情况等问题展开讨论。① 2017 年 7 月 11 日，越南边防部队司令部同柬埔寨移民局在越南巴地头顿省头顿市举行会谈，双方表示将集中打击特别危险的恐怖犯罪、贩卖军火和爆炸物犯罪等各类犯罪。② 此外，2017 年以来，中国和缅甸还在两国边境地区开展了打击跨境赌博的联合行动。

2. 经济和可持续发展

2017 年，澜湄合作机制成员国在贸易投资便利化、加强金融政策协调方面的合作都在持续推进。2017 年 4 月，云南省商务厅与上海亚太示范电子口岸网络运行中心签署了《关于在云南省昆明市设立云南亚太示范电子口岸网络运行中心的备忘录》，将致力于建设面向澜湄合作国家及南亚、东南亚的机制性平台，为开展澜湄合作机制下供应链互联互通与贸易便利化措施的相关工作做好铺垫。③ 此外，中缅跨境经济合作区建设取得了突破性进展。2017 年 5 月，在李克强总理和缅甸国务资政昂山素季的共同见证下，中国商务部部长钟山与缅甸授权代表缅甸交通通信部部长吴丹辛貌在北京签署了《中国商务部与缅甸商务部关于建设中缅边境经济合作区的谅解备忘录》。

在贸易方面，澜湄合作机制成员国间的贸易额在 2017 年持续增长。根据中国海关统计数据，2017 年，中缅两国贸易额达到了 916. 8 亿元人民币，与 2016 年相比增长了 12. 9%；中国和柬埔寨贸易额达到了 392. 5 亿元人民币，与 2016 年相比增长了 25%；中国和老挝贸易额达到了 204. 3 亿元人民币，与 2016 年相比增长了 31. 7%；中国和泰国贸易额达到了 543. 8 亿元人民币，与 2016 年相比增长了 8. 7%；中越贸易额达到了 8194. 7 亿元人民币，与 2016 年相比增长了 26. 1%。④ 2017 年缅甸与越南双边贸易额达到了 8. 28

---

① 《第八次越老安全合作会议在老挝举行》，〔越〕《人民报》2017 年 6 月 30 日。

② 《越南与柬埔寨加强合作确保边境地区安全》，〔越〕《人民报》2017 年 7 月 11 日。

③ 田昕清：《澜湄合作框架下的贸易和投资便利化研究》，《国际问题研究》2018 年第 2 期。

④ 中国海关统计，2018 年 1 月 23 日，http：//www. customs. gov. cn/customs/302249/302274/302276/1421014/index. html。

亿美元[①]；2017 年柬埔寨与越南贸易额达到了 38 亿美元，同比增长了 30%[②]；2017 年柬埔寨与泰国贸易额达到了 60 亿美元，同比增长了 10%[③]；2017 年越南与老挝双边贸易额达 12.7 亿美元；2017 年老泰双边贸易额达 53 亿美元，泰国仍是老挝的最大贸易伙伴。[④]

在投资方面，在“一带一路”框架下，中国加大了对湄公河五国的投资力度。2017 年，中国对越直接投资快速增长，已经在越南的外来投资中位列第四（2016 年为第八），而且中国在新增项目数量上超过新加坡，注资或购买股份数量超越日本，中国在越南投资的协议金额达 21.7 亿美元，共有 284 个新增投资项目，83 个追资项目，817 个注资或购买股份项目。[⑤] 2017 年，中国对老挝非金融类直接投资流量达 13.8 亿美元，同比增长 139.1%。[⑥] 截至 2017 年末，中国对缅甸非金融类直接投资存量达 51 亿美元，中国（包括港澳地区）在缅甸外商直接投资（FDI）中名列第一。[⑦] 中国依然是柬埔寨最大的外资来源国。据柬埔寨投资管理部门统计，自 2013 年至 2017 年，中国在柬埔寨的累计投资额达到了 53 亿美元。[⑧] 湄公河五国

---

① 《越南企业大力进军缅甸市场》，〔越〕《人民报》2018 年 4 月 18 日，http：//cn.nhandan.com.vn/economic/item/6021301－越南企业大力进军缅甸市场.html。

② Hor Kimsay，“Cambodia-Vietnam Trade up 30 percent in 2017，” *The Phnom Penh Post*，February 6，2018，https：//www.phnompenhpost.com/business/cambodia－vietnam－trade－30－percent－2017.

③ “Cambodia-Thailand Trade Increases to $6B in 2017，” Fresh News，February 21，2018 http：//en.freshnewsasia.com/index.php/en/7572－2018－02－21－12－28－05.html.

④ 《越南是老挝 2017 年第三大贸易伙伴》，越通社，2018 年 3 月 12 日，https：//zh.vietnamplus.vn/越南是老挝 2017 年第三大贸易伙伴/77618.vnp。

⑤ 《中国加快对越南投资步伐　2017 年新增投资项目 284 个》，中国一带一路网，2018 年 1 月 5 日，https：//www.yidaiyilu.gov.cn/xwzx/roll/42721.htm。

⑥ 《我对老挝投资增长率在东盟国家中位居首位》，中华人民共和国驻老挝人民民主共和国大使馆经济商务参赞处，http：//la.mofcom.gov.cn/article/zxhz/201802/20180202707070.shtml。

⑦ 《中国在缅甸外商直接投资排名第一 “一带一路”带去发展红利》，中国－东盟自由贸易区商务门户，2018 年 4 月 18 日，http：//www.cn－asean.org/index.php? m＝content&c＝index&a＝show&catid＝38&id＝3601。

⑧ Hor Kimsay，“Investment in Cambodia nearly Doubles in 2017，” *The Phnom Penh Post*，March 7，2018，https：//www.phnompenhpost.com/business/investment－cambodia－nearly－doubles－2017.

间的相互投资也在增长。如老挝是越南最大的投资目的地，截至 2017 年底，越南对老挝的累计投资约 50 亿美元。[①] 越南企业在柬投资项目近 200 个，注册资金约 29.4 亿美元，为柬埔寨五大外资来源国之一[②]。越南也跃居成为缅甸第七大投资来源国，共有 17 个项目，协议资金近 21 亿美元。[③] 泰国也是越南十大投资来源地之一，泰国对越投资项目近 500 个，协议资金达 84 亿多美元，主要对越南北部和南部地区进行投资。[④]

在金融方面，澜湄合作专项基金和中国设立的专项贷款的使用得以推进。2017 年 12 月 21 日，澜湄合作专项基金柬埔寨首批项目的签约仪式在柬埔寨举行，此次签约的 16 个柬埔寨项目共获得 730 万美元资金，涵盖农业、旅游、教育、文化交流等多个方面。[⑤] 截至 2017 年 11 月底，中国设立的第一批专项贷款已完成授信承诺 52.5 亿美元，超额完成 50 亿美元授信评审计划，率先落实首次领导人会议成果，兑现中方对外有关承诺。[⑥] 专项贷款支持了澜湄地区电力、交通、产业园区等多个项目的建设。此外，为了助推贸易和投资便利化，中国和缅甸、柬埔寨加强了金融政策的对接。设在瑞丽市姐告边境贸易区的中缅货币兑换中心运行顺利，促进了中缅跨境投资和贸易结算便利化。2017 年 10 月 24 日，中国工商银行和柬埔寨国家银行在金边举行“人民币与瑞尔跨境贸易与投资”论坛，柬埔寨国家银行副行长

---

① 《越南加大与老挝投资合作力度》，中华人民共和国驻老挝人民民主共和国大使馆经济商务参赞处，2018 年 2 月 1 日，http://la. mofcom. gov. cn/article/ztdy/201802/20180202707086. shtml。

② 《越柬建交 50 周年：2017 年越柬贸易投资论坛在柬埔寨金边举行》，越通社，2017 年 11 月 20 日，http://zh. vietnamplus. vn//越柬建交 50 周年 2017 年越柬贸易投资论坛在柬埔寨金边举行/73166. vnp。

③ 《越南与缅甸发表联合声明》，〔越〕《人民报》2018 年 4 月 21 日，http://cn. nhandan. com. vn/documentation/important - documents/item/6029601 - 越南与缅甸发表联合声明 . html。

④ 《越南加大吸引泰国对中部沿海地区的投资力度》，〔越〕《人民报》2017 年 10 月 6 日，http://cn. nhandan. com. vn/newest/item/5502701 - 越南加大吸引泰国对中部沿海地区的投资力度 . html。

⑤ 《澜湄合作专项基金柬埔寨首批项目签约》，新华网，2017 年 12 月 21 日，http://www. xinhuanet. com/overseas/2017 - 12/21/c_ 1122148989. htm。

⑥ 《国开行设立第二批 50 亿美元国际产能和装备制造合作专项贷款支持澜湄合作》，新华网，2018 年 1 月 12 日，http://www. xinhuanet. com/money/2018 - 01/12/c_ 1122252465. htm。

妮占塔娜在论坛上表示，柬埔寨政府鼓励民间使用人民币。① 此外，2017 年越南投资与发展银行（BIDV）也在缅甸仰光市设立了分行。

环境合作方面，2017 年 11 月 28 日，澜沧江－湄公河环境合作中心正式成立，将推动澜沧江－湄公河区域六国生态环境保护合作，分享环保经验、改善环境质量、促进可持续发展。

3. 社会人文领域的进展

人文交流是打造"澜湄文化"和"澜湄认同"的重要依托，也是深化澜湄合作的不竭动力。2017 年，澜湄合作框架下的人文交流已经实现了全覆盖，媒体、智库、学者、青年间的往来和交流非常频繁。2017 年 5 月 22 日至 29 日，"2017 年澜湄大学生友好运动会暨第三届南亚东南亚国家大学生文化体育交流周"在昆明举行。除了澜湄六国高校代表队参加外，来自印度、印尼、新加坡、孟加拉国的代表队也参加了活动，进一步扩大了澜湄机制下人文交流的影响力。2017 年 7 月 29 日，首届澜沧江－湄公河青年创新创业训练营在青海西宁举行，来自广西财经学院、柬埔寨皇家金边大学、老挝国立大学、缅甸仰光大学、泰国宋卡王子大学、泰国兰实大学、越南河内社科人文大学、越南外交学院的 35 名青年学生参加了活动。② 9 月 24 日，澜沧江－湄公河文化论坛在浙江宁波举行，澜湄六国文化部长出席，论坛通过了《澜湄文化合作宁波宣言》。

在双边交流层面，2017 年 7 月 2 日至 4 日，中国文化部副部长项兆伦率中国政府文化代表团对越南进行了工作访问，与越南文化体育旅游部就如何推进、深化双方文化交流与合作进行了会谈和交流。2017 年 6 月 13 日至 17 日，中国国家旅游局副局长王晓峰率团出席中泰旅游市场监管合作协调小组第二次会议，与泰国有关方面就深化旅游市场监管合作进行了卓有成效的磋商。

---

① 《柬埔寨国家银行副行长：柬政府鼓励民间使用人民币》，中国新闻网，2017 年 10 月 24 日，http：//www. chinanews. com/gj/2017/10－24/8359704. shtml。

② 《首届澜沧江－湄公河青年创新创业训练营在青海开营》，人民网，2017 年 7 月 30 日，http：//edu. people. com. cn/n1/2017/0730/c1006－29437421. html。

在澜湄合作机制促进下，各国人员往来也日益频繁。据统计，2017 年，中国赴越人数超过 400 万人次。越南赴华人数在所有东南亚国家中是最多的，2017 年达到 300 万人次。每周，两国各城市间有 300 多次航班，交流非常密切。[①] 2017 年，中国游客赴柬埔寨突破 100 万人次，赴泰国预计突破 950 万人次，湄公河五国来华人次也有大幅上涨。[②]

（二）澜湄合作五大优先领域的进展

2017 ~ 2018 年，澜湄机制在五大优先领域的合作在联合工作组的推进下继续取得新的进展。

1. 互联互通领域的进展

2017 年，澜湄六国继续就互联互通进行了顶层沟通，于 6 月 13 日在昆明举办了澜湄国家互联互通联合工作组司局级会议（第二次会议）。与会各国就如何在澜湄合作框架下推进互联互通建设进行了讨论。在具体进展方面，澜湄国家基础设施的连通继续推进，截至 2017 年 10 月末，中老铁路全线共开工 207 处，其中隧道 50 座、大中桥梁 23 座、涵洞 96 个。[③] 2017 年，中泰铁路的建设取得了突破性进展。12 月 21 日，中泰铁路合作项目在呵叻府巴冲县举行了开工仪式。此外，中缅原油管道也于 2017 年 4 月开始正式运营，成为中缅在“一带一路”框架下合作的标志性工程。

2. 产能合作的进展

为推进在澜湄框架下的产能合作，2017 年 9 月 14 日澜沧江 - 湄公河国家产能合作联合工作组在广西举行了第二次会议，会议重点讨论了工作组《概念文件》和下一步工作规划。会前，中国和越南还专门举办了中越产能合作项目推介会。在具体进展方面，进展最快的仍然是电力领域的合作。

① 《越南驻华大使：中国经济发展对越南来说是机遇》，新华网，2018 年 3 月 8 日，http：//www. xinhuanet. com/silkroad/2018 - 03/08/c_ 129824992. htm。

② 《人文交流是培育澜湄文化的关键》，中华人民共和国中央政府网站，2018 年 1 月 11 日，http：//www. gov. cn/xinwen/2018 - 01/11/content_ 5255748. htm。

③ 《中老铁路全线动工　预计 2021 年底通车》，人民网，2017 年 11 月 15 日，http：//world. people. com. cn/n1/2017/1115/c1002 - 29648309. html。

2017 年 2 月 19 日，中国电力建设集团有限公司承建的越南中宋水电站首台机组正式投产发电。由中国南方电网公司投资建设的越南永新燃煤电厂进展顺利，并于 2018 年 4 月 18 日成功并网进入运营期。越南永新燃煤电厂采用 BOT 模式投资运营，是中越经贸合作 5 年发展规划的重点产能合作项目。在中老产能合作方面，2017 年 10 月，华西能源工业股份有限公司（以下简称“华西能源”）与老挝 Phogsubthavy 集团就在老挝丰沙湾建设 1×220MW 洁净高效电厂项目签订了 EPC 合同。2018 年 1 月 25 日，中国公司承建的老挝又一水电站——老挝川圹省南俄 4 水电站正式开工，将助力老挝“东南亚蓄电池”发展战略的推进。

3. 跨境经济合作

2017 年 7 月 26 日，澜湄合作跨境经济合作联合工作组第一次会议在云南昆明举行，标志着澜湄合作跨境经济合作联合工作组正式成立。澜湄国家六方代表签署了《会议纪要》和工作组《职责范围》。2017～2018 年，澜湄合作机制下的跨境经济合作区进展平稳。2017 年 5 月，中越两国签署的《中越联合公报》指出要加快商签《中越跨境经济合作区建设共同总体方案》。[①] 同年 11 月，习近平主席访问越南时中越两国签署了《加快推进中越跨境经济合作区建设框架协议谈判进程的谅解备忘录》。尽管中越《中越跨境经济合作区建设共同总体方案》还未正式签署，但中越双方在跨境经济合作区各自一侧的建设工作一直在持续推进。如在中国龙邦—越南茶岭跨境经济合作区中方园区核心项目万生隆国际商贸物流中心一期主体工程互市监管区、联检楼等基础设施已经竣工，龙邦边民互市贸易区已于 2017 年 10 月下旬开园。[②]

4. 水资源合作领域的进展

水资源问题是湄公河下游国家最主要的关切。2017～2018 年，在澜湄

---

① 《中越联合公报（全文）》，中华人民共和国外交部，2017 年 5 月 15 日，http：//www.fmprc.gov.cn/web/gjhdq_676201/gj_676203/yz_676205/1206_677292/1207_677304/t1461612.shtml。

② 《中越加快推进跨境经济合作区建设促互利共赢》，中国新闻网，2017 年 11 月 14 日，http：//www.chinanews.com/cj/2017/11－14/8376332.shtml。

合作机制下，澜湄水资源合作中心和澜湄水资源合作联合工作组成立并投入运行，成员国间继续就水资源的开发利用和保护保持磋商和合作。2017 年 2 月 27 日，澜湄水资源合作联合工作组在北京举行了第一次会议。会议就《澜湄水资源合作联合工作组概念文件》和《2017 年澜湄水资源合作工作计划》达成了共识，签署了《会议纪要》并成立了《澜湄水资源合作五年行动计划》起草小组。① 各国与会代表还参加了水利部长江水利委员会举办的水资源可持续发展研讨并对澜沧江糯扎渡水电站、景洪水电站、鱼类增殖站和允景洪水文站进行了参观考察。2017 年 8 月 21 日，中国水利部主办了主要针对湄公河国家的城乡供水规划与管理培训班。2018 年 3 月 1 日，澜湄水资源合作联合工作组第二次会议在泰国清莱举行，会议讨论通过了 2018 年澜湄水资源合作联合工作组工作计划。与会代表参加了泰国举办的“跨界水资源及相关资源合作”国际研讨会，中方代表团实地调研了湄公河清盛水文站。

5. 农业和减贫合作领域的进展

农业合作是中国与湄公河五国间的传统合作领域。在澜湄合作机制框架下，成员国间的农业合作进一步提速、深化。2017 年 9 月 11 日，澜湄合作农业联合工作组在广西南宁举行了第一次会议。会议就工作组概念文件及下一步合作规划等交流了意见，并通过了会议纪要。在澜湄合作农业工作组领导下，农业合作的步伐加快，中国在其中扮演了“农业区域性公共产品”提供者的角色，为湄公河国家农业管理人员开展人员培训等。中国农业部根据湄公河五国的农业需求重点推动实施了四个早期收获项目，内容涉及渔业、水稻、果蔬、豆类等。2017 年，中国农业部又成功申请了 1378 万元澜湄合作专项基金，用于支持实施农业合作项目。② 在双边层面，中国和越南于 2018 年 1 月 21 日成立中越农业合作联合委员会。成员国农业领域双边交

① 《澜沧江 - 湄公河水资源合作联合工作组第一次会议在北京召开》，澜沧江 - 湄公河合作（中国秘书处），2017 年 3 月 20 日，http：//www. lmcchina. org/hzdt/t1513369. htm。

② 《澜湄农业合作哪些领域最具前景？中国农业部划重点》，人民网，2017 年 12 月 16 日，http：//finance. people. com. cn/n1/2017/1216/c1004 - 29711082. html。

流也极为频繁，如2017年8月1日至5日，缅甸农业畜牧与灌溉部代表团到云南省德宏州五县市考察农业发展情况，就进一步深化中缅双方农业、畜牧业合作进行交流。①

减贫合作是澜湄机制的特色领域。2017年7月26日，澜湄合作减贫合作联合工作组第二次会议在柬埔寨暹粒举行，会议就工作组《一般性原则》和五年行动计划等进行了讨论。在实际行动方面，中国商务部和国务院扶贫办牵头已经在缅甸、老挝和柬埔寨的6个村开展减贫示范合作项目。具体通过乡村基础设施建设、公共服务、生计改善、能力提升、监测管理等，因地制宜，因贫施策，重点解决用水、用电、交通等民生问题，增强贫困群众自我发展能力，改善项目区生产生活条件。②

二　澜湄合作的发展趋势

（一）澜湄合作将进一步深化

1. 早期收获项目示范效应逐步显现

澜湄合作第一次领导人会议确定的45个早期收获项目覆盖五大优先领域，包括水资源管理、生态和环境保护、减贫、防灾、疾病防治、风险评估、旅游及能力建设各个方面。所有项目均为开放的多边合作项目，由各国分别提出和牵头，目前各个早期收获项目全部按计划推进，其中大多数已完成或取得实质性进展。中方在第二次外长会议上又提出13项倡议，也得到各方响应和快速落实。此后，又陆续形成和实施了百余个新的合作项目，产生了良好的示范效应，带动了次区域其他项目的落实。如在跨境经济合作方面，中国、越南、老挝都在积极推进“跨境特别经济区”建设，中缅、中

① 《缅甸农业畜牧与灌溉部代表团到云南德宏考察交流》，中国新闻网，2017年8月5日，http：//www.chinanews.com/gn/2017/08－05/8296777.shtml。

② 《澜湄减贫合作研讨会在昆召开　云南抓紧推进援缅减贫示范合作技术援助项目》，云南网，2018年3月21日，http：//yn.yunnan.cn/html/2018－03/21/content_5133190.htm。

老经济走廊的提案与建设也取得进展。第一批合作项目取得了超出预期的成效，激发了各国参与合作的积极性，因此第二次领导人会议又确定了《澜湄合作第二批项目清单》，合作水平将进一步提升。

2. 合作的制度性、规划性不断加强

两年来，在六方共同协商和共同努力下，澜湄合作已从成立之初设立的“3 +5 合作框架”拓展为“3 +5 + X 合作框架”。相关各国建立了澜湄合作秘书处或协调机构，增进了各国跨部门之间的联系及成员国之间的协调能力。建立了领导人会议、外长会议、高官会议、优先领域联合工作组会议四个层级机制，形成“领导人引领、全方位覆盖、各部门参与”的澜湄合作格局。与此同时，六国齐心协力，经过工作组层面的反复磋商、高官会议的研讨、外长会议的定稿，共同编制了第一个《澜湄合作五年行动计划》，并在第二次领导人会议期间发表。这一纲领性文件从区域整体发展角度制定发展规划，在合作机制的基本原则、机制架构、务实合作、支撑体系等方面确立了明确的行为准则，该计划的出台标志着澜湄合作已从探索阶段发展到较为成熟的“规划合作”阶段，各方为澜沧江 - 湄公河的繁衍生息与可持续发展共同规划了蓝图，勾勒出次区域共同繁荣的美好愿景。在《澜湄合作五年行动计划》的指导下，各方下一步将加紧就澜湄环境合作、澜湄水资源合作等领域，制订相关行动计划。

3. 成员国经济相互依赖加深，促进区域合作升级

澜湄合作是中国与湄公河五国共同建立的跨国经济区，旨在利用彼此之间生产要素禀赋的不同、通过发挥各方自身比较优势来促进贸易和投资，实现产业综合竞争力提高，提升合作水平。经过长期的经济合作，中国与湄公河国家经济的相互依赖性、互补性进一步加强。2017 年中国同湄公河五国贸易总额达 2200 亿美元，同比增长 16% 。中国累计对湄公河五国各类投资超过 420 亿美元，2017 年投资额增长 20% 以上。目前，湄公河国家中除老挝以外，其他国家的第一大贸易伙伴和第一大进口来源国均是中国；而中国则是老挝的第二大贸易伙伴和第三大进口来源国。若将湄公河五国作为一个整体，该地区已是中国的第五大贸易伙伴。与此同时，中国的投资对促进湄

公河国家经济增长的重要性日益显现。从投资存量看，目前中国是柬埔寨、缅甸和老挝最大的外资来源国，越南第四大外资来源国；从投资流量看，2017 年以来中国是泰国第三大外资来源国。[①] 另外，2015 年 1 月，中国－东盟自由贸易区在越南、缅甸、老挝和柬埔寨等国实现“零关税”，随着削减关税的边际效应降低，拓展合作空间成为日益突出的问题，这也驱动了区域合作的升级。

4. 贸易保护主义兴起，倒逼澜湄国家携手共同应对

从国际大环境来看，近年来以美国为代表的单边主义，贸易保护主义兴起，倒逼澜湄次区域各国携手共同应对。中国作为世界上最大的多边新兴市场首当其冲，美国特朗普政府挑起的中美贸易战已将中国逼上了维护自由贸易、多边主义体制的最前线。对此，中国将坚定不移地实行更加开放的政策，大力拓展多元化贸易市场，分散国际贸易风险。湄公河国家尚处在经济发展起飞阶段，市场有限，外向型经济特点突出，且在全球生产网络中处于低端位置，最先感受到逆全球化的冲击，迫切需要加强区域和次区域合作，利用相互之间山水相连、文化相通的地缘人文优势，抱团取暖，通过深化合作来推动域内生产要素快速、高效流动，释放经济活力，共同提升在全球价值链中的地位，推动贸易和投资制度化进程，为区域经济可持续增长注入强劲动力。

（二）面临的困难与问题

经过两年多的发展，澜湄合作已有了较为坚实的基础，创造了“天天有进展、月月有成果、年年上台阶”的澜湄速度，但未来发展仍面临一些问题和挑战，需要在不断克服困难中前行。

1. 中国和湄公河五国间的利益诉求层级化

澜湄合作机制成员国因为国家实力和发展程度形成了较为明显的差距，

① 中华人民共和国商务部：《以经贸合作擦亮澜湄合作〈金字招牌〉》，人民网，2017 年 12 月 16 日，http：//finance. people. com. cn/n1/2017/1216/c1004－29711130. html。

在国家利益的诉求方面存在比较突出的“层次化”现象。在参与澜湄合作机制过程中，各自利益诉求的排序存在差别。在澜湄合作机制下，下游国家最关注水资源问题，泰国最早的倡议都和“水”有关，包括灾害（水灾/旱灾）管理、旅游、航运安全、农业和渔业方面的合作。① 澜湄合作机制成立后，湄公河国家仍然将水资源问题视为最迫切需要取得进展的合作领域。同时，缅甸、老挝和柬埔寨等欠发达国家最希望通过参与澜湄合作机制使得自己国家经济的发展获得更多的外部资源和机会。作为澜湄合作机制最大的成员国，中国的利益诉求则是全方位的，即要通过贯彻“亲诚惠容”周边外交新理念、正确的义利观等，使澜湄合作机制成为“一带一路”倡议的样板，推动与湄公河流域国家关系的提质升级，尤其在政治安全合作方面取得重大进展和突破，最终为“两个一百年”和中华民族的伟大复兴营造和谐的周边环境。澜湄国家利益诉求的层级化造成了成员国间相应资源的投入和关注的焦点不一致，有可能影响到合作的进展和效果。

2. 下游国家对中国依然存有疑虑

随着澜湄合作的推进，中国与湄公河国家间的交流与合作不断加深，中国已经成为缅甸、老挝、柬埔寨等国的最大外资来源地，与越南、泰国等国的贸易额也不断增长，已成为该区域经济增长的重要动力。然而出于地缘政治的考量，湄公河国家几乎都在推行“大国平衡”外交，不希望任何一个国家的地区影响力一家独大。湄公河五国一方面希望搭乘中国经济快速发展的快车获得发展，另一方面又担忧在经济上沦为中国的附庸，过度依赖中国，希望域外国家的介入可以发挥“平衡器”作用。如缅甸就对中国在缅甸投资一家独大的局面充满疑虑，继而希望日本、新加坡等国家加大对缅甸的投资，日本、新加坡等国近两年在缅甸的投资也急剧增加，中国在湄公河地区的影响力面临多方竞争与挑战。

---

① Nguyen Dinh Sach, “The Lancang-Mekong Cooperation Mechanism (LMCM) and Its Implications for the Mekong Sub-region,” a working paper on the Lancangmekong Cooperation Mechanism, Vol. 18, WP1, January 2018, p. 7.

3. 澜湄地区合作机制间的竞争趋于激烈

除了最近成立、进展最快的澜湄合作机制，湄公河地区多重机制林立，而由其他域外国家倡议的合作机制，尤其是美国倡议和支持的湄公河下游倡议、湄公河 - 日本合作、湄公河 - 印度合作、湄公河 - 韩国合作等机制都以排除中国为特点，意图制衡中国在湄公河地区的影响力。随着澜湄合作机制的快速推进，新老机制之间交叉、竞争的态势愈加明显，次区域合作机制拥堵导致的“面条碗”现象更加突出，对经济刺激的边际效应不断递减。2017 年 8 月 6 日，在第 50 次东盟外长会议期间，美国和湄公河五国外长以及东盟秘书长在菲律宾马尼拉举行了第十次湄公河下游倡议（LMI）部长级会议。会议提出推动湄公河流域可持续包容性增长，重视环境保护。各国部长还同意加强在互联互通、环境和水源、教育、卫生、能源安全、粮食安全、农业等方面的合作。[①] 日本、印度等也继续利用相关机制加强了与湄公河国家的合作。除此之外，澜湄合作机制领导人会议于 2018 年 1 月举行了第二次会议，而大湄公河次区域合作机制也于 2018 年 3 月 29 日举行了第六次领导人会议。如此多的合作机制之间不仅合作领域相互重叠交叉，而且会分散澜湄合作机制成员国之间的精力，处理不当必然会影响到澜湄合作机制的效率与进展。

4. 成员国内乱溢出效应的影响

湄公河五国大多处于政治经济转型期，其中缅甸、泰国和柬埔寨因政局、民族问题等存在政局动荡的风险，缅甸因少数民族地方武装与政府武装之间的冲突、罗兴亚人难民问题、民盟与军人力量之间的矛盾等都会导致国内发生局部冲突和动荡。2017 年至今，缅甸的罗兴亚人难民危机和缅甸政府军与少数民族武装之间的冲突已经对周边国家产生了严重的外溢效应。柬埔寨和泰国即将迎来大选，政局也存在局部动荡的风险，国内各政治力量已经开始了较为激烈的角逐。如 2018 年 5 月 22 日，泰国数千民众在曼谷法政

① 《美国为湄公河水资源可持续管理提出倡议》，《对外通讯杂志》2018 年 5 月 24 日，http：//cn. ttdn. vn/international/story - 4095。

大学王家田校区举行集会，表达对泰国政府拖延大选时间的不满，并呼吁政府在年内启动大选。① 这些国家已经发生的内乱或者潜在的内乱风险也将牵制澜湄合作机制的推进，甚至对其造成直接的负面影响。

三　深化澜湄合作的路径与对策思考

1. 进一步完善体制机制建设

健全的机制是促进次区域合作深入推进的制度保障。目前澜湄合作尚处于机制初创阶段，新机制在建立之初动力往往比较强劲，但要保持持久力和活力，则需进一步解决机制赋权问题。世界各国各地区次区域经济合作的经验表明，区域机制活力主要取决于各国授权程度。各国让渡权力的程度，决定次区域组织的合作深度和广度。今后，澜湄合作要深入推进和拓宽合作领域，需要各国共同寻找利益最大公约数，让渡部分权力给共同的合作体。未来各国应在加强澜湄合作内部能力建设的基础上，整合各国秘书处或协调机构，搭建统一的执行机构，建立国际秘书处。国际秘书处担负统一协调功能，将澜湄流域作为一个整体进行治理规划，根据各国授权制定保障次区域合作的法律法规。同时，澜湄合作作为一个次区域组织，需要不断自我完善，通过制定相关决议、法律文件等形式把合作目标、程序、成果等固化，在区域合作中不断扩大自身影响力。②

2. 以《澜湄合作五年行动计划》为纲推动澜湄命运共同体建设

在2018年举行的澜湄合作机制第二次领导人会议上，与会各国一致同意并发布了《澜沧江－湄公河合作五年行动计划（2018～2022）》，该行动计划阐释了澜湄合作机制的目标、基本原则、工作架构、务实合作领域以及资金支撑、智力支撑和监督机制三大支撑体系。该行动计划是澜湄合作机制未来五年发展的总纲和指导性文件，中国应该发挥引领性作用与湄公河五国

---

① 《泰国民众集会呼吁尽快举行大选》，新浪网，2018年5月22日，http：//news.sina.com.cn/w/2018－05－22/doc－ihawmaua7978834.shtml。

② 刘卿：《澜湄合作进展与未来发展方向》，《国际问题研究》2018年第2期。

一起逐步落实该行动计划，推动澜湄合作向更深、更宽领域发展，助力澜湄国家命运共同体建设。

3. 将澜湄合作机制置于中国－东盟命运共同体框架内予以推进

澜湄合作机制是中国－东盟合作的重要组成部分，澜湄国家命运共同体也是中国－东盟命运共同体建设最有可能实现优先突破的部分。而且澜湄合作机制的初衷也是在中国－东盟（10+1）框架下予以建设，目的是要支持东盟缩小内部发展差距。2014年11月，李克强总理在第十七次中国－东盟（10+1）领导人会议上提出，中方愿积极响应泰方倡议，在10+1框架下探讨建立澜沧江－湄公河对话合作机制。① 然而，澜湄合作机制的快速推进主要是中国在扮演引导角色，而东盟在其中尚未发挥应有的作用，使得一些学者担忧澜湄合作机制会削弱东盟的核心地位，影响东盟的团结。为了打消东盟的疑虑，澜湄合作机制应该纳入中国－东盟关系框架下予以推进，在《中国－东盟全面经济合作框架协议》等一系列双多边协定的指导下提升贸易投资便利化水平，在机制上将东盟纳入推进澜湄合作的重要一方。

4. 注重区域合作规划与澜湄国家和东盟发展规划的对接

近年来，澜湄各国相继出台适合本国的发展战略规划。中国除提出"一带一路"倡议外，还在2017年通过了《国民经济和社会发展第十三个五年规划》。泰国于2016年通过《东部经济特区法》，旨在将泰国东部经济走廊建成泰国深化改革、扩大开放的区域平台；缅甸的《国家全面发展20年规划》强调重点建设迪拉瓦经济特区－妙瓦底边境口岸经济走廊和皎漂经济特区－木姐边境口岸经济走廊。老挝于2016年通过了《2030年愿景规划》和《第八个五年社会经济发展计划》，旨在促进从"陆锁国到陆联国"的变迁。柬埔寨的《四角发展战略》致力于促进经济增长，越南则正在实施《2016～2020年经济社会发展五年规划》，推进国际经济一体化战略。此外，东盟还制定了《东盟互联互通总体规划2025》，促进成员国之间的交通

① 《李克强在第十七次中国－东盟（10+1）领导人会议上的讲话（全文）》，中华人民共和国外交部，2014年11月14日，http://www.fmprc.gov.cn/web/gjhdq_676201/gjhdqzz_681964/lhg_682518/zyjh_682528/t1210820.shtml。

基础设施建设。澜湄合作规划只有基于合作共赢与相关各国及东盟的发展规划对接，形成共同利益来提高各方参与合作的积极性，才能事半功倍，发挥最大效益。

5. 关注下游国家迫切希望获得突破的领域，在水资源合作方面发力

水资源合作是湄公河下游国家最迫切希望获得优先突破的领域。澜湄次区域是中国“一带一路”倡议、“命运共同体”理念最有可能尽快取得成果的方向，因此中国在推进澜湄合作机制的过程中，要充分关注下游国家的核心关切，勇于承担“成长的代价”，全面推进与湄公河五国在水资源方面的合作。按照可持续发展理念，发挥中国技术装备优势，加强水利设施建设等产能合作。

6. 注重与其他机制的协调发展，构建区域合作大格局

澜湄合作是一种开放性和包容性的合作，应通过与大湄公河次区域合作、湄公河委员会等构建合作伙伴关系，有效协调彼此之间的关系，避免功能上的重叠，使决策和行动更加合理和科学。今后在条件成熟时，视情况可吸收更多的域外国家和国际组织为观察员，协调域内外国家和区域组织之间的关系，促进内部建设与对外扩容并进，以东盟为优先方向适时扩大澜湄合作组织规模，为澜湄合作注入新动力。

借助《澜湄合作五年行动计划》优化区域发展格局，将澜湄合作与中国－中南半岛经济走廊、孟中印缅经济走廊、中国－东盟合作机制等相结合，通过澜湄合作与东南亚、南亚重要发展规划与战略相衔接，实现澜湄合作效益最大化。在这一进程中，中国作为澜湄合作的主要倡导国，应承担为次区域提供“公共产品”的责任，加强对澜湄合作的政策支持与方向引领，推动澜湄合作向更高水平迈进。

加强与美、日、印等国主导的机制在合作议题、规则、方式等问题上的沟通与协调，降低澜湄合作机制的政治敏感度，通过一些低敏感领域合作的成功，“外溢”到其他领域，进而推进各国的战略互信，避免恶性竞争与相互掣肘。

7. 推进 RCEP 早日生效

在当前全球贸易面临单边主义、保护主义立场挑战的背景下，澜湄六国应与亚洲国家一道积极加快《区域全面经济伙伴关系协定》（RCEP）谈判达成共识，并争取早日生效。尽管 RCEP 成员国之间在开放市场的速度、开放的主要内容、开放的领域等方面还有一些分歧，但面对美国加大贸易保护、推行单边主义的态度，各方已加快了 RCEP 谈判进程并取得了进展，中方将一如既往地尊重并支持东盟的核心地位和建设性的作用，推动尽早达成一个现代、全面、高质量、互惠的协定。

澜湄国家地处 RCEP 覆盖范围内，RCEP 的相对高标准规则将对澜湄合作框架下的贸易和投资便利化产生积极的推动作用。具体来说，澜湄六国推进 RCEP 早日生效可从以下几个方面着手。一是加强高层沟通，通过各层次对话平台推动谈判进程，争取率先在若干领域进行政策突破；二是对部分产业设置过渡期和产业损害预警，降低区域内落后国家的参与成本；三是在重大问题上加强磋商，尤其是关于建立多渠道和全方位的争端解决机制，为贸易和投资提供制度保障。

专 题 篇

Special Topics

B.2
《澜湄合作五年行动计划》：背景、内容与前景[*]

卢光盛　罗会琳[**]

摘　要： 在澜沧江－湄公河合作由"培育期"迈入"成长期"的关键时期，澜湄六国适时提出《澜沧江－湄公河合作五年行动计划（2018～2022）》，该计划阐释了澜湄合作机制的目标、基本原则、工作架构、务实合作领域以及资金支撑、智力支撑和监督机制三大支撑体系，是澜湄合作机制未来五年工作的指导性文件，将促进次区域国家间的合作发展，对于推进"一带一路"倡议在中南半岛落地生根，打造周边命运共同

* 基金项目：（1）国家社科基金重大项目"'一带一路'与澜湄国家命运共同体构建研究"（17ZDA042）；（2）云南省哲学社会科学创新团队"澜湄合作研究"建设项目。

** 卢光盛，云南大学周边外交研究中心首席专家，云南大学国际关系研究院教授；罗会琳，云南大学国际关系研究院2017级国际关系专业硕士研究生。

体具有重要的意义。

关键词： 澜湄合作　《澜湄合作五年行动计划》　澜湄国家　命运共同体

澜沧江－湄公河是亚洲一条重要的国际河流，从我国云南出境，经老挝、缅甸、泰国、柬埔寨、越南，自胡志明市入中国南海，是连接澜湄六国的重要纽带。2016 年 3 月澜湄合作机制的成立为域内六国深化合作提供了一个新的重要平台。2018 年 1 月 10 日，澜沧江－湄公河合作第二次领导人会议发表了《澜沧江－湄公河合作五年行动计划（2018～2022）》（以下简称《澜湄合作五年行动计划》），为今后五年澜湄合作的发展指明了方向。该计划的制订和实施，对于推动澜湄合作的走深走实，为本区域的和平与发展注入更多的活力，打造澜湄国家命运共同体，具有重要的意义。本报告在介绍《澜湄合作五年行动计划》出台的背景、内容的基础上，分析该计划实施面临的挑战和前景，并对推进该计划的落实提出几点思考和建议。

一　《澜湄合作五年行动计划》的背景及意义

（一）《澜湄合作五年行动计划》出台的背景

从 2014 年 11 月李克强总理在第 17 次中国－东盟领导人会议上提出次区域各国共建澜沧江－湄公河合作机制，得到湄公河国家的积极响应与支持，到 2016 年 3 月澜湄合作首次领导人会议在海南三亚成功举行、正式启动“澜沧江－湄公河合作”机制，澜湄合作得到相关国家的高度赞誉与认可，成为新型次区域合作的典范。经过两年多的发展，澜湄合作举办了多次外长会、工作组会和高官会，签署了《澜沧江－湄公河合作首次外长会联合新闻公报》《澜沧江－湄公河合作首次领导人会议三亚宣言》《澜沧江－湄公河合作第二次外长会联合新闻公报》《澜湄国家产能合作联合声明》等重要文件，但一直没有出台正式的合作规划，未能对澜湄合作做出一个系统完整的指导。根据相关协议，《澜沧江－湄公河合作首次领导人会议三亚宣言》（以下简称《三亚宣言》）只是对澜湄合作进行宏观指导，确立澜湄合作三大支柱与五大优先方向，以及同意多项措施并举推动澜湄次区域的发展。《澜沧江－湄公河合作第二次外长会联合新闻公报》中提到，六国愿意继续保持澜湄合作的可持续发展和旺盛生命力，同意在澜湄合作顶层设计和长远规划方面加强沟通与协商，同时六国外长还指示高官们和工作组探讨制订《澜湄合作五年行动计划》。① 各国筹划开展《澜湄合作五年行动计划》的研究设计工作，为该计划的出台设立了初步构想。澜湄合作第三次外长会召开期间，澜湄合作已经取得不错的早期收获成果，正从培育期进入成长期，各国外长就六国协商的《澜湄合作五年行动计划》原则达成一致，将提交第二次领导人会议审议通过，相信该计划将成为澜湄合作未来五年发展的纲领性文件，推动澜湄合作迈上新台阶。② 有了前期工作的铺垫，澜湄合作五年行动计划的出台可谓水到渠成。2018 年 1 月 10 日，澜湄合作机制第二次领导人会议在柬埔寨金边举行，会议正式发表了《澜沧江－湄公河合作五年行动计划（2018～2022）》，这标志着澜湄六国在历时两年多的时间里，对澜湄合作的认识逐步成熟，同意加强澜湄合作顶层设计，推动早期项目转型升级，为澜湄合作机制未来五年的发展描绘了蓝图。

（二）《澜湄合作五年行动计划》的意义

1. 以共建澜湄国家命运共同体为目标，助推规划从愿景走向现实

共建和平与繁荣的澜湄国家命运共同体的目标是一个由浅入深、循序渐进的过程，是湄公河国家在参与澜湄合作过程中逐渐形成并最终确立的宏伟愿景。澜湄六国将共建澜湄国家命运共同体作为发展目标，在澜湄合作的过

① 《澜沧江－湄公河合作第二次外长会联合新闻公报》，中华人民共和国外交部，2016 年 12 月 24 日，https://www.fmprc.gov.cn/web/ziliao_674904/1179_674909/t1426603.shtml。

② 《澜沧江－湄公河合作第三次外长会联合新闻公报（全文）》，新华网，2017 年 12 月 16 日，http://www.xinhuanet.com/politics/2017-12/16/c_1122119566.htm。

程中给予了高度重视。2015 年 11 月 12 日，澜湄六国在《澜沧江 - 湄公河合作首次外长会联合新闻公报》中便提出要共同打造更为紧密、互利合作的澜湄共同体。《三亚宣言》指出，澜湄合作旨在建设面向和平与繁荣的澜湄国家命运共同体，树立以合作共赢为特征的新型国际关系典范。2017 年 3 月 23 日恰逢澜湄合作成立一周年之际，王毅外长发表文章称："澜湄合作还是次区域的新生事物，构建澜湄国家命运共同体的美好愿景，需要区域各国更多元的参与、更包容的心态和更持久的努力，中国将以习近平总书记倡导的人类命运共同体为目标，根据李克强总理与湄公河五国领导人共同勾画的蓝图，努力推动澜湄合作走深走实。"① 2017 年 12 月 14 ~ 16 日在云南大理举行的澜湄合作第三次外长会期间，六国领导人再一次确立了澜湄国家命运共同体的共同目标。在 2018 年 1 月 10 日澜湄合作第二次领导人会议上，李克强总理发表的《打造澜湄流域经济发展带，建设澜湄国家命运共同体》讲话中提到，澜湄合作经过两年多的发展形成了"领导人引领、全方位覆盖、各部门参与"的澜湄格局，取得了超出预期的成效，创造了"天天有进展、月月有成果、年年上台阶"的澜湄速度，培育了"平等相待、真诚互助、亲如一家"的澜湄文化。澜湄合作从"培育期"进入"成长期"，已经成为澜湄次区域最具活力、最富成果的合作机制之一。为进一步深化我国与湄公河五国的关系，中国愿与湄公河国家一道，打造澜湄流域经济发展带，建设澜湄国家命运共同体。② 随后发表的《澜湄合作五年行动计划》在发展目标中明确提出建设面向和平与繁荣的澜湄国家命运共同体，彰显了各国携手同心推进澜湄合作深入发展的共识与坚定决心。

2. 推动地区合作与东盟命运共同体建设，打造区域合作典范

缅甸、越南、柬埔寨、老挝是经济较为落后同时发展潜力巨大的东盟国家，是我国开展周边外交中需要重视的东盟成员国。随着中国与周边国家综

---

① 《王毅：致力构建澜湄国家命运共同体》，参考消息网，2017 年 3 月 27 日，http：//ihl. cankaoxiaoxi. com/2017/0327/1814893. shtml。

② 《李克强：打造澜湄流域经济发展带　建设澜湄国家命运共同体》，新华网，2018 年 1 月 11 日，http：//www. xinhuanet. com/world/2018 -01/11/c_ 1122240849. htm。

合实力对比的变化，周边安全与战略环境愈加复杂与多变，中国周边外交出现了政经收益不对等，即经济投入成本过高和政治收益较低的不对称状况，周边国家尤其是东盟国家因经贸投资领域对中国日益依赖产生疑虑与不安转而不断加强本国的军事力量与存在，中国与东盟合作的边际效益正逐渐递减。① 事实上，澜湄合作机制是开放包容、共建共享的新型次区域合作机制，是中国平衡周边国家对中国的政治与安全诉求，加强战略互信与增信释疑，以共建“澜湄国家命运共同体”为目标的更高层次的次区域合作，并不具有排他性，而是中国－东盟合作的有益补充，与区域已有机制相互协调，并行不悖。中国坚定地支持东盟共同体建设，助力推动区域一体化水平。《澜湄合作五年行动计划》提出协调澜湄合作与中国－东盟合作的关系，其中对于政治安全事务、经济与可持续发展以及社会人文合作的详细规划与东盟国家致力于建设的“经济、安全、社会文化”共同体高度契合，二者都致力于推进区域经济社会发展。《澜湄合作五年行动计划》明确提出，六国要通过探讨与中国－东盟间的合作机制和平台进行交流沟通，如通过“10＋1”“10＋3”东亚峰会等积极进行战略对话与重点领域合作。《澜湄合作五年行动计划》中务实合作的项目与措施将有力推动澜湄合作进程，有利于将六国间的经济互补性转化为发展优势与动力，提升湄公河五国的经济发展水平，缩小五国与东盟其他成员的发展差距，对于提升湄公河国家的综合实力与地区影响力，深化次区域全面合作，提升东盟的一体化水平具有重要意义。

二 《澜湄合作五年行动计划》的内容及主要特点

2018 年 1 月 10 日正式出台的《澜湄合作五年行动计划》对澜湄合作的发展目标、基本原则、工作架构、务实合作、支撑体系做了系统全面的规划与梳理，为澜沧江－湄公河的繁衍生息与可持续发展描绘了蓝图。

---

① 全毅、尹竹：《中国－东盟区域、次区域合作机制与合作模式创新》，《东南亚研究》2017 年第 6 期。

（一）对接“一带一路”倡议，发展目标明确

澜湄合作机制建设的推进是深化中国与湄公河国家间合作的重要平台，有望成为“一带一路”倡议率先取得实质性进展的先行区和试验田。《澜湄合作五年行动计划》开篇明义，在发展目标中明确提出澜湄合作旨在对接“一带一路”倡议、《东盟愿景2025》、《东盟互联互通总体规划2025》和湄公河次区域其他合作机制与愿景，助力东盟共同体建设和地区一体化进程。① 习近平总书记在联合国日内瓦讲话中提出构建人类命运共同体，建设一个“持久和平、普遍安全、共同繁荣、开放包容、清洁美丽”的世界。② 人类命运共同体五位一体的框架与《澜湄合作五年行动计划》以及澜湄合作的“3+5+X”合作框架相得益彰，本质上是一致的。随着我国对周边外交的重视，澜湄次区域作为我国周边外交的重要组成部分，被纳入我国周边安全的战略布局中，是“一带一路”倡议与中国－中南半岛经济走廊、孟中印缅经济走廊等几大重要战略的交会处，推进澜湄合作是“一带一路”在东南亚地区落地生根的重要举措，也是践行我国“亲诚惠容”周边外交理念和升级次区域合作的重要探索，《澜湄合作五年行动计划》的出台表明澜湄六国将继续推动澜湄合作的深入发展，将澜湄合作打造成“一带一路”倡议的金字招牌。

（二）密切对接湄公河五国发展需求，工作架构完备

加深战略对接对于打消战略疑虑，增进政治互信具有重要意义。湄公河国家近年来都针对自身现实情况与发展需求制定了本国的发展规划与重大项目，这些项目在某种程度上与《澜湄合作五年行动计划》的发展目标与措施有某种程度的重合。③

① 《澜沧江－湄公河合作五年行动计划（2018～2022）》，中华人民共和国外交部，2018年1月11日，https：//www.fmprc.gov.cn/web/zyxw/t1524881.shtml。

② 《习近平主席在联合国日内瓦总部的演讲（全文）》，新华网，2017年1月19日，http：//www.xinhuanet.com/world/2017－01/19/c_ 1120340081.htm。

③ 刘稚：《澜沧江－湄公河合作的特点、趋势与路径》，《澜湄合作新机遇与中国－东盟关系新篇章》，社会科学文献出版社，2017，第14～23页。

柬埔寨是澜湄次区域中发展水平较为落后的国家，面临着推动基础设施建设，加快国内资金融通，承接产业转移，推动经济结构转型升级的重任。同时，柬埔寨面临的主要挑战就是如何努力减轻贫困，改善人口正在迅速增长的柬埔寨人民的生活水平。柬埔寨“四角战略”是近十多年来指导柬国家经济发展方向的战略规划，包括提高农业生产力和产业多样化，将农业生产打造成为经济增长和减轻贫困的主要动力；修复和重建基础设施，连接国内各地、连接柬埔寨与邻国、连接世界其他地方的桥梁、道路、铁路、海港和空港，创造一个方便、全面、安全、高效和讲经济效益的交通网，为贸易提供便利，促进旅游和农村发展，确保柬埔寨经济融入地区和世界；加强贸易便利化和改善投资环境，为有效地对市场需求做出反应，促进人力资源开发，促进私人领域的发展；加强与外国的教育合作；等等。这些目标与措施与《澜湄合作五年行动计划》中的务实合作措施相契合。[①] 2017 年，中国和柬埔寨在广西南宁和金边联合举办了中国 - 柬埔寨产能与投资合作论坛和澜沧江 - 湄公河国家经济技术展览会，为增进双方的政治互信、推进双方在塑造政府间机制、合作领域扩展、产业战略对接、深化经验分享等方面的合作发挥了积极作用，[②] 加深了中柬两国的合作共识与战略对接。

老挝也是湄公河地区发展较为落后的国家，面临着加强电力、通信等基础设施建设的重任，《澜湄合作五年行动计划》中对澜湄国家间互联互通以及东盟和其他区域的互联互通规划的重视，探索建立澜湄合作走廊可谓正中老挝需求。中老铁路的建设有助于老挝打通运输障碍，突破内陆国的障碍，改善与中国及东盟国家的交通连接状况，“变陆锁国为陆联国”战略与中老铁路的实施动工紧密相连，密不可分。中老铁路是泛亚铁路规划中线的组成部分，是中国通往东南亚的重要铁路通道，老挝也可借此将自己打造为东南

---

① 《柬埔寨王国政府〈四角战略〉》，中华人民共和国驻柬埔寨王国大使馆经济商务参赞处，2004 年 12 月 13 日，http://cb.mofcom.gov.cn/aarticle/ddgk/zwminzu/200412/20041200318821.html。

② 王文、刘典：《柬埔寨："一带一路"国际合作的新样板——关于柬埔寨经济与未来发展的实地调研报告》，《当代世界》2018 年第 1 期。

亚陆路交通枢纽，因此中老铁路对老挝而言是一个重要的发展契机。[①] 除中老铁路之外，中老两国间的国家级合作项目老挝万象赛色塔综合开发区、老挝一号卫星项目等一大批有影响力的标志性项目已成功落地。云南省还将实施支持勐腊（磨憨）重点开发开放试验区建设若干政策，将勐腊（磨憨）重点开发开放试验区作为全省通关便利化试点地区，建设中老口岸通关合作示范区。[②]

2015 年，泰国政府为发展国家边境地区经济，为泰国今后的贸易与投资创造更多的机会，计划沿边境地区开发工业园区。这些工业园区是泰国与邻国经济连接和贸易投资的重要门户，通过一系列优惠政策以吸引企业的入驻，鼓励其在经济特区工业园进行投资和促进形成集群化产业。[③] 泰国政府的边境经济特区战略与“一带一路”倡议相契合，也为《澜湄合作五年行动计划》的实施提供了平台。2016 年泰国政府为了进一步通过创新和技术应用发展高附加值产业，促进经济转型升级，跨越中等收入陷阱，增强国家核心竞争力，正式提出“泰国 4.0”高附加值经济模式，并相继出台了多项改革措施，包括增加基础设施建设、吸引国内外投资力度、振兴旅游业、提振出口等，以保持经济稳定增长。[④] 越共十二大之后，越南的内政外交工作都有了全新的部署，开启了越南革新“2.0”版本的新时代。[⑤] 缅甸民盟执政以来，对外开放日益活跃，积极参与与东盟国家的往来，主动融入区域发展中。《澜湄合作五年行动计划》与湄公河国家战略的契合与对接为澜湄合作的推进奠定了良好的基础，为中国与湄公河国家的合作确立了新的典范。

---

① 《老挝，从“陆锁国”到“陆联国”》，新浪财经，2017 年 11 月 20 日，http：//finance. sina. com. cn/roll/2017 - 11 - 20/doc - ifynwxum6162628. shtml。

② 《中老磨憨—磨丁经济合作区建设有序推进》，新华网，2016 年 12 月 19 日，http：//www. yn. xinhuanet. com/2016ynnews/20161219/3582796_ m. html。

③ 《泰国政府加快设立 5 个经济特区》，中华人民共和国驻泰王国大使馆经济商务参赞处，2015 年 4 月 25 日，http：//th. mofcom. gov. cn/article/jmxw/201504/20150400952360. shtml。

④ 《泰国积极推进 4.0 战略》，中华人民共和国商务部，2017 年 2 月 24 日，http：//www. mofcom. gov. cn/article/i/jyjl/j/201702/20170202522822. shtml。

⑤ 何胜：《越共“十二大”与越南的战略走向》，《现代国际关系》2016 年第 2 期。

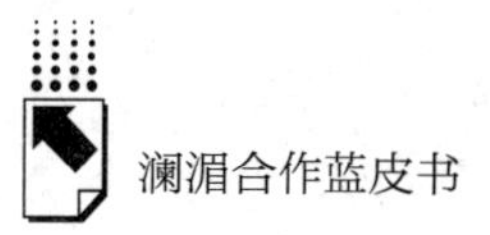

（三）以“3+5+X”合作框架为指导，切实推进务实合作

澜湄合作首次领导人会议签署的《澜湄合作首次领导人会议三亚宣言》和《澜沧江-湄公河国家产能合作联合声明》两项文件确立了澜湄合作的“3+5”合作框架，囊括了澜湄次区域政府与民众最关心的政治、经济、安全、文化、社会、人文等多个方面，是一个综合性的合作指导框架。《澜湄合作五年行动计划》在“3+5”合作框架的基础上，推动合作框架向更多的领域迈进，以“3+5+X”合作框架，确立了推进澜湄六国务实合作的具体措施。

1. 政治安全事务①

《澜湄合作五年行动计划》从高层交往、政党交流、政治对话与合作以及非传统安全领域合作几个方面为澜湄六国深化政治互信提供了指导。《澜湄合作五年行动计划》将政治安全事务放在首位，表明六国对加深政治互信、谋求安全合作的重视。澜湄合作至今已经召开了两次领导人会议以及三次外长会，这一高层交往机制今后还将继续保持。澜湄六国同意在已有的合作基础上每两年召开一次领导人会议，对澜湄合作的未来发展做进一步的总结与规划。同时，六国在协商一致基础上可以召开临时领导人会议，对于各种项目与合作的突发状况进行协商与安排。六国外长每年一次的高层会晤，有助于评估澜湄合作的最新进展并落实领导人会议共识。双边访问或其他国际合作平台保持经常性接触也有助于六国高层加深交流与理解。澜湄合作距今已举办了六次高官会、六次外交工作组会议。根据每年的具体情况，将六国外交高官会、各领域联合工作组会继续下去，推动六国政策对话和官员交流互访活动，促进澜湄国家政党对话交流。

当前，全球经济复苏乏力，经济下行压力增大，逆全球化噪声频起，澜湄六国也面临着全球经济形势不稳定以及下行压力的外部环境挑战，同时还

① 《澜沧江-湄公河合作五年行动计划（2018~2022）》，中华人民共和国外交部，2018年1月11日，https：//www.fmprc.gov.cn/web/zyxw/t1524881.shtml。

面临着极端气候变化、自然灾害、恐怖主义、有组织犯罪等非传统安全带来的威胁。澜湄次区域民族众多、地理环境复杂，非传统安全关系到澜湄次区域的和平与稳定，离不开六国的携手共治。《澜湄合作五年行动计划》中六国同意共同致力于加强非传统安全领域的合作，通过深化六国安全执法对话，应对共同关心的非传统安全事务，如有组织偷越国境、贩卖人口、贩毒、恐怖主义、网络犯罪及其他跨国犯罪，促进六国间跨境地区地方政府和管理部门的合作，维护澜湄地区的安全与稳定。另外，澜湄次区域还面临着旱涝灾害的影响，《澜湄合作五年行动计划》探索向灾民和受气候变化影响的地区提供应急救灾抢险方案，确保澜湄次区域的粮食、水和能源安全。

2. 经济与可持续发展[①]

经济与可持续发展是五年行动计划的重点，力图将经济、社会、环境发展结合起来，使之协调发展成为一个密不可分的系统，囊括了互联互通、产能、跨境经济、水资源、农业减贫与合作五大优先领域，是以人为本的“人、社会、环境”的持续、稳定、健康的三维复合体系。

（1）互联互通

澜湄六国山水相连，六国互联互通的程度深刻影响着六国间的交往与合作。《澜湄合作五年行动计划》中提出编制“澜湄国家互联互通规划”，同时与本区域已有的区域规划对接协调，如《东盟互联互通总体规划 2025》和其他次区域规划，以提升六国间的畅通水平，探索建立澜湄合作走廊，构建澜湄流域经济发展带；在推动铁路、公路、水运、航空等传统运输线路与交通的基础上，进一步推进基础设施建设更新换代与转型升级，注重对跨境电网、信息网络等新型互联互通网络设施的科技创新与新技术引用，提升互联互通基础设施的科技水平；增加全球卫星导航系统、3D 打印技术、云计算、无土栽培技术、智能温室等科技成果在澜湄国家基础设施建设、交通、农业、物流等领域的应用；推进六国通关便利化，提高区域间的进出口运输

① 《澜沧江－湄公河合作五年行动计划（2018～2022）》，中华人民共和国外交部，2018 年 1 月 11 日，https：//www. fmprc. gov. cn/web/zyxw/t1524881. shtml。

与流动，讨论实施“单一窗口”口岸通关模式，为六国民间往来提供便利；加强区域跨境电网及电力合作，推动澜湄国家电力互联互通和电力贸易，打造澜湄区域统一电力市场。

（2）产能

早在澜湄合作首次领导人会议上，六国就签署了《澜湄国家产能合作联合声明》，同意加强在冶金、建材、跨境电网、电力运输、信息通信、轨道交通、陆海空运输、装备制造、农产品和水产生产加工、新能源等领域的产能合作；① 探讨搭建区域共享的产能与投资合作平台，为产能合作提供良好的环境；举办“澜湄国家产能合作论坛”、产能专家技术工作组会议、产能合作联合会议等活动，为六国专业人才开展经验交流与培训，探讨建立澜湄国家产能与投资合作联盟；六国政府可给予产能合作更多政策支持与财政倾斜，设立多边参与的澜湄产能合作发展基金，提高澜湄国家企业和金融机构参与产能合作的积极性。

（3）经贸与金融

在中国东兴－越南芒街跨境经济合作区、红河－老街跨境经济合作区等跨境经济合作的基础上，继续推进跨境经济合作区建设，利用六国边境相邻的优势，提升澜湄国家间相互贸易和投资便利化水平，进一步降低非关税贸易壁垒；探讨建立澜湄国家中小企业服务联盟，为中小企业的交流建立合作的平台；国际贸易展销会、博览会和招商会是商贸合作的重要交流平台，将促进澜湄国家间贸易活动。推动澜湄国家边境地区部门的信息共享与经验合作，召开海关和质检部门会议，减少路障设施，提高货物通关和便利速度，降低民间交往成本；制定次区域产品规格统一标准，推进六国在认证认可领域的培训、合作与互认。

金融方面，积极借鉴各类区域合作融资原则，用好中方提供的澜湄合作专项基金，建立澜湄国家间长期、稳定、可持续的多元融资体系。稳定的金

① 《澜沧江－湄公河国家产能合作联合声明（全文）》，新华网，2016 年 3 月 23 日，http：//www. xinhuanet. com/2016－03/23/c_ 1118421803. htm。

融市场和良好的金融结构对发展实体经济至关重要，要防范金融风险，加强金融监管能力建设；加强澜湄国家金融主管部门合作与交流，促进双边货币互换、本币结算和金融机构合作。

（4）水资源

澜沧江－湄公河是联系六国的天然纽带，澜湄六国在《澜湄合作五年行动计划》中加强在水资源领域的合作，制订《水资源合作五年行动计划》，以协商解决六国共同关心的问题。加强对修建大坝等领域的水资源政策对话，做好水资源可持续利用顶层设计。湄公河地区水旱灾害频繁，要加强澜沧江－湄公河洪涝灾害应急管理，加强与湄公河委员会的数据和信息共享，提升和改进对澜湄各国开放的水质监测系统。开展澜沧江－湄公河流域气候变化等方面的联合研究，组织实施水资源开发与保护技术示范项目和水资源优先合作项目；学习和引进国际上优秀水资源机构的方法与经验，培养水资源方面的专业人才，通过水资源领域的交流培训与考察学习，加强水资源管理能力建设，提升各国对澜湄流域的水资源把控与理解。

（5）农业与减贫

农业与减贫事关民生大计，也是湄公河国家迫切需要解决的问题。推进六国在农业和农产品领域的标准化建设，加强农业可持续发展，确保区域粮食安全和食品安全。扩大农业科技领域的研发，建立六国联合实验室、技术试验示范基地和技术中心，支持科研机构加强信息分享和人员互访。培养具有现代化意识与能力的农民，建设澜湄合作农业信息网，着力提高农业科技化智能化水平。开展澜湄国家村长论坛，共建农业产业合作园区，以现代科技和一体化装备实现农业集约化生产与经营。同时，制订“澜湄可持续减贫合作五年计划”，开展澜湄六国减贫合作论坛与减贫合作示范项目，向六国分享中国的减贫经验和成功方法，共同推动减贫事业发展；通过信息交换、政策扶持、技术引进等多层次全方位建设活动，提升澜湄国家减贫与可持续发展能力。

（6）生态环保

加强森林资源保护和利用、林产品加工与贸易、边境森林火灾联防、野生动植物保护合作以及林业科研管理等方面的合作，推动澜湄流域森林生态系统综合治理；由国家林业局申报、亚太森林组织实施的“澜沧江－湄公河次区域森林生态系统综合管理规划与示范项目”也列入了《澜湄合作第二批项目清单》。[①] 湄公河地区环保工作深刻影响着区域的可持续发展，同样不容忽视，要协调对接区域各国环境规划，推动六国在水污染防治和生态系统管理合作，制定一个绿色、环保、低碳、可持续的澜湄区域环境合作规划，加强与湄公河委员会以及区域国家环保部门、非政府环保组织的交流沟通。同时做好区域环境保护宣传教育工作，提高民众环保意识，推进环保事业的有序发展，共建澜湄次区域绿色生态园。

3. 社会人文合作[②]

澜湄国家在长期交往中形成了紧密相连的人文联系，《澜湄合作五年行动计划》提出各国要加强在文化、教育、旅游、卫生以及媒体等民间交流与合作。在文化合作方面，深化对澜湄流域有价值意义的文化艺术、历史文物、非物质文化遗产的保护与传承，加强流域六国在教育、旅游、科技等文化产业和文化资源开发方面的交流与合作，丰富和深化澜湄次区域文化的内涵。通过澜湄国家文化交流活动以及各国设立的文化中心，促进六国民众、文化团体与文化企业开展交流与合作，落实《澜湄文化合作宁波倡议》；在旅游方面，充分利用六国的旅游业优势资源，加强旅游软硬件基础设施建设，鼓励澜湄国家参加区域内外各种旅游论坛和交易会等活动；在教育方面，积极参与中国－东盟教育交流周期间的活动，推动区域内外教育人才的会谈与经验交流，建立澜湄职业教育基地、澜湄职业教育培训中心等平台，培养适合区域发展需要的专门人才；在卫生方面，继续开展澜湄“光明行”、微笑行动等传递爱心与温暖的活动形式，向湄公河国家派遣免费医疗队。同时，加强在登革热、疟疾等传染病防治方面的合作，提高六国乡村医

① 《林业合作助力构建澜湄国家命运共同体》，中国林业网，2018 年 1 月 12 日，http：//www. forestry. gov. cn/main/72/content－1067216. html。

② 《澜沧江－湄公河合作五年行动计划（2018～2022）》，中华人民共和国外交部，2018 年 1 月 11 日，https：//www. fmprc. gov. cn/web/zyxw/t1524881. shtml。

院和诊所的基础设施水平以及医务服务人员的专业技术能力，提高医疗卫生水平与标准；积极支持政府官方媒体之外的二轨交流机制，鼓励澜湄各国青年、民间团体、非政府组织的交流与对话，打造澜湄青年交流品牌项目。打造发布信息和处理公共事务的基础平台，扩大六国间的基础信息共享。

（四）三维立体支撑格局，奏响命运共同体乐章

《澜湄合作五年行动计划》目标在于澜湄六国在平等相待、共建共享的基础上，推动澜湄合作探索更多新的发展潜力与合作领域。各个工作组的工作开展，各项目的具体落实与后期监督需要不断的资金链支持，需要来自各行各界的专业人才的辅助，以及来自外部的有效监督。《澜湄合作五年行动计划》提出澜湄合作“资金、智力、监督”三位一体的支撑体系，将内生动力与外部监督相结合。

澜湄合作机制是由发展中国家组成的南南合作机制，除中国与泰国经济发展水平相对较高以外，其他国家面临着进一步吸引国内外资本、加强国家基础设施建设、推动经济转型升级等任务。澜湄合作机制是一个开放包容的合作平台。在资金方面，《三亚宣言》中提到，澜湄合作的项目及其资金来源将由相关国家政府根据本区域的实际发展状况通过协商而定，同时欢迎其他金融机制和国际非政府组织提供资助。中国作为区域大国以及世界第二大经济体，为澜湄合作的发展提供了政策倾斜与资金支持，积极践行大国责任与担当。在澜湄合作首次领导人会议上，李克强总理为推动澜湄地区基础设施建设和产能合作项目，提出设立“两个一百”承诺，即设立 100 亿元人民币优惠贷款和 100 亿美元信贷额度，在湄公河方向上优先使用 2 亿美元南南合作援助基金，为将澜湄合作打造成为南南合作的实践标杆注入强劲动力。同时，澜湄六国提出的中小型合作项目离不开资金的注入以及政策的支持，中国计划在 5 年内提供 3 亿美元用以推进中小型项目的发展，并计划在未来 3 年提供 1.8 万人政府奖学金和 5000 名来华培训名额以推进澜湄合作的纵深发展。截至澜湄合作第三次外长会的召开，中方宣布的 3 年内向湄公河国家提供 5000 个来华培训名额已经落实了 3000 个。此外，中方还将推动

亚洲基础设施投资银行、丝路基金等平台，并进一步扩大与湄公河国家贸易和投资本币结算，完善人民币在澜湄次区域的流通与跨境结算功能。[①]《澜湄合作五年行动计划》指出，澜湄合作要加强与区域内外有实力有经验的金融组织与机构，如亚洲开发银行、亚洲基础设施投资银行、世界银行等加强合作，用好中方设立的澜湄合作专项基金，优先支持领导人会议和外长会确定并符合《三亚宣言》等重要文件所设立目标的项目。[②] 为提高澜湄合作水平，中国已经和缅甸、老挝、泰国、柬埔寨签署了澜湄合作专项基金协议，以推进有关项目的顺利实施。《澜湄合作五年行动计划》中的资金支撑体系不仅包括各国际金融机构的支持，在用好政府官方资本的前提下，鼓励各国加大资金资源投入，发挥社会市场资源优势，通过市场良性竞争与政策吸引民间资金对合作项目的投资，打造立体化全方位的金融支撑体系。

在智力支持方面，《澜湄合作五年行动计划》探索官、产、学一条龙合作模式。伴随着全球经济竞争愈加激烈，通过建立以官、产、学为核心主体，技术项目为连接纽带，政府、中介机构、金融机构等为支撑的官产学研合作利益、责任共同体的方式，探讨建立一个长期、持续、稳定的澜湄国家间深化合作的官产学合作模式，为各项目的开展以及企业投资合作提供持续的创新能力供给。[③] 深化澜湄次区域知识与信息的普及与共享，开展澜湄六国间的语言、实用技术、发展规划、管理人员等方面的中短期培训和学位培训，探索六国的人力发展资源，为六国培养专业技术人才。建立全球湄公河研究中心是澜湄合作第二次外长会上中方所提倡议之一，得到了各方积极响应，《澜湄合作五年行动计划》也将建立全球湄公河中心作为为澜湄合作提供智力支撑的澜湄合作研究平台和研究合作载体。截至目前，全球湄公河研究中心（中国中心）、全球湄公河研究中心（柬埔寨中心）相继成立，将广

---

① 《李克强在澜沧江－湄公河合作首次领导人会议上的讲话（全文）》，新华网，2016 年 3 月 23 日，http：//www. xinhuanet. com/world/2016 －03/23/c_ 1118421752. htm。

② 《澜沧江－湄公河合作五年行动计划（2018～2022）》，中华人民共和国外交部，2018 年 1 月 11 日，https：//www. fmprc. gov. cn/web/zyxw/t1524881. shtml。

③ 林伟连：《面向持续创新的产学研合作共同体构建研究》，博士学位论文，浙江大学，2017。

泛汇集国内外澜湄研究力量，促进澜湄国家智库与湄公河研究。2018 年 3 月 20 日，首届全球湄公河研究中心智库论坛在京召开，来自柬埔寨、老挝、缅甸、泰国、越南等东盟国家代表及湄公河委员会、大湄公河次区域合作等组织的代表以“进入成长期的澜湄合作”为主题，就澜湄合作过去两年所取得的成果、经验及未来合作走向展开深入研讨，代表们积极建言、群策群力，为澜湄区域各机制间的横向联系以及澜湄合作稳步发展献计献策。[①]

就监督机制来看，《澜湄合作五年行动计划》提及要加强澜湄合作各国家秘书处或协调机构在多领域的合作，以统筹资源，形成发展合力。为落实该计划中领导人共识、以更高水平服务澜湄合作发展需要的具体措施，澜湄合作六国秘书处培训开班暨澜湄合作研究中心揭牌仪式举行，来自六国秘书处和相关部门、地方的学员在北京和深圳进行培训、交流和实地考察，以提升澜湄意识，提高能力和素质，培养更多的湄公河五国语言、技术等专门人才，更好地推动澜湄合作发展。[②] 督促各国相关责任部门与机构参与澜湄合作，对重要活动和项目进行定期评估与审查。在政府与企业之外欢迎较为中立客观的社会监督，利用公众舆论效应以及道德规范为准绳，对各项资金使用情况、政策落实情况进行监督，推进澜湄合作各项目公开透明，在阳光下运行。

三 《澜湄合作五年行动计划》的前景展望

《澜湄合作五年行动计划》是六国群策群力、自主量身设计的合作指南。在经济全球化背景下，《澜湄合作五年行动计划》为澜湄国家间充分利用资源优势和经济互补的现状以实现互利共赢提供了规划与指导，为逆全球化冲击下六个发展中国家进一步提升区域一体化水平，打造澜湄次区域合作

① 《首届全球湄公河研究中心智库论坛在京召开》，新华网，2018 年 3 月 20 日，http://www.xinhuanet.com/world/2018-03/20/c_129832958.htm。

② 《澜湄合作六国秘书处培训开班暨澜湄合作研究中心揭牌仪式举行》，北外新闻网，2018 年 6 月 28 日，http://news.bfsu.edu.cn/archives/270972。

大格局提供了指导。从《澜湄合作五年行动计划》的发展目标、基本原则、工作架构来看，如何贯彻落实该计划，进一步推动澜湄合作的深入发展，是值得研究的课题。

（一）重点加强五大优先领域项目合作，以实际收益夯实民意基础

澜湄六国民众对澜湄合作机制的接受度与认可度要靠项目说话。澜湄合作成立两年多来，早期收获成果显著，为各国继续参与澜湄合作建设奠定了较好的基础。进入成长期的澜湄合作又面临新的困难与挑战，次区域的发展情况与实际需求也有所变化。《澜湄合作五年行动计划》提出 2018 年至 2019 年为奠定基础阶段，着重推动落实中小型合作项目，同时加强五大优先领域的合作规划。现阶段的澜湄合作不应操之过急，各个项目的发展建设需要一定的时间与经验积累，要重视质量大于重视数量，不能盲目搞建设，以破坏当地生态环境为代价一味追求发展速度。重点抓住六国在水资源管理、产能、互联互通、跨境经济区和口岸通关领域建设，贯彻落实该计划规划的经济与可持续发展领域务实合作。2020 ~ 2022 年以前两年的发展为基础推进澜湄合作重大项目，重在拓展新的合作领域。从中小型项目过渡到深化推广阶段时间较短，不可急于求成，操之过急，要注重对各个阶段成果进行分析与总结，规避项目风险。随着五年行动计划的推进与项目的做大，湄公河国家的需求也会随之改变，要明确项目实施的范围与目标，保质保量地完成五年行动计划的措施与承诺。

（二）“高级政治”与“低级政治”相结合，充分发挥次级行为体作用

高级政治涉及政治安全、军事合作、意识形态等领域，过去澜湄次区域的各种合作机制涉及较少。要通过落实《澜湄合作五年行动计划》的政治安全事务的合作，进一步加深各国在高级政治领域的合作，深化六国间的政治互信与合作共识。类似中老铁路、中泰铁路这样加强地区互联互通的项目有助于区域经济的发展，但现实中对开展此类项目动机的怀疑声仍不绝于

耳。中国可通过《澜湄合作五年行动计划》加强与湄公河国家间的理解与沟通，用实际行动缓解部分误解与恶意言论。低政治领域的合作相比于高政治领域的合作具有更强的可操作性与实践性，《澜湄合作五年行动计划》的实施需加强在文化、旅游、教育、卫生等领域的合作，为澜湄合作的发展注入更多的生命力。相关各国中央政府及智库是澜湄合作的规划者，而地方政府与民间团体组织则是参与合作的实践者，要推动地方政府积极参与澜湄合作，发挥智库、民间团体、地方政府在推动区域合作中的主动性与创造性。《澜湄合作五年行动计划》的项目实施有大量的工作需要各项目组落实，需要澜湄次区域民众的配合与监督，共同推进项目实施方与民众的信任，推动该计划的结果向好的方向发展。

（三）促进内部建设与对外吸纳新成员齐头并进，构建区域合作大格局

澜湄合作机制是新型次区域合作机制，领导人会议及《澜湄合作五年行动计划》在工作架构中都提出要与其他湄公河次区域机制形成相互补充，协调发展的关系。随着次区域合作的深入发展，澜湄合作的影响力将超出次区域范围。同时，推动《澜湄合作五年行动计划》对内对外都将面临新的机遇与挑战。未来澜湄合作可借鉴上海合作组织吸收印度和巴基斯坦加入完成扩员的经验，吸收更多的域外国家作为观察国，扩大澜湄合作组织规模，提升澜湄合作的影响力与话语权，同时有助于体现澜湄合作的开放性与非针对性，[①] 为澜湄合作机制注入更多的新活力。要借助《澜湄合作五年行动计划》的实施优化区域发展格局，将澜湄合作与中国－中南半岛经济走廊、孟中印缅经济走廊、中国－东盟合作机制等相结合，通过澜湄合作与南亚、东南亚重要发展规划与战略相衔接，实现澜湄合作效益最大化。中国作为澜湄合作的主要倡导国，要积极承担为次区域提供"公共产品"的主要责任，加强对澜湄合作的政策支持与引领，推动澜湄合作向更高水平迈进。

① 曾向红、李廷康：《上海合作组织扩员的学理与政治分析》，《当代亚太》2014 年第 3 期。

结　语

综上所述，《澜湄合作五年行动计划》是六国在澜湄合作步入成长期的关键阶段提出的纲领性规划，将促进六国政治、经济、社会文化、生态全方位多领域的合作发展，为次区域一体化注入强劲动力。澜湄合作的深入推进离不开《澜湄合作五年行动计划》的指导，离不开湄公河六国的支持。澜湄国家要按照《澜湄合作五年行动计划》的要求，重点落实五大优先领域的合作项目，在积极推进基础设施与互联互通建设的同时，加强产能合作，鼓励民间往来与人文交流，促进通关便利化，构建一个开放包容的次区域合作大格局。积极增进六国对于澜湄国家命运共同体的认同感与获得感，以看得见的成果与实实在在的收益让六国老百姓认可澜湄合作。未来的澜湄合作可适时吸收域外国家作为观察国，将内部机制建设与对外扩大成员并举，将澜湄合作打造成为“一带一路”倡议的金字招牌与区域合作的典范。

B.3

湄公河地区国际合作机制的重叠现象及其影响与启示*

罗圣荣　杨　飞**

摘　要： 国际机制是全球治理的一种重要方式。但是当前国际机制在行为主体、问题领域和功能治理层面的重叠，限制了国际机制作用的有效发挥。湄公河地区历来为大国地缘博弈之地，致使该地区双边与多边国际机制众多，机制重叠现象尤为突出。2016 年，中方推出澜湄合作机制后，得到柬、越、泰、缅、老五国的积极响应，同时也面临着该地区日趋严重的机制重叠问题。对此，今后应在行为体上调整机制布局、在问题领域增进协商合作、在功能治理上创新合作途径，使未来澜湄合作机制在众多国际机制中脱颖而出。

关键词： 湄公河地区　澜湄合作　国际合作机制

当前，"一带一路"倡议正逐渐从愿景变为现实，成为中国提供给世界最为重要的一份国际公共产品。但是纵览中国周边局势，国际机制众多、机

---

* 本报告是 2017 年国家社科基金委托项目"中老越接壤地区国际减贫开发合作研究"（编号：17@ZH02）暨云南省省院省校教育合作人文社会科学研究项目"云南参与澜湄合作机制下的国际扶贫开发合作研究"（编号：SYSX201602）的阶段性成果；本报告还得到了云南大学"周边外交理论创新高地项目"及"地缘政治理论创新高地项目"的资助。

** 罗圣荣，云南大学国际关系研究院、云南大学周边研究中心研究员，博士；杨飞，云南大学国际关系研究院 2016 级硕士研究生。

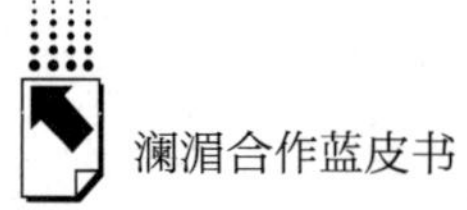

制关系复杂、“机制拥堵”[①] 现象严重，对“一带一路”倡议的稳步推进构成了严峻挑战。2016 年开始实施的澜湄合作机制，成为推动“一带一路”倡议的一大亮点，将有利于密切澜湄流域国家间关系、夯实中国 - 东盟合作、打造中国与周边国家命运共同体。[②] 湄公河地区囿于特殊的历史、政治、经济等背景，区域经济发展水平整体较低，但发展前景广阔，有望成为中国推动“一带一路”倡议的突破点。有鉴于此，澜湄合作机制对于深化湄公河地区合作，破解“机制重叠”困境，践行“亲、诚、惠、容”的周边外交新理念，实现区域共同发展具有举足轻重的意义。本报告首先就重叠国际机制的定义、内容、原因及其影响进行理论上的梳理，随后对湄公河地区国际合作机制施以分析，最后就澜湄机制下如何提高机制有效性与增进国际合作展开进一步的思考。

一　国际机制的定义及其类型

（一）国际机制的定义

二战结束后，美苏等大国积极建立起一批以自身为主导的国际机制，将其视为维护国家利益、扩大国际影响力的重要手段。美国学者约翰·鲁杰（John G. Ruggie）于 1975 年首次将“国际机制”的概念引入国际政治领域。[③] 随后，罗伯特·基欧汉（Robert O. Keohane）与约瑟夫·奈（Joseph Nye）

① “机制拥堵”又可理解为“机制碎片化”与“制度过剩”，强调机制过多致使机制有效性下降。这一概念最早由毕世鸿提出，参见毕世鸿《机制拥堵还是大国协调——区域外大国与湄公河地区开发合作》，《国际安全研究》2013 年第 2 期；其他关于“制度过剩”的详细分析参见李巍《东亚经济地区主义的终结？——制度过剩与经济整合的困境》，《当代亚太》2011 年第 4 期。

② 《打造周边命运共同体又一重要平台——专家解读澜湄合作首次领导人会议成果》，新华网，2016 年 3 月 24 日，http：//news. xinhuanet. com/world/2016 - 03/24/c_ 1118434340. htm。

③ John G. Ruggie，“International Responses to Technology：Concept and Trends，” *International Organization*，Vol. 29，No. 3，1975，pp. 557 - 583.

在1977年出版的《权力与相互依赖》一书中，正式运用国际机制的概念研究国际关系的现实问题。[①] 关于国际机制的定义，约翰·鲁杰最早将其定义为“一群国家所接受的一套共同预期、规划和规定、计划，以及为维持组织运作的财政及其他义务”[②]。斯蒂芬·克莱斯勒（Stephan D. Krasner）则将国际机制界定为“在国际关系特定领域由行为体的期望汇集而成的一整套明示或暗示的原则、规范、规则和决策程序”[③]。这一定义被学界普遍接受。尽管如此，以现实主义、自由主义和建构主义为代表的国际关系理论对国际机制的解读依然充满了争论。现实主义以权力和利益为其理论内核，认为国际机制只是国家间权力博弈的工具。自由主义认为，在无政府社会中国际机制降低了国家间交易成本、提供了交易信息，并减少了不确定性行为。建构主义认为观念、文化塑造国家身份，身份决定国家利益，不同的身份塑造影响着国际机制的形成与作用。[④] 有鉴于此，德国学者利特伯格（Volker Rittberger）将三大理论在国际机制认知问题上的差异归结为“对国际机制作用大小的认可程度不同”。[⑤]

（二）国际机制的类型

根据斯蒂芬·克莱斯勒关于国际机制的定义，国际机制主要由主体、客体与本体三部分构成。在国际社会中，主体是进行国际活动的主要参

---

① 罗伯特·基欧汉和约瑟夫·奈强调，“国际机制协助提供了国际经济进程赖以产生的政治框架。认识国际机制的发展和崩溃，是理解相互依赖政治的关键”。自此以后，国际机制成为新自由主义理论研究的核心流派之一，也是现代国际关系研究不可忽视的领域。参见〔美〕罗伯特·基欧汉、约瑟夫·奈《权力与相互依赖》（第四版），门洪华译，北京大学出版社，2012，第36页。

② John G. Ruggie, “International Responses to Technology: Concept and Trends,” *International Organization*, Vol. 29, No. 3, 1975, p. 570.

③ Stephan D. Krasner, “Structural Causes and Regime Consequences: Regimes as Intervening Variables,” *International Organization*, Vol. 36, No. 2, 1982, p. 186.

④ 参见门洪华《对国际机制理论主要流派的批评》，《世界经济与政治》2000年第3期，第23~29页。

⑤ Andreas Hasenclever, Peter Mayer, and Volker Rittberger, *Theories of International Regimes*, Cambridge University Press, 1997, pp. 1 -2.

与者，即行为主体，一般是指国家、国际组织、非政府组织等。客体是行为主体针对的主要对象，即问题领域，例如安全、经贸、减贫、环保等问题领域，它们构成不同行为主体研究、作用的主要对象。本体为主体作用于客体的过程，即国际关系领域中的功能治理，是指通过具有约束力的国际原则、规范、规则和决策程序解决全球性的问题。国际机制的类型有多种划分标准。按照问题领域国际机制可划分为国际安全机制、国际环境机制和国际经济机制等，其中国际经济机制又可细分为国际金融机制、国际贸易机制和国际减贫机制等类型。按照形式特征，国际机制可划分为正式机制和非正式机制，政府间合作机制大多是正式机制。按照作用范围，国际机制可划分为全球性机制、地区性机制和双边性机制，全球性问题领域的机制建设大多涵盖这三个作用范围。按照行为体的数量，国际机制又可划分为多边机制和双边机制两种类型，本报告即采用这一分类标准。

二　国际机制的重叠现象及其影响

（一）国际机制的重叠现象

随着国家频繁地参与到日益增多的各种国际机制中去，问题领域、管辖权以及成员身份的“交叠”问题越来越明显,[①] 即机制之间的重叠现象愈加突出。针对国际机制间日趋复杂的联系，奥兰・扬将同一问题领域的机制间关系分为四种类型：嵌入式/植入式机制（embedded regimes）、嵌套式机制（nested regimes）、集束式/丛生式机制（clustered regimes）与重叠式/交叠式机制（overlapping regimes）。由于各个机制在主体、问题与联系上相互交织，嵌入、嵌套、集束与重叠其实质都是一种关系的“重叠”，它们共同存在于

① 孔凡伟：《制度互动研究：国际制度研究的新领域》，《国际观察》2009 年第 3 期。

机制间，区别只是重叠方式与程度的差异。[①] 因此，本报告的“重叠”涵盖以上四种类型，强调机制间关系的一种普遍共性。

根据国际机制的概念与机制间联系，国际机制的重叠现象主要有三种表现：主体重叠、问题重叠、功能重叠。首先，主体重叠是指众多国际机制中行为主体的重叠，即各国际机制的制定者、实施者与受影响者往往相同，或者在机制间相互交织。国际机制主要行为主体的数量是有限的，例如得到联合国认可的民族国家只有 193 个，但行为体之间的互动是十分广泛而深入的。国际社会日趋紧密的联系决定了国际机制中行为主体的重叠性，尤其是涉及经济、环境、气候等全球性的问题领域，机制重叠现象难以避免。其次，问题重叠是指多个国际机制存在于同一问题领域。国际社会为解决全球性问题需要多种机制相互商议、相互协作，全球性问题的特质与国家间利益的博弈往往导致在同一问题领域形成多个机制。最后，功能重叠即国际治理的重叠，指在同一问题领域中国际机制的原则、规范及决策程序具有相似性。新机制的建立、完善往往与借鉴、模仿已有机制的成功经验密切相关，后者也通过强迫、说服等方式强化已有机制的影响。新机制往往无法彻底摆脱已有机制的基础，而已有机制也往往吸收了新机制的成分，致使机制相似性高，治理方式重叠。

从原因来看，国际机制的重叠现象，既是区域化和全球化迅猛发展的必然结果，也是大国地缘政治博弈的直接后果。一方面，在区域化和全球化迅猛发展的背景下，“重叠”成为机制间不可避免的关系之一。冷战后两极格局被打破，“合作共赢”理念被国际社会普遍接受，国家间“相互依存”程度不断加深，区域化和全球化成为国际机制快速发展的机遇与背景，国际社会形成真正意义上的有机整体，国际机制的发展进而驶入“快车道”。在国际事务中，国际组织一般是国际机制的重要制定者、实施者和评估者，国际组织数量的变化在一定程度上反映了区域化和全球化的发展进程，以及国际

① 〔美〕奥兰·扬：《世界事务中的治理》，陈玉刚、薄燕译，上海世纪出版集团，2007，第156页。

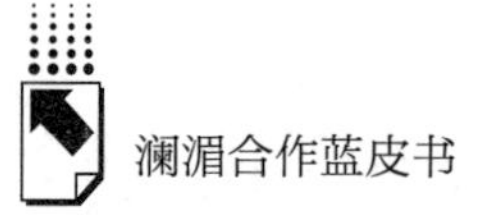

机制的扩散速度。据国际组织联盟（Union of International Associations，简称“UIA”）进行的数据统计，政府间国际组织数量1909年只有37个，1951年是123个，1992年有4878个，2016年则达到7658个。[①] 另一方面，大国地缘政治博弈也导致了国际机制的重叠现象。国际机制主要是由国际体系中最强大的国家所塑造，并主要反映了大国的利益，[②] 同时，国际机制又是大国谋求利益的重要手段与方式，正如二战后多数全球性国际机制，主要是在美国霸权主导下建立和推动的。反过来国际机制在一定程度上也需要大国的主导与协调，在实践过程中更是如此。但是，伴随新兴大国的群体性崛起以及美国的相对衰落，以各类文明为代表的话语权之争、制度之争、规范之争成为大国地缘政治博弈的新内容，国际机制作为话语权、制度与规范的承载者，机制间的“重叠”现象愈演愈烈。

（二）国际机制重叠的影响

就其积极影响而言，首先，在行为主体上，国际机制的重叠有助于增进机制间相互协调，相互合作。国际机制的行为主体主要由国家构成，这一特征限制了行为主体的数量，在不同国际机制由相同大国主导的情况下，各机制间便于就共同关注的问题展开协商。其次，在问题领域内，国际机制的重叠有助于拓展问题解决途径，提高问题解决效率。针对同一问题领域，各大国为凸显自身主导机制的优越性，往往不断加大投入力度，扩展问题解决途径，这一竞争在一定程度上提高了全球性问题的解决效率。最后，在功能治理上，国际机制的重叠减少了运行成本、简化了运行程序。由于全球化的迅猛发展，针对全球性问题的治理方式不断趋同，而由不同大国主导的国际机制必然要向其他机制学习、借鉴有效经验，从而推动了合作水平的整体提

① “Year Book of International Organizations 2017 - 2018,” Union of International Associations (UIA), 2017, https://uia.org/sites/uia.org/files/misc_pdfs/pubs/yb_2017_vol4_lookinside.pdf.

② 〔美〕罗伯特·基欧汉：《霸权之后：世界政治经济中的合作与纷争》，苏长和等译，上海世纪出版集团，2012，第62页。

高，即机制主体的重叠对国际机制效率的影响最为深远。问题领域与功能治理因为问题的全球性特征，以及主体间相互模仿、学习而更趋一致。

就其消极影响而言，其一，在行为主体上，国际机制的重叠容易造成大国相互掣肘、恶性竞争。在同一问题领域，国际机制过多常被形容为“机制拥堵”或“意大利面条碗”，这些说法生动形象地表明机制过多可能导致的“过犹不及”。[①] 各大国为了提高自己在相关问题领域的话语权、影响力，不乏利用媒体舆论相互抨击，向对方推动的机制设置障碍。其二，在问题领域内，国际机制重叠容易造成机制协调、规范冲突等问题。当前，同一问题领域一般涵盖多个机制，但是囿于国际机制在原则、规范、执行标准等问题上的重叠，成员国往往在工作层面面临巨大的困扰。其三，在功能治理上，国际机制的重叠容易使部分成员国家形成对国际机制的依赖性，不利于其国家治理能力的自我完善和提高。

三　湄公河地区国际合作机制的重叠问题

（一）湄公河地区的国际合作机制分析

1. 双边合作机制

双边合作机制，主要是指两个行为体之间形成的合作机制。合作双方一边为主导大国，一边为地区集合体，是一种特殊的双边机制，如中国、日本、美国等大国与湄公河地区单个国家或次区域共同体分别建立的合作机制即属于这一类型（湄公河地区的主要双边合作机制见表1）。

（1）日湄合作机制

日湄合作是冷战后日本对外合作的重点。早在1993年日本就举办了“印度支那综合开发论坛”，强调地区共同开发以及对湄公河地区进行经济

① Gallarotti, G. M., “The Limits of International Organization: Systematic Failure in the Management of International Relations,” *International Organization*, Vol. 45, No. 2, 1991, p. 183.

援助。2004 年，日本经济产业省成立了“柬、老、越、缅四国产业合作援助研究会”。2007 年，“日本 - 湄公河区域合作伙伴机制”成立。从 2009 年起，日本每年与湄公河国家举办“日本 - 湄公河国家领导人峰会”。[①] 安倍政府上台以来，为进一步夯实“日湄合作”，决定每三年在日本举行一次峰会，定期举行外长、经济部长会议，以及工作层面高层官员磋商。2017 年 11 月，第九届“日本 - 湄公河国家领导人峰会”在菲律宾召开，日本表示将与湄公河国家一起促进自由、开发的“印太战略”。[②]

（2）美湄合作机制

美国实施“重返亚太”和“亚太再平衡”战略后，美湄合作成为美国扩大地区影响力、制衡中国的重要手段之一。2009 年，美国在与湄公河地区国家召开“美国 - 湄公河下游部长会议”后，推出了“湄公河下游行动计划”。为更好地在环境、医疗、教育和基础设施等民生领域开展合作，美湄合作十分注重机制的建设。2011 年 3 月，美国与湄公河下游各国共同起草了《湄公河下游倡议》，确定了美湄合作的指导原则和具体目标。2018 年 8 月 3 日，第十一届湄公河下游倡议（LMI）部长级会议在新加坡举行，美国国务卿蓬佩奥作为本次 LMI 外长会议主席，一方面再次表明了美国及其伙伴国对 LMI 的承诺，另一方面强调 LMI 对湄公河下游区域的互联互通、经济一体化、可持续发展和良好治理的关键驱动力的重要性。[③]

（3）其他双边机制

在“东向”政策的指引下，印湄合作也不甘落后。印度于 2000 年向越、老、柬、缅、泰五国发起了“湄公河 - 恒河合作倡议”。2010 年，印度与越、柬、泰、缅 4 国提出了侧重于基础设施建设的“湄公河 - 印度经济

---

① 张继业、钮菊生：《试述安倍政府的湄公河次区域开发援助战略》，《现代国际关系》2016 第 3 期。

② “The Ninth Mekong-Japan Summit Meeting,” Ministry of Foreign Affairs of Japan, November 3, 2017, https://www.mofa.go.jp/s_sa/sea1/page3e_000786.html.

③ “Joint Statement on the Eleventh Ministerial Meeting of the Lower Mekong Initiative,” U.S. Department of State, Arguest 4, 2018, https://www.state.gov/r/pa/prs/ps/2018/08/284928.htm.

走廊”（Mekong-India Economic Corridor）项目。[①] 韩国则以2010年下半年的“韩国－湄公河开发论坛”为契机，与湄公河下游各国建立了对话机制。2011年，韩国与湄公河各国召开了第一次“韩国－湄公河国家外长会议”，通过了“关于建立韩国－湄公河全面合作伙伴关系，实现共同繁荣”的《汉江宣言》，并明确了双边合作各领域的内容。[②] 2018年8月，第八届“韩国－湄公河国家外长会议”在新加坡召开，就2019年举行首届“韩国－湄公河领导人会议”的可能性达成一致。

表1　湄公河地区主要双边合作机制

名称	主导国家	合作方式
“湄公河下游倡议”合作机制	美国	高官会议、贸易投资
“日湄领导人峰会”合作机制	日本	高官会议、贸易投资
“湄公河—恒河合作倡议”机制	印度	贸易投资
“韩国—湄公河开发论坛”	韩国	贸易投资

2. 多边合作机制

多边合作机制是指两个以上行为体在某一问题领域的互动机制。当下，全球化时代的复杂性决定了一个国家很难只依靠自身力量实现社会的全面发展。因此，尽可能多地建立、参与各种多边机制，是发展中国家获取资金与技术、实现快速发展的重要手段（湄公河地区的主要多边合作机制见表2）。

（1）大湄公河次区域（Great Mekong Subregion，简称GMS）合作机制

1992年“GMS”合作机制在亚洲开发银行的积极推动下正式建立，亚洲开发银行与“GMS”合作机制相互支撑，在湄公河地区的经济社会发展

① 卢光盛：《澜湄机制如何从湄公河地区诸多边机制中脱颖而出》，《当代世界》2016年第5期。

② 黄河、杨海洋：《区域性公共产品与澜湄合作机制》，《深圳大学学报》（人文社会科学版）2017年第1期。

过程中取得了积极成果。例如，截至2013年底，“GMS”合作机制计划投资项目成功动员166亿美元和技术援助3.3亿美元，其中亚洲开发银行提供了60亿美元的投资和1.15亿美元的技术援助，重点投资在与减贫紧密相关的项目领域。[①] 2017年2月，亚洲开发银行即向老挝提供1200万美元贷款用于其卫生安全项目。[②]

（2）澜湄合作机制

澜湄合作机制于2014年提出，2016年正式启动，是针对以往多边合作存在的问题而成立的一个全新的多边合作机制。目前，澜湄合作机制确立以政治安全、经济和可持续发展、社会人文为三大支柱，以互联互通、产能、跨境经济、水资源、农业和减贫为五个优先方向的“3+5”合作框架，为建立澜湄国家命运共同体奠定了发展基础。同时，澜湄合作机制由于得到了“亚洲基础设施投资银行”（简称“亚投行”）为其提供的重要资金支持，而成为中国实施“一带一路”倡议的重要组成部分。2018年6月25~26日，“亚投行”第三届理事会年会在印度孟买举行，承诺将对老挝、缅甸等“最不发达国家”的基础设施建设加大投资力度。[③]

（3）其他多边机制

湄公河地区除去上述多边合作机制外，还有1995年建立的“新湄公河委员会”（Mekong River Commission，简称“MRC”），东盟1996年发起的“东盟—湄公河流域开发合作”，以及“中老缅泰黄金四角合作”（1993年）、“柬老越发展三角区”（1999年）、“伊洛瓦底江—湄南河—湄公经济

---

① 罗圣荣：《澜湄次区域国际减贫合作的现状、问题与思考》，《深圳大学学报》（人文社会科学版）2017年第3期。

② “ADB Support to Strengthen Health Security in Lao PDR, Mekong Region,” Asian Development Bank（ADB）, February 3, 2017, https://www.adb.org/news/adb-support-strengthen-health-security-lao-pdr-mekong-region.

③ “Summary of Proceedings of the Board of Governors June 25-26 2018,” Asia Infrastructure Investment Bank（AIIB）, June 26, 2018, https://www.aiib.org/en/about-aiib/governance/board-governors/.content/index/_download/proceedings-board-of-governors-June-2018.pdf.

合作战略”（2003 年）等合作机制，这些都是湄公河地区多边合作机制的重要组成部分，其中尤以湄公河委员会的影响力最大。

表 2　湄公河地区主要多边合作机制

名称	主导国家	合作方式
大湄公河次区域(GMS)合作机制	日本	项目主导、高官会议、贸易投资
澜湄合作机制	中国	项目主导、高官会议、贸易投资
湄公河委员会	日本	高官会议、对话协商
中老缅泰黄金四角合作	中国	贸易投资
柬老越发展三角区	日本	贸易投资
伊洛瓦底江 - 湄南河 - 湄公河经济合作战略	泰国	贸易投资

（二）湄公河地区国际合作机制的重叠性

由上述分析不难发现，湄公河地区的机制明显存在“重叠”现象。显然，这些机制并非单一领域的合作机制，而是同时涉及安全、经济、减贫、环境等众多领域（湄公河地区国际合作机制的重叠性见表 3），其重叠性也主要体现在行为主体、问题领域和功能治理三个方面。在行为主体方面，湄公河下游地区国家既是多边机制的主要行为主体，亦是美、日、印等国主导机制的重要行为主体。例如，“GMS”合作机制和澜湄合作机制的行为主体均为中、泰、越、缅、柬、老六国，机制主体完全重合。而在日湄领导人峰会机制和湄公河—恒河合作倡议机制中，除去日本、印度两国，其他行为主体也高度重叠。在问题领域，以上机制均涵盖贸易、农业、基础设施、环境、减贫等多个内容。如农业合作与水资源开发都是澜湄合作机制和湄公河委员会合作的重点。同时，基础设施建设均为美湄合作、日湄合作、印湄合作等机制关注的主要问题之一。在功能治理方面，以官方开发援助、贷款、经贸合作等治理方式为主，区域治理与全球治理相结合。如在澜湄合作机制和“GMS”合作机制中，政策协商、贷款与经贸合作是其功能治理的主要模式。在美湄合作、日湄合作等机制中，均以官方援助、投资为主要治理方式。

表 3 湄公河地区国际合作机制的重叠性

重叠性 / 机制名称	行为主体	问题领域	功能治理
大湄公河次区域(GMS)合作机制	中、泰、越、缅、柬、老	贸易、旅游、环保、禁毒、减贫	政策建议、贷款、经贸合作
澜湄合作机制	中、泰、越、缅、柬、老	农业、互联互通、水资源、产能合作、减贫	政策协商、贷款、经贸合作、互联互通
湄公河委员会	泰、越、柬、老	农业、水资源、航运、渔业、发电	共同开发、合作协商
中老缅泰黄金四角合作	中、老、缅、泰	航运、水电、旅游、交通、贸易与投资	共同开发、经贸合作、投资
柬老越发展三角区	柬、老、越	农业、林业、贸易、交通、能源、旅游	经贸合作
伊洛瓦底江－湄南河－湄公河经济合作战略	柬、老、缅、越	农业、基础设施、贸易、减贫	经贸合作
湄公河下游倡议	美、泰、越、柬、老	基础设施、环境、医疗、教育	官方援助、投资
日湄领导人峰会	日、泰、越、缅、柬、老	基础设施、人才培养、环保	贷款、官方援助、投资
湄公河－恒河合作倡议	印、泰、越、缅、柬、老	基础设施、贸易、交通	经贸合作

（三）湄公河地区国际合作机制重叠的原因

1. 区域化与全球化的推动

区域化与全球化进程是当前国际社会并行不悖的两大普遍现象。湄公河地区国际机制“重叠”现象突出，既是全球化趋势的必然结果，更是其区域化不断深入的必然要求。从全球化进程来看，冷战时期，湄公河地区国家除去泰国发展较好外，越、缅、老、柬四国政局长期动荡、发展较为缓慢。冷战后，两极对抗格局被打破，经济发展成为该地区各国追求的共同目标。然而，单个国家仅凭自身力量难以实现快速发展，各国或主动或被动地卷入全球化的进程中。基于此，湄公河地区各国积极加入以世界贸易组织为代表的诸多国际组织，参与或建立了众多国际机制。从区域化进程来看，1992年亚洲开发银行倡导的“GMS”合作机制开启了湄公河地区的区域化进程。随后，越南、老挝、缅甸、柬埔寨相继加入东盟，湄公河区域化进程按下了“快进键”。同时，伴随经济全球化的不断深入，其负面效应也逐渐凸显，尤其是在美欧等国主导的贸易规则、技术标准不断扩张的情况下，区域化成为湄公河各国抵御全球化负面效应、保护自身利益的有效手段。

2. 地缘政治博弈的结果

湄公河地区国际机制的重叠现象，与本地区激烈的地缘政治博弈以及区域内国家积极推行的“大国平衡战略”不无关系。从地理位置来看，湄公河地区地缘优势明显，战略位置突出。湄公河地区位于两洋交汇处，南北贯通，是典型的战略要地。同时，该地区北接中国，西连印度，是国际社会地缘政治博弈的重要地缘支点之一。由于地处欧亚大陆的最南端，湄公河地区历来为兵家必争之地。[①] 早在殖民时期，英法两国就曾在此展开激烈角逐，最后英国控制缅甸，法国控制印支三国。二战时期，该地区沦为东南亚战区的主要战场，中美英法与日本都在此展开过殊死搏斗。冷战时期，湄公河地区成为美苏争霸的东方主战场之一，美国更是直接卷入越南战争。冷战后，域外大国为谋求地缘利益，在此建立各种国际机制，以保持影响力。就域内国家而言，积极拉拢各大国建立各类机制，引进不同的力量实现“大国平衡”，成为湄公河地区国家应对本地区激烈地缘政治博弈的最佳选择。

四　国际机制重叠对湄公河地区开展国际合作的影响

（一）机制重叠对湄公河地区开展国际合作的积极影响

在行为主体上，身份重叠便于问题协商与解决，促进机制间合作。湄公

① 布热津斯基认为，从历史经验来看，大国冲突大多发生在欧亚大陆周边地区，而湄公河地区即为此类地区。参见〔美〕兹比格纽·布热津斯基《大棋局：美国的首要地位及其地缘战略》，中国国际问题研究所译，上海世纪出版集团，2007，第6页。

河地区虽然机制众多，但其成员国主要涉及泰、越、老、缅、柬等域内国家，以及中、美、日、印等域外大国。就湄公河水资源合作而言，澜湄合作机制与湄公河委员会是最为重要的两大合作机制，除中、缅两国是后者的观察员国外，两大机制在行为主体上高度重叠。成员的身份重叠有助于两大机制在水资源分配、电站建设、农业灌溉等问题上的对话与磋商，推动湄公河水资源问题的解决。与此同时，在不同的国际机制中，由于身份重叠，当合作涉及不同意见时，各主要行为主体之间也比较容易取得谅解，达成共识。

在问题领域内，问题重叠加大了资金投入力度，提高了可支配性资源。以湄公河地区减贫问题为例，是“GMS”合作机制的主要资金来源，亚投行则为澜湄合作机制提供资金支持，如通过贷款、无偿援助等方式为湄公河地区“最不发达国家”提供发展资金。与此同时，基于地缘政治、经济的考量，中、日、美等国也不断加大对该地区的资金投入。例如，截至2015年底，中国对湄公河下游国家投资累计达226亿美元;[①] 同年，日本在“日湄领导人峰会”上承诺，日本在2016年至2019年期间将对该地区提供61亿美元援助;[②] 美国则通过“美湄合作”的制度化建设谋求经济合作长期化。这些都使湄公河地区拥有了更多的可支配资源，有利于社会摆脱贫困，促进社会经济的快速发展。

在功能治理上，治理方式的重叠迫使各机制不断展开竞争与创新，进而推动了地区治理水平的整体提高。例如，以往湄公河地区的发展援助侧重于“硬援助”，而忽略“软援助”。[③] 这一治理方式的重叠无疑降低了各类机制的竞争力，使其陷入僵化、低效的恶性循环。为了进一步增强机制的吸引力

① 刘稚主编《大湄公河次区域合作发展报告（2016）》，社会科学文献出版社，2016，第5页。

② 《日本加大投资拉拢湄公河国家　未达到预期效果》，新华网，2015年7月11日，http：//news. xinhuanet. com/world/2015 -07/11/c_ 1115889155. htm。

③ “硬援助”指传统的与基础设施、物资、资金直接相关的援助，如成套项目、一般物资、债务减免；“软援助”指非物资、非资金的支援，强调技术、人力、能力建设等方面的援助。参见刘倩倩、朱纪明、王小林《中国卫生软援助：实践、问题与对策——以对外卫生人力资源合作为例》，载左常升主编《国际发展援助理论与实践》，社会科学文献出版社，2015，第125页。

及其权威性，各个行为主体积极探索新的治理方式。如美湄合作和日湄合作，两国充分利用自身的技术优势，不断加大在环境监测、水资源管理等领域的技术合作，以此凸显其机制优越性。与此同时，澜湄合作就治理方式进行积极探索，形成了以“政策沟通、设施联通、贸易畅通、资金融通、民心相通”为主要内容的新型治理方式，已经成为其他机制借鉴的模板，进而提高了整个湄公河地区的治理水平。

（二）机制重叠对湄公河地区开展国际合作的消极影响

在行为主体上，一是主体重叠造成成员国机制选择、执行上的困扰。就“GMS”合作机制与澜湄合作机制而言，二者成员国完全重合，彼此在合作目标、领域、项目等方面也相互交叉，成员国在合作项目的具体执行过程中所受困扰较多。如“GMS”合作机制与澜湄合作机制都包含领导人峰会，各自所发表的宣言存在诸多相似之处，对于项目推进容易造成机制选择困扰。二是主导大国在机制合作中目的复杂，恶性竞争、相互掣肘的问题突出。中国推出澜湄合作机制后，即被某些域外大国冠以“新殖民主义”，制造负面新闻，试图干扰其推进。与此同时，美、日等国不断加强美湄合作、日湄合作，泰、越、老、缅、柬等国“选边站”压力日增。

在问题领域内，问题重叠不断导致机制协调、规范冲突等难题。以基础设施建设为例，澜湄合作机制与“GMS”合作机制在项目执行标准、管理方式、监管监控等方面存在着明显的差异，前者侧重于南北交通走廊的建设，后者强调东西交通走廊的推进，对泰、越、老、缅、柬等国在机制实施过程中造成了一定的干扰，进而限制了机制的有效性。以铁路轨距的标准为例，我国主要使用标准轨距（1435 毫米），而泰、缅、越、老、柬等国则以“米轨”（1000 毫米）为主，就湄公河地区东西交通走廊而言，不存在换轨问题，但南北交通走廊则面临着标准不一的冲突。虽然轨距是技术性问题，但背后涉及整体利益的调整，以及随后的成本分摊，致使行为主体之间分歧扩大，影响机制的顺利推进。

在功能治理上，依赖性发展限制了成员国自身治理能力的提高。在湄公河地区众多的国际机制中，大国与小国、富国与穷国并存，但无论是多边机制，还是双边机制，发展援助和债务减免是其功能治理的主要方式。发展援助和债务减免虽然部分减轻了老挝、缅甸、柬埔寨等国的沉重债务问题，缓解了贫困，但不断增加发展援助和不断减免债务反而使这些国家形成对外援的惯性依赖，“助长了部分政策制定者们的惰性，将援助视为一种永久收入”①。换言之，大多国际机制侧重于“输血”而忽视了“造血”功能的培育，湄公河地区国家自身治理能力并未得到相应的提升。

五　对澜湄合作机制的启示

概言之，众多国际机制在行为主体、问题领域和功能治理层面的重叠严重制约了澜湄合作机制在湄公河地区各项工作的开展。湄公河下游国家一直通过推行“大国平衡”战略来获取利益、提高自身地位，通过积极参与各种机制获得资金和技术的支持，预计未来一段时期内，它们不会放弃这一策略而全力支持澜湄合作机制的建设。如何增强澜湄合作机制对于湄公河下游国家的吸引力，切实让湄公河国家从合作中得到实惠，这是推进澜湄合作机制面临的一个突出问题。② 因此，在澜湄合作机制框架下，使双边、多边合作真正惠及各方，切实促进湄公河下游国家的经济社会发展，化解湄公河地区各国对中国的顾虑，进而夯实澜湄合作机制，显得尤为重要。

（一）在行为主体层面，调整机制布局

调整机制合作整体规划。目前，湄公河地区存在众多的多边、双边合作机制，中国是最为重要的参与国之一。中国可在国家层面制定合作机制整体规划，就中国参与机制的定位、主体、方式进行调整与指导，是提升机制权威性与影响力的关键。尤其是中国不必直接参与所有机制，例如日本并不是

① 〔赞比亚〕丹比萨·莫约：《援助的死亡》，王涛等译，世界知识出版社，2010，第46页。

② 卢光盛、金珍：《“澜湄合作机制”建设：原因、困难与路径?》，《战略决策研究》2016年第3期。

“GMS”合作机制的正式成员国，但其通过亚开行施展的影响力却不可小觑。中方可以通过信息支持、资金投入、政策协商等方式对一些机制施加影响，这样既可以消除域内国家对中国主导的担忧，又可以切实维护自身的国家利益，实现各方共同发展。

整合现已参与的合作机制。在当前的实际工作中，“GMS”合作机制和澜湄合作机制的项目高度重合，给机制执行者制造了一系列的困扰与麻烦，可组织相关专家、学者对此问题进行系统研究，推动两大机制在领域分工、项目建设等问题上加大协商、合作力度，尽量避免相互“掣肘”。澜湄合作机制并不是取代“GMS”合作机制，而是在机制建设、项目推进过程中做到“有进有退”“有所为，有所不为”，避免“机制臃肿”，从而提高机制的权威性与有效性。同时，对于涉及澜湄合作的地方性机制，适时终止一些运转失灵、低效的机制，抑或对其进行“升级改造”，做到机制建设重点突出与可持续发展。

研究淡出“GMS”合作机制的可行性，组织相关专家、学者进行可行性、程序、影响的系统研究。澜湄合作机制并不是取代“GMS”合作机制，而是在机制建设过程中做到“有进有退”，避免“机制臃肿”，从而提高机制的权威性与有效性。同时，将云南省参与的跨国合作机制整合到澜湄合作机制中去，适时退出、终止一些运转失灵、低效的机制，做到机制建设重点突出与可持续发展。

（二）在问题领域层面，增进协商合作

增进域内国家共识。澜湄合作机制在合作过程中，不可能一开始就消除域内国家对中国的戒备之心，也不可能从根本上改变其“大国平衡”的外交战略。基于此，在机制建设过程中有必要始终坚持“共商、共建、共享”的合作理念，通过对话、谈判、协商等方式“求同存异”，努力寻找利益共同点、构建利益共同体，通过一系列切实可行的合作项目真正惠及各方、惠及民生。中国可以在机制发展初期，多承担一些责任与义务，提供一定数量的公共产品，用行动化解合作分歧、增进合作共识、推动合作深化。

加强域外大国协调。不可否认的是，经过几十年的合作与摩擦，当前众多全球性的规则和机制由西方大国主导建立，[①] 各个大国亦将国际机制建设作为提升国家软实力和话语权的重要手段。澜湄合作机制要加强与美、日、印等国主导的机制在合作议题、规则、方式等问题上的沟通与协调，降低澜湄合作机制的政治敏感度，通过一些低敏感领域合作的成功，"外溢" 到其他领域，进而推进各国的战略互信，避免恶性竞争与相互掣肘。

（三）在功能治理层面，创新合作途径

协调发展理念。中国与湄公河国家在发展理念上的差异成为影响合作能否深入的重要因素，如果忽视当地国家的发展理念，远离当地公民社会，将面临着机制建设失败的风险。比如，缅甸人普遍不认可"发展是硬道理"，也没有"要想富、先修路"的理念。[②] 对此，中国既要尊重当地的发展理念，也要积极宣传中国的发展理念与发展经验。在项目设计过程中充分考虑当地现实需求，做到"想人所想，急人所急"，尤其是要避免"单向施舍""捆绑式援助"的合作观念。

创新治理方式。国际社会在区域治理与全球治理进程中积累了丰富的治理经验，澜湄合作机制在继承以往治理方式的同时要创新治理方式。一是继续推动地区"互联互通"的全面建设。与此同时，坚持一种"授人以鱼不如授人以渔"的"双向共赢"思路，加强彼此间在技术、管理、教育等领域的交流合作，这也是避免国家发展依赖于国际机制的有效方式。二是澜湄合作机制尤其要重视制度的建设，如果一味地侧重于"资金投入"的旧有方式，将不利于机制的长久发展，反而会造成投入巨大而效果有限、后续合作乏力等问题。

---

① 王缉思主编《高处不胜寒：冷战后美国的全球战略和世界地位》，世界知识出版社，1999，第 38 页。

② 李晨阳：《澜沧江 - 湄公河合作：机遇、挑战与对策》，《学术探索》2016 年第 1 期。

结 语

当前，国际社会普遍存在这样一个问题，即国际机制的“多（数量）”为何没有带来其应有的“好（质量）”？本报告的研究表明，这与国际机制的相互重叠密不可分。就原因而言，区域化、全球化的迅猛发展，以及大国地缘政治的激烈博弈导致国际机制的数量难以遏制，机制重叠不可避免；就内容来说，国际机制的重叠性主要表现在行为主体、问题领域和功能治理三个层面的重叠；就影响来看，国际机制的重叠虽然有助于机制间相互协调，扩展了问题解决途径、提高了问题解决效率、减少了机制运行成本、简化了机制运行程序，但也造成了大国间相互掣肘、恶性竞争，资金重复投入与资源浪费，以及国家依赖性发展、自身治理能力低下等问题，进而严重削弱了机制的权威性和有效性。简言之，虽然不同的国际机制在行为主体、问题领域和功能治理上各有差异，其表现内容与影响也大不相同，但是国际机制的重叠现象是当今国际社会不可回避，亦难以根除的一种现象。既如此，发挥其积极影响、限制其消极影响是解决国际机制重叠问题最为有效的方式。面对机制丛生的澜湄地区，在行为主体上调整机制布局，在问题领域增进协商合作，在功能治理上创新合作途径，或是提高机制有效性、增进国际合作的重要措施。

B.4

亚行对大湄公河次区域国家的投资援助：进展、特点与启示

邹春萌　赵亚洲*

摘　要：　多年来，亚洲开发银行作为大湄公河次区域合作机制的主导者、筹资方，利用该机制对次区域国家开展投资援助，形成了一套成熟而完备的投资援助体系，为次区域各国的发展做出了积极贡献。2016年次区域国家共同主导的澜湄合作新机制正式启动，该机制同样面临着投资援助体系的建设问题，而亚行推动GMS合作机制发展的一些较为成功的做法和经验值得澜湄合作借鉴和学习。

关键词：　亚洲开发银行　大湄公河次区域国家　投资援助

在日本、美国以及亚洲内部因素的共同作用下，亚洲开发银行（以下简称"亚行"）于1966年正式成立，至今已逾半个世纪。作为区域性金融组织，亚行一直致力于亚太地区减贫，为亚太地区发展中国家提供了大量的资金和技术援助，促进了该地区的经济增长和可持续发展。1992年，亚行倡导成立了大湄公河次区域经济合作机制（以下简称GMS合作机制），中国、柬埔寨、老挝、缅甸、泰国和越南等次区域六国在亚太地区中的地位进一步提升，亚行利用该机制对大湄公河次区域六国的投资援助规模加

* 邹春萌，云南大学国际关系研究院东南亚研究所研究员、博士；赵亚洲，广西民族师范学院经济与管理学院助教。

大。经过几十年的发展，亚行对大湄公河次区域国家的投资援助已形成一套成熟而完备的投资援助体系，积累了比较丰富的合作经验，并形成了鲜明的地区特点，为次区域的发展做出了积极贡献，受到次区域各国的欢迎。2016 年，次区域六国共同发起成立了自主型的澜沧江 - 湄公河合作机制。相较于 GMS 合作机制，澜湄合作机制建设时间短，发展还不完善，可以说尚处在“成长时期”。亚行推动 GMS 合作机制的一些好的做法和经验值得澜湄合作机制借鉴和学习。因此，本报告试图详细梳理亚行对大湄公河次区域国家的投资援助发展进程，分析其特点，归纳其经验，以期为澜湄合作的进一步发展提供借鉴。

一　亚行对大湄公河次区域国家投资援助进展

亚行自 1966 年成立以来，对大湄公河次区域国家的投资援助发展迅速，尤其是 1992 年以来，在亚行的倡议下 GMS 合作机制正式建立，这为亚行对次区域国家的投资援助提供了重要的平台。通过 GMS 合作机制，亚行对次区域的投资援助规模进一步加快。

1967 ~ 1976 年是亚行成立后的第一个十年，亚行对大湄公河次区域的投资援助规模较小，项目涉及次区域的泰国、缅甸、越南、老挝、柬埔寨五国，金额共计 4.85 亿美元。1977 ~ 1986 年（第二个十年），亚行的投资援助项目涉及次区域的泰国、缅甸和老挝三国，总金额增至 18.95 亿美元，相较于上个十年增加了 14.10 亿美元，增幅 291%。1987 ~ 1996 年（第三个十年），亚行对次区域的投资援助项目涉及泰国、越南、老挝、柬埔寨、中国五国（未涉及缅甸），共计 102.33 亿美元，较上个十年增加了 83.38 亿美元，增幅高达 440%。1997 ~ 2006 年（第四个十年），亚行对次区域的投资援助共计 181.09 亿美元（仍未涉及缅甸），较上个十年增加 78.76 亿美元，增长 77%；2007 ~ 2016 年（第五个十年），亚行对次区域六国的投资援助达到 362.38 亿美元，较上个十年增加 181.29 亿美元，增长 100%（详见表 1）。

表 1　1967～2016 年亚行对大湄公河次区域国家的投资援助金额

单位：百万美元

	泰国	缅甸	越南	老挝	柬埔寨	中国	合计
1966～1976 年	313	113	45	12	2	—	485
1977～1986 年	1417	418	—	60	—	—	1895
1987～1996 年	2100	—	967	574	246	6346	10233
1997～2006 年	1634	—	3138	654	714	11969	18109
2007～2016 年	1396	1733	12019	1513	1501	18076	36238
合计	6860	2264	16169	2813	2463	36391	66960

注：统计数据经过四舍五入处理。

资料来源：根据《亚行数十年的运营批准（1967～2016）》整理，https://data.adb.org/dashboard/adb－operational－approvals－through－decades－1967－2016。

截至 2016 年 12 月 31 日，亚行对大湄公河次区域国家的投资援助项目共计 2851 个，投资援助资金总额为 669.60 亿美元。其中，对中国的投资援助的项目数和金额均居首位，投资援助的项目数和金额占比分别为 39.74%和 54.34%；对越南的投资援助其次，项目数和金额的占比分别为 18.63%和 24.15%；对泰国的投资援助项目数和金额占比分别为 9.75%和 10.24%，居第三位；而对柬、老、缅三国的投资援助金额相对较少，对柬埔寨的投资援助项目数和金额占比分别为 12.59%和 3.68%，对老挝的投资援助项目数和金额占比分别为 14.63%和 4.20%，对缅甸的投资援助项目数和金额占比分别为 4.67%和 3.38%（详见图 1 和图 2）。

亚行作为区域性金融机构，自成立以来，尤其是 GMS 合作机制建立以后，其对大湄公河次区域国家的投资援助金额占在亚太地区投资援助总额的比重总体上呈不断上升之势。1967～1976 年，亚行在亚太地区的投资援助总额为 33.61 亿美元，对大湄公河次区域国家的投资援助金额占 14.43%；1977～1986 年，亚行在亚太地区的投资援助总额为 160.41 亿美元，对大湄公河次区域国家的投资援助金额占 11.81%；1987～1996 年，其在亚太地区的投资援助总额为 430.63 亿美元，对大湄公河次区域国家的投资援助金额占23.76%；1997～2006年，亚行在亚太地区的投资援助总额为640.75亿美元，对大湄公河次区域国家的投资援助比重上升至28.26%；2007～2016年，亚行在亚太地区的投资援助总额为1403.11亿美元，对大湄公河次区域国家的投资援助的比重略有下降，为25.83%，仍占四分之一强（详见图3）。

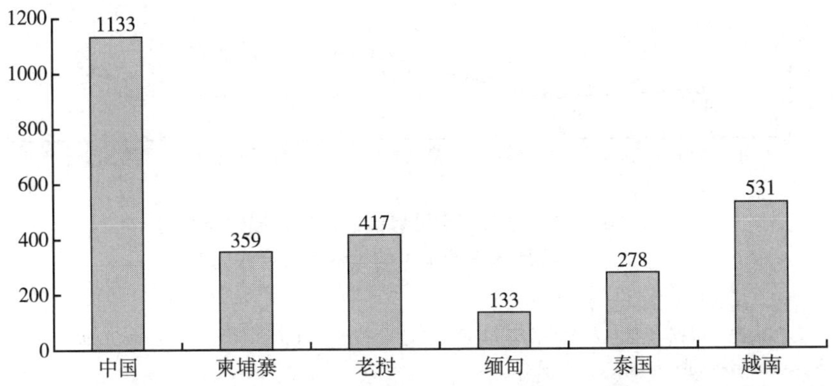

图1　亚行对大湄公河次区域各国投资援助的项目个数

说明：数据统计截至2016年12月31日，其中未包括建议批准项目。

资料来源：根据《亚洲开发银行投资援助项目》整理，https：//www.adb.org/projects。

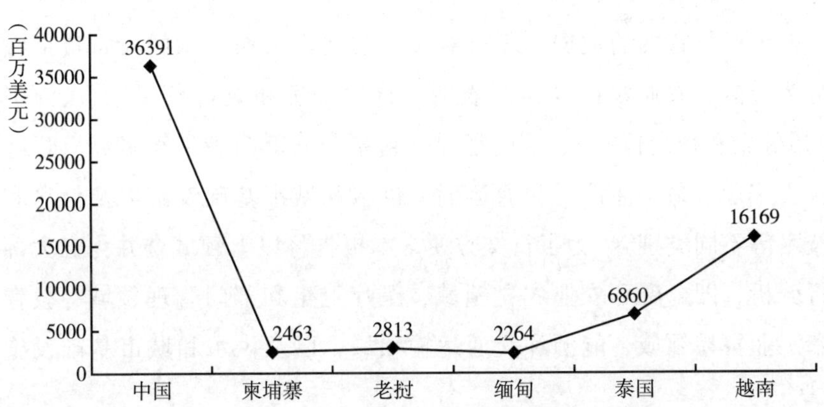

图2　亚行对大湄公河次区域各国投资援助总额情况

说明：数据统计截至2016年12月31日，其中未包括建议批准项目。

资料来源：根据《亚洲开发银行投资援助项目》整理，https：//www.adb.org/projects。

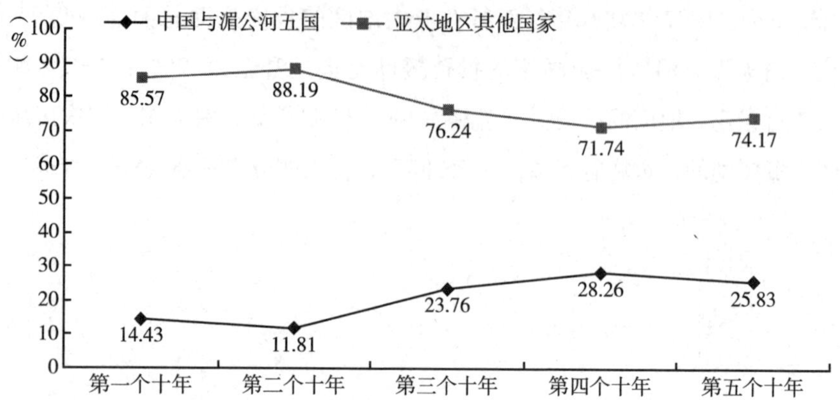

图3　亚行对大湄公河次区域国家的投资援助与其对亚太地区其他国家的投资援助金额比较

说明：统计数据经四舍五入处理。

资料来源：根据《亚洲及太平洋基本情况统计》整理，https：//data. adb. org/dataset/basic - statistics - asia - and - pacific。

二　亚行对大湄公河次区域国家投资援助的领域分布

根据亚行官网的数据，亚行对大湄公河次区域各国的投资援助按领域分为金融、农业农村（包括农业、自然资源和农村发展）、医疗卫生（包括健康和社会保护）、部门管理（包括公共部门管理和多部门管理）、教育、工业贸易、能源、交通运输、供水和城市基础设施以及信息和通信技术等不同类别。[①] 为了行文方便，本报告将以上领域合并为五大部分进行分析，即金融和农业农村领域、医疗卫生和部门管理领域、教育培训和工业贸易领域、能源和交通运输领域，以及供水和城市基础设施领域。[②]

① 《亚洲开发银行投资援助项目》，亚洲开发银行官网，https：//www. adb. org/projects。

② 信息和通信技术领域，亚行对大湄公河次区域国家的投资援助中只有缅甸的相关数据，并无其他国家的数据。因此，本部分未计入信息和通信技术领域的数据。

（一）金融和农业农村领域

（1）金融和农业农村领域自始至终是亚行对大湄公河次区域国家投资援助的首选，特别是农业农村以及自然资源等更是亚行投资援助的重点。

在金融领域，截至2016年12月31日，亚行对次区域国家投资援助项目总数为253个，其中中国占比34.78%，居第一位；越南占比20.95%，居第二位；柬埔寨占比14.62%，居第三位；老挝、泰国和缅甸占比依次为13.83%、13.04%和2.8%；亚行对次区域国家的投资援助总额为30.25亿美元，其中泰国、越南和中国居前三位；居后三位的依次是柬埔寨、老挝和缅甸。在农业农村领域，亚行对次区域国家投资援助项目总数为573个，其中中国占比39.27%，居第一位；越南占比17.10%，居第二位；老挝、柬埔寨、泰国、缅甸占比依次为16.23%、13.09%、7.68%、6.63%；亚行对次区域国家投资援助总额为82.42亿美元，其中居前三位的依次是中国、越南和柬埔寨；居后三位的依次是老挝、泰国和缅甸（详见图4）。

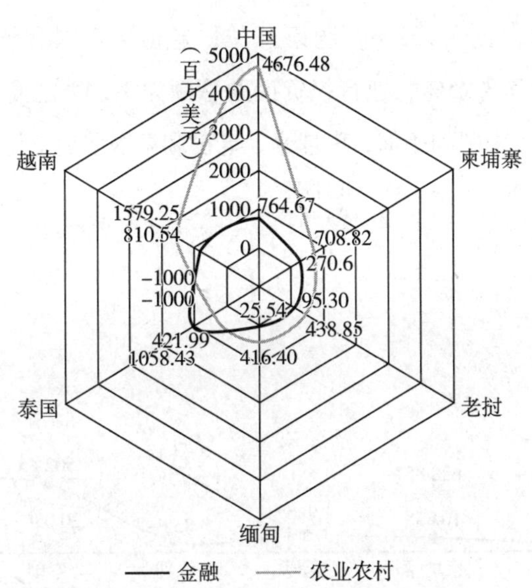

图4　亚行对大湄公河次区域国家金融和农业农村领域的投资援助额

说明：数据统计截至2016年12月31日，其中未包括建议批准项目。

资料来源：根据《亚洲开发银行投资援助项目》整理，https://www.adb.org/projects。

（二）医疗卫生和部门管理领域

医疗卫生和部门管理领域是亚行长期投资援助的两大领域，其中部门管理领域是亚行对大湄公河次区域国家体制能力建设投资援助的着重体现，由公共部门管理和多部门管理两个部分组成；医疗卫生领域是亚行致力于改善次区域国家医疗卫生状况，提高其医疗卫生水平，使其健康问题逐步得以解决而持续进行投资援助的另一大领域。

在医疗卫生领域，截至 2016 年 12 月 31 日，亚行对大湄公河次区域国家投资援助项目总数为 116 个，其中越南占比 33.62%，居第一位；老挝占比 24.14%，居第二位；中国占比 18.10%，居第三位；柬埔寨、缅甸和泰国占比依次为 14.66%、5.17% 和 4.31%；亚行对次区域国家投资援助总额为 14.56 亿美元，其中对越南、泰国和老挝的投资援助居前三位；居后三位的依次是柬埔寨、缅甸和中国。在部门管理领域，亚行对次区域国家投资援助项目总数为 462 个，其中中国占比 36.36%，居第一位；越南占比 20.13%，居第二位；柬埔寨占比 17.32%，居第三位；老挝、泰国和缅甸占比依次为 13.64%、9.31% 和 3.25%；亚行投资援助总额为 37.49 亿美元，其中居前三位的依次是越南、中国和缅甸；柬埔寨、老挝和泰国居后三位（详见图 5）。

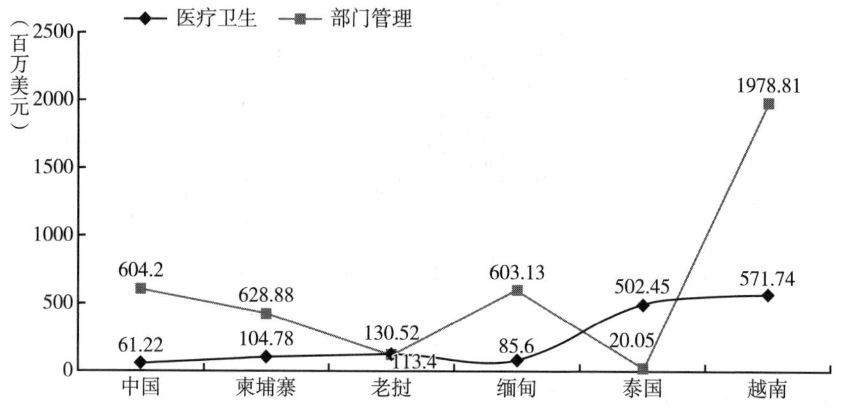

图 5　亚行对大湄公河次区域国家医疗卫生和部门管理领域的投资援助额

说明：数据统计截至 2016 年 12 月 31 日，其中未包括建议批准项目。

资料来源：根据《亚洲开发银行投资援助项目》整理，https：//www. adb. org/projects。

（三）教育培训和工业贸易领域

教育培训和工业贸易是亚行对大湄公河次区域国家投资援助的另两大重点领域。与一些发达国家相比，次区域国家教育事业发展严重滞后，教育的落后导致人才的匮乏，进而严重阻碍社会经济的可持续发展。为此，在教育培训领域，亚行对次区域国家进行了大量的人力、物力和财力的支持，旨在改善该地区教育落后的面貌，完善教育系统的全面性和针对性，为该地区社会经济发展保驾护航。另外，次区域国家工业贸易普遍起步较晚，发展程度不高，亚行不断对次区域国家进行工业贸易领域的投资援助，目的是帮助域内国家改善工业贸易落后的局面，逐步提高其工业贸易水平，尽快实现工业化。

在教育培训领域，截至 2016 年 12 月 31 日，亚行对大湄公河次区域国家投资援助项目总数为 164 个，其中越南占比 26.22%，居第一位；老挝和柬埔寨占比均为 22.56%；中国、泰国和缅甸占比依次为 16.46%、8.54% 和 3.66%；亚行次区域国家投资援助总额约为 21.83 亿美元，其中居前三位的依次是越南、中国和柬埔寨；居后三位的依次是老挝、泰国和缅甸。在工业贸易领域，亚行对次区域国家投资援助项目总数为 122 个，其中中国占 45.90%，居第一位；老挝占 15.57%，居第二位；越南占比 12.30%，居第三位；柬埔寨、缅甸和泰国占比依次为 10.66%、8.20% 和 7.38%；亚行对次区域国家投资援助总额为 13.25 亿美元，其中对中国、越南和老挝的投资援助居前三位；居后三位的依次是泰国、柬埔寨和缅甸（详见图 6）。

（四）能源和交通运输领域

亚行对大湄公河次区域国家的能源和交通运输领域项目投资援助是除农业农村领域之外，投资援助项目和资金最多的领域。由于大湄公河次区域国家无论是能源储存量还是能源种类都是世界上较为丰富的地区之一，随着环保意识的深入人心，发展清洁能源成为各国优先发展的选项。为此，亚行对大湄公河次区域国家能源领域投资援助是比较多的，旨在帮助该地区充分利

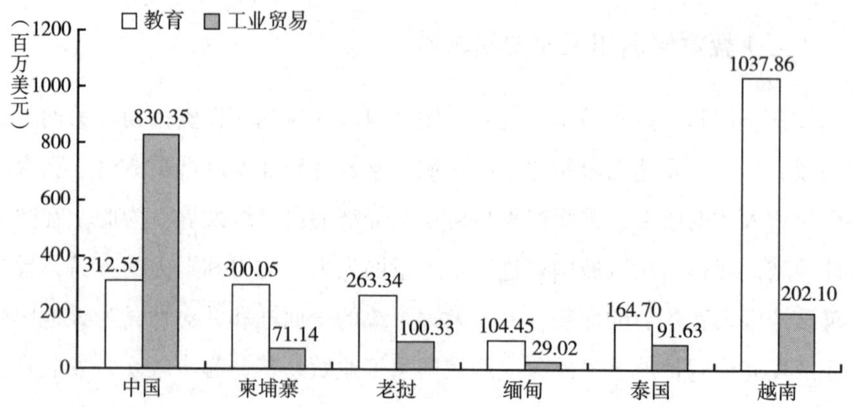

图 6　亚行对大湄公河次区域国家教育培训和工业贸易领域的投资援助额

说明：数据统计截至 2016 年 12 月 31 日，其中未包括建议批准项目。

资料来源：根据《亚洲开发银行投资援助项目》整理，https：//www. adb. org/projects。

用其丰富的能源优势发展经济，并实现该地区国家清洁能源的全面发展。交通运输领域，由于该地区在交通基础设施方面的资金投入不足，交通运输发展水平比较低下，亚行重点投入次区域国家的交通运输，旨在改善该地区交通基础设施状况，提高该地区交通运输效率，这也是亚行对大湄河次区域国家投资援助的一大特色。

在能源领域，截至 2016 年 12 月 31 日，亚行对大湄公河次区域国家投资援助项目总数为 382 个，其中中国占比 47. 38%，居第一位；泰国占比 15. 45%，居第二位；越南占比 14. 14%，居第三位；老挝、柬埔寨和缅甸的占比依次为 12. 57%、5. 76% 和 4. 71%；亚行的投资援助总额为 115. 77 亿美元，其中居前三位的依次是中国、越南和泰国；居后三位的依次是老挝、缅甸和柬埔寨。在交通运输领域，亚行对大湄公河次区域国家投资援助项目总数为 487 个，其中中国占比 50. 92%，超过了一半；越南占比 17. 25%，居第二位；老挝占比 10. 68%，居第三位；柬埔寨、泰国和缅甸的占比依次为 10. 06%、8. 21% 和 2. 87%；亚行的投资援助金额为 259. 75 亿美元，其中对中国、越南和泰国投资援助居前三位；居后三位的依次是柬埔寨、老挝和缅甸（详见图 7）。

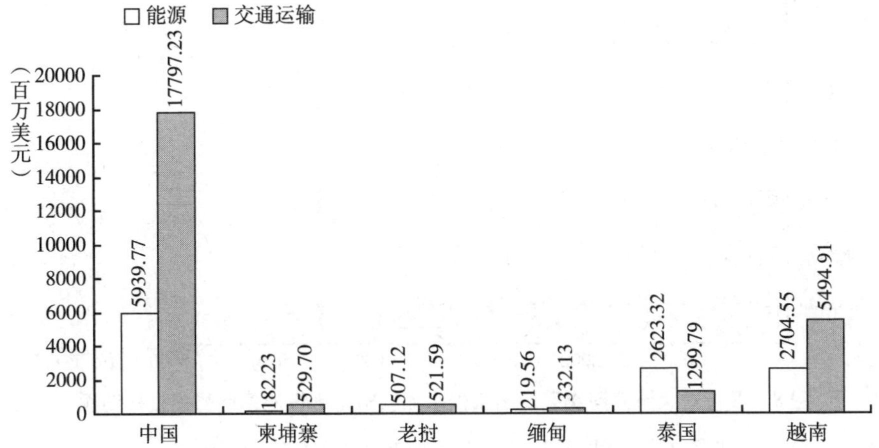

图 7　亚行对大湄公河次区域国家能源和交通运输领域的投资援助额

说明：数据统计截至 2016 年 12 月 31 日，其中未包括建议批准项目。

资料来源：根据《亚洲开发银行投资援助项目》整理，https：//www. adb. org/projects。

（五）供水和城市基础设施领域

供水和城市基础设施领域也是亚行对大湄公河次区域国家投资援助的重点领域。供水和城市基础设施的发展程度是衡量次区域国家人民生活水平以及政府执政能力的一个重要指标，保障居民日常生活的供水和加强城市基础设施建设是体现政府执政能力的一个重要指标。亚行不间断地为大湄公河次区域国家进行供水和城市基础设施项目的投资援助，保障其供水能力不断得到提高，城市基础设施建设取得突破，从而强化其政府的执政能力。

在供水和城市基础设施领域，截至 2016 年 12 月 31 日，亚行对大湄公河次区域国家投资援助项目总数为 290 个，其中中国占比 41. 03%，居第一位；越南占比 17. 93%，居第二位；老挝占比 14. 48%，居第三位；泰国、柬埔寨和缅甸的占比依次为 10. 69%、10. 00% 和 5. 86%；亚行投资援助金额为 83. 58 亿美元，其中对中国、越南和泰国投资援助居前三位；居后三位的依次是老挝、柬埔寨和缅甸（详见图 8）。

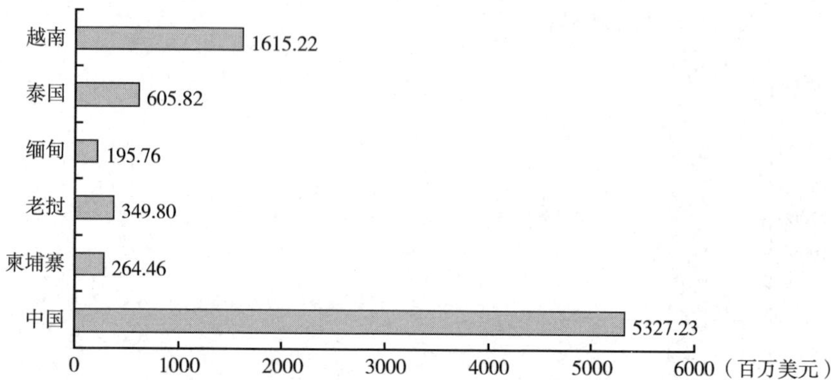

图 8　亚行对大湄公河次区域国家供水和城市基础设施领域的投资援助额

说明：数据统计截至 2016 年 12 月 31 日，其中未包括建议批准项目。

资料来源：根据《亚洲开发银行投资援助项目》整理得出，https：//www. adb. org/projects。

总体来看，亚行对大湄公河次区域国家的投资援助更偏重交通运输、能源等基础设施类领域，在投资援助总额中，交通运输占比高达 39. 07%，能源占比达 18. 31%，供水与城市基础设施占比为 12. 57%；此外，农业占比 12. 40%、部门管理占比 5. 64%、金融占比 4. 55%、教育占比 3. 28%、医疗卫生占比 2. 19%、工业贸易占比 1. 99%（详见图 9）。

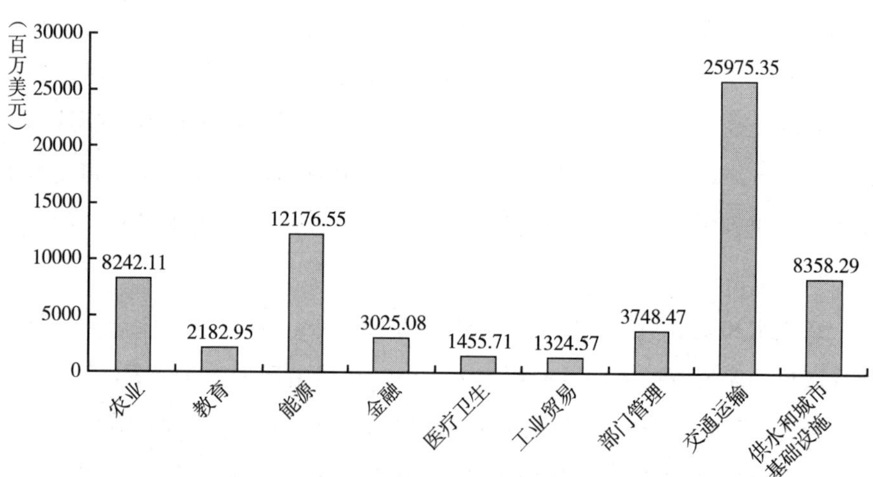

图 9　亚行对大湄公河次区域国家投资援助的领域分布

说明：数据统计截至 2016 年 12 月 31 日，其中建议批准项目未包括。

资料来源：根据《亚洲开发银行投资援助项目》整理得出，https：//www. adb. org/projects。

三　亚行对大湄公河次区域国家投资援助的特点

在对大湄公河次区域国家投资援助的过程中，亚行一直秉持科学严谨的投资援助方式，投资援助独具特色，不仅具有清晰而明确的宗旨和职能定位、标准而严密的行为规范、有效而精简的决策机制、科学而严谨的评估体系和项目管理，同时融资渠道多种多样、项目广泛而有所侧重，且投资援助方式多元，这是亚行五十余年推进区域投资援助的主要经验。

（一）清晰而明确的宗旨和职能定位

亚行在筹建阶段就确定了清晰而明确的宗旨和职能，即为亚太地区的发展中国家提供技术和资金等方面的投资援助，致力于亚太地区减贫，促进亚太地区的经济增长和可持续发展。亚行之所以在成立之初，就有31个创始成员国，之后又有大量的国家加入，很重要的一点就是因为亚行清晰而明确的宗旨和职能定位。20世纪60年代后期，亚太地区发展资金和技术严重不足，迫切希望能够得到外部资金和先进技术的支援以推动经济发展和减少贫困，亚行正是在这一背景下应运而生。亚行对于减贫和促进经济增长，有其自身独特的理解和诠释。亚行认为，贫穷的衡量标准有多层性，既包括收入水平、就业、工资，又包括基础教育、医疗保健、营养、饮水卫生。[①]因此，亚行将其大部分的资源用于削减收入性贫穷与非收入性贫穷的减贫中。另外，在发展理念上，亚行倡导可持续性的经济增长和社会发展。[②]从根本上来说，亚行的投资援助立足于大湄公河次区域经济发展和减少贫困，考虑到了次区域国家的发展需求，因而受到了次区域国家的欢迎。

---

① ADB, "Fighting Poverty in Asia and the Pacific: The Poverty Reduction Strategy," anila: Asian Development Bank, 1999.

② Morten Boas, "Governance as Multilateral Development Bank Policy: The Case of the African Development Bank and the Asian Development Bank," European Journal of Development Research, Vol. 10, No. 2, 1998, pp. 119 - 122.

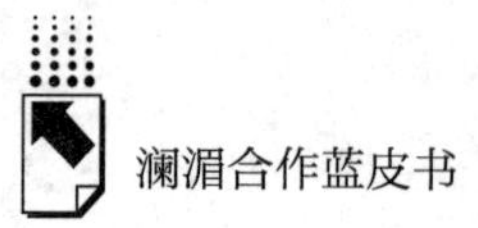

（二）标准而严密的行为规范

亚行在行为规范方面制定了一套完整的体制机制，旨在规范组织成员行为和政策执行，具体包括反腐败机制、信息透明机制和问责机制。

反腐败机制旨在规范组织成员的道德标准，亚行以政策和实践两方面对其组织成员的具体行为进行约束。[①] 亚行的反腐败机制在政策方面表现在制定和完善反腐政策；在实践方面表现在设立专门的反腐机构，加强反腐调查等。信息透明机制的主要目的在于强化亚行的国际形象，使亚行成为一个被世界所效仿的区域性金融机构和大湄公河次区域经济发展的龙头。2005 年，亚行制定了《亚洲开发银行公共信息交流政策—信息披露与交流》，取代了 1994 年的《信息政策与战略》和《信息保密与披露政策》，确保各种投资援助行为的透明性，接受区域内外的监督，为投资援助项目的顺利实施起到了促进作用。亚行于2003 年 5 月出台了一项新的问责机制。该机制包括项目特别协调人实施的磋商和由合规小组负责实施的合规检查两个阶段。从新的问责机制的内容上可以看出，亚行对次区域国家投资援助的项目是严格按照其制定的程序来执行，这就有效保障了投资援助项目的实施效果，提升了亚行投资援助项目的质量。

（三）有效而精简的决策机制

亚行在权力机构、议事程序以及投票权等方面，具有一个有效而精简的决策机制。在权力机构上，亚行实行理事会、执行董事会和管理层三级管理体制。这种三级管理体制的设置，优势在于权责清楚，分工明确，可以有效保障亚行内部管理上的高效运行，同时也能照顾到每一个成员国在亚行都占有一定的权利，体现了亚行作为区域性国际组织的公平性。在议事程序上，亚行理事会的议事程序主要规定了董事会和行长在筹备理事会上的权限和职责、理事会的表决方式、会议的主要形式等。理事会负责对设定的议程进行

① 邓云笛：《亚洲开发银行反腐败机制研究》，硕士学位论文，湖南大学，2012，第 36 ~ 39 页。

讨论和表决，董事会在亚行议事程序中居于最中心的位置：一方面根据理事会的指示全面监管投资援助项目；另一方面对投资援助项目进行具体指导、实地调研，并制定出具体的工作细则。分工明确和专项专办的亚行议事程序，确保了亚行对大湄公河次区域国家投资援助项目的质量，也提高了办事效率。在投票权上，亚行章程规定，亚行将20%的总票数平均分给每个成员国，剩余80%的票数根据成员国认缴股本的比例进行分配。但是，为了防止发达国家过多占据股份，获取更多话语权，排挤地区内发展中国家，亚行章程也规定，亚洲地区成员国应拥有至少60%的投票权，体现了亚行的"亚洲特征"，照顾到了本地区成员国在亚行决策中拥有一定比例的权利，更是体现了亚行的平等性和公平性。

（四）科学而严谨的评估体系和项目管理

亚行内部拥有一个庞大而专业的评估专家组，对每一个投资援助项目进行实地调研、考察和科学评估。在此基础上，亚行专家组针对即将投资援助的项目形成书面可行性报告，报亚行理事会批准。亚行理事会根据专家组呈现的现场实证情况进行项目审批，待理事会批准之后，该投资援助项目才能真正落地实施。亚行对项目科学评估还体现在对社会效益、环境效益和经济效益的兼顾。这种项目评估体系，在其他多边开发银行中并不多见，彰显了亚行对次区域国家投资援助的独特优势。此外，亚行还遵循严谨的项目管理，项目投资阶段、项目实施阶段以及项目完工封存阶段都有一套严谨而完整的管理体制，特别是对投资援助项目进行投资管理时会统一投资主体的权利、责任和利益。① 在项目完工封存之后，亚行还会对该项目进行反馈和评价，总结以往投资援助项目的成功经验或失败教训，借鉴过去的成功之处，及时规避过去的不足之处，从而促进投资援助的可持续发展。

（五）多种多样的融资渠道

亚行的资金来源大致为认缴股本、借款、普通储备金、特别储备金、净收

① 吉洁、国世平：《亚投行、亚行和世界银行的比较分析》，《武汉金融》2016年第12期。

益、预交股本、亚洲开发基金、技术援助特别基金、日本特别基金以及联合融资等。其融资渠道具有很强的立体感，横纵方向都有不同的融资方式。首先是横向联合融资方式，主要是来自各成员国官方发展援助资金和国际组织资金的支持。这就要求亚行必须要与各成员国政府和国际组织建立强有力的合作伙伴关系，以确保亚行对次区域国家投资援助项目的持续性和针对性。例如：亚行与中国、法国、德国、韩国等成员国政府以及欧洲开发银行、国际农业发展基金、北欧发展基金等国际组织建立了长期的良好的合作伙伴关系。其次是纵向商业联合融资方式，是通过与商业金融机构的接触，协助发展中成员国政府和私营部门借款人以商业条款担保和联合贷款为主要目标，为亚行的投资援助项目争取债务融资。最后是横纵结合的其他联合融资方式，主要是通过与企业、基金会和慈善机构等私营部门或机构建立具有战略性和持续性的伙伴关系，以追求亚行对次区域国家事业发展而提供持久的投资援助资金。可见，亚行通过不断拓展融资渠道、丰富融资方式，以保障充足的资金支持，从而扩大其对大湄公河次区域国家的投资援助范围，提高其在次区域的影响力。

（六）范围广泛但项目导向有所侧重

亚行对大湄公河次区域国家的投资援助项目几乎涉及了所有的领域。从宏观角度来讲，农业、工业和服务业三大行业都有亚行投资援助的踪迹。从微观角度来说，涉及农业和粮食安全、自然资源、工业和贸易、供水、交通运输、信息和通信技术、能源、教育、金融、公共部门、医疗卫生、健康、城市发展、气候变化与灾害风险管理、环境保护、性别与发展、公私营经济发展、区域合作与一体化、社会发展与减贫以及可持续发展等领域。可见亚行的投资援助几乎覆盖了该地区所有有待发展的领域，切实为该地区的经济增长和减贫发挥了巨大的作用。

与此同时，亚行对大湄公河次区域国家投资援助的项目又有所侧重。亚行根据国际、地区以及受援国家的发展形势和诉求，适时调整投资援助领域的重心，十分注重与次区域国家发展需求的结合。在亚行成立后的第一个十年（1967～1976年），次区域国家的农业和农村发展普遍比较落后，亚行将其大部分投资援助集中投入在该地区国家粮食生产和农村发展上。在亚行发展的第二个十年（1977～1986年），由于整个世界遭受第一次石油价格冲击，亚行随之加大了对能源项目的支持力度，特别是加大了能够推动大湄公河次区域成员国国内能源开发的项目。在亚行发展的第三个十年（1987～1996年），第二次石油危机继续影响着次区域，亚行将投资援助的重点领域确定为次区域国家的基础设施建设上，特别是能源项目的建设，同时亚行还加大了对社会基础设施的支持力度。在亚行发展的第四个十年（1997～2006年），大湄公河次区域国家深受1997年东南亚金融危机的影响，金融领域发展动力不足，严重影响经济收益。为此亚行通过一系列投资援助项目和方案，加强大湄公河次区域国家金融部门发展，为穷人建立社会安全网。同时，亚行于1999年将减贫作为其对大湄公河次区域国家投资援助的首推目标。在亚行发展的第五个十年（2007～2016年），因受急性呼吸综合征（SARS）疫情的持续影响，亚行随即将投资援助的重点向医疗卫生和健康方面倾斜。当前，亚行发展进入第六个十年，国际金融危机的影响逐渐减弱，经济有了明显的复苏势头，但大湄公河次区域国家仍然面临艰巨的挑战，仍然是世界上穷人人口占比高、贫富差距大和不平等问题最突出的区域之一，故亚行将投资援助重点放在促进次区域国家包容性经济增长和经济社会可持续发展的需求上。

（七）以技术援助为主的多种方式的综合运用

在对大湄公河次区域的投资援助中，技术援助是亚行采用频率最多的方式。“亚洲开发银行协议”（“章程”）规定，亚行为项目开发、项目筹备、项目融资和项目执行提供技术援助，包括制定具体的项目建议书、帮助成员协调其发展政策和计划。[①]因此，技术援助是亚行对外实施投资援助的先导与重点。在亚行对次区域国家投资援助的2851个项目中，采用单一技术援助的项目数占比约60%，是使用频率最多的方式。但是，自GMS合作机制

① ADB, “Agreement Establishing The Asian Development Bank,” International Legal Materials, Vol. 5, No. 2, 1966, p. 263.

成立后，亚行越来越倾向于多种方式的综合运用，即技术援助、赠款、贷款的综合运用。在2851个投资援助项目中，亚行采取贷款、赠款和技术援助相结合的项目占25%左右。[①] 一般而言，亚行在确定投资援助项目意向后，委派相关负责人对项目进行现场考察，主要内容包括项目内容、投资援助形式、风险评估以及项目实施时间表等。[②] 通过相关人员考察的结果初步确定项目实施框架，完成项目概念书和技术援助报告。然后，审核批准项目概念书和技术援助报告，确定援助的资金、内容和方式等，并选聘一家最有资质的咨询公司协助项目实施机构完成项目实施前的相关准备工作。最后，进一步完善技术援助报告，并根据受援国的现实及意愿确定资金投入方式，即贷款还是赠款。技术援助与贷款和赠款综合运用的好处在于，贷款或赠款可以确保项目资金链的衔接，为项目的顺利实施提供充分的资金保障，而先进的技术支持，有利于最大化地实现投资援助的最终目的。

四　总结与启示

自1966年成立伊始，亚行对大湄公河次区域国家的投资援助就取得了较快发展，特别是随着1992年亚行倡导的GMS合作机制的建立，亚行对次区域的投资援助进展更为迅速。亚行对次区域国家的投资援助领域从最初的农业农村、医疗卫生、部门管理以及教育发展，延伸到工业贸易、能源、交通运输、城市基础设施及金融等各个方面，并尤其关注与民生福祉相关的领域。借助GMS合作机制，亚行对次区域的投资援助形成了一套独具特色的做法，即清晰而明确的宗旨和职能定位、标准而严密的行为规范、有效而精简的决策机制、科学而严谨的评估体系和项目管理、多式多样的融资渠道、范围广泛但有所侧重的项目导向、以技术援助为主的多种方式的综合运用

---

① 资料来源：《亚洲开发银行援助与投资项目》，亚洲开发银行官网，https：//www.adb.org/projects。

② 周梅：《关于亚洲开发银行贷款项目在甘肃省成功实施的研究》，硕士学位论文，兰州大学，2014，第15~16页。

等，这正是亚行顺利推进次区域投资援助、扩大影响力的重要经验。回顾并总结亚行历经五十余载对次区域国家的投资援助的经验，对次区域六国共同倡导的澜湄合作机制有一定的启示意义。在现有合作机制下（“3+5”合作框架、高级别会议、优先领域联合工作组、澜湄合作秘书处等），澜湄合作可以借鉴亚行的做法，进一步明确合作宗旨和职能定位，建立具有明确职责范围的自上而下的管理体系和合作机制，包括反腐败机制、透明度机制，以及评估、问责等机制，形成层层制约，进一步规范投资援助行为，以提高投资援助的效率，促进投资援助的可持续发展。同时，应根据国际、地区、国内形势及次区域各国的利益诉求，及时进行投资援助战略结构的调整，不断优化合作模式，合理有效地分配资金、整合资源，保证效用最大化。

B.5

老挝溃坝事件与澜湄国家命运共同体构建中"以河之名"的新挑战*

张　励**

摘　要： 澜沧江－湄公河地区是全球水外交冲突最严重的地区之一，澜湄国家命运共同体构建的成功与否与能否因水而兴息息相关。2018年7月老挝溃坝事件发生后，中国积极开展救援行动，美国则"以河之名"对中国的进行责难，其介入模式从"实"到"虚"，从"有"到"无"的新趋势将成为澜湄国家命运共同体构建中水资源合作发展的新挑战，需要给予重视并及时采取因应之策。

关键词： 老挝溃坝　"以河之名"　美国　澜湄国家命运共同体

澜湄国家命运共同体是落实党的十九大报告提出的构建人类命运共同体的具体实践，其特点是因水而生、因水而兴。因此，湄公河（中国境内称为澜沧江）水资源冲突能否妥善解决将直接关系到澜湄国家命运共同体概念的落地与身份认同的构建。然而，澜湄地区是全球水外交冲突最严重的四

* 本报告系国家社会科学基金青年项目"澜湄国家命运共同体构建视阈下的水冲突新态势与中国方略研究"（18CGJ016）、2017年教育部国别与区域研究课题"澜沧江－湄公河合作面临的挑战与对策性建议"、云南省哲学社会科学研究基地项目"澜湄合作机制下联合护航的升级发展路径与云南作用研究"（JD2017YB08）的阶段性成果。

** 张励，复旦大学国际关系与公共事务学院博士后，云南大学周边外交研究中心特约研究员。

大地区之一。[①] 几十年来，有关湄公河干旱、泄洪、大坝建设、航运安全、水资源数据分享、鱼类保护等议题的水外交风波不断，在域内外因素的作用下“以河之名”的水冲突不断在中国与湄公河国家间（缅甸、老挝、泰国、柬埔寨、越南）以及湄公河国家五国之间上演。在以往“以河之名”的水资源冲突中无论事实指向是否属实，但基本上遵循“师出有名”的规律（即水资源问题的发生跟某国有关），以及争夺地区秩序影响力的斗争现实（域外大国与域内大国在水议题上相互角力以争取该地区的影响力）。而在2018 年 7 月 23 日发生的老挝溃坝事件中，则折射出截然不同的新趋势，即可“无名兴师问罪”，以及因非本地区的国际事务争端将湄公河水资源问题当手牌祭出。这是澜湄国家命运共同体构建下亟待解决的水资源合作新问题和新挑战，需要给予足够的重视和有效的管控。

一 老挝“7·23”溃坝事件与中国救援行动

2018 年 7 月，老挝南部由韩国公司承建的桑片 - 桑南内水电站大坝溃坝，造成老挝境内数十人死亡，上百人失踪、上千人无家可归，同时对该地区的外资企业以及下游国家也造成了不同程度的影响。中国政府、公益团队与在老挝的中资企业和商会等与其他国家立即参与赈灾救援行动，得到了老挝的肯定。这体现了中国近几年在澜湄国家命运共同体构建中一以贯之的水资源合作初衷与力度。

（一）老挝“7·23”溃坝事件

2018 年 7 月 23 日，在老挝南部，由韩国的 SK 工程与建设公司（SK Engineering & Construction）建造的桑片 - 桑南内水电站大坝（Xe Pian-Xe Namnoy）发生严重溃坝事故，超过 50 亿立方米洪水快速下泄，造成了近 30

① Benjamin Pohl et al., *The Rise of Hydro-diplomacy: Strengthening Foreign Policy for Transboundary Waters*, Adelph, 2014, p. 8.

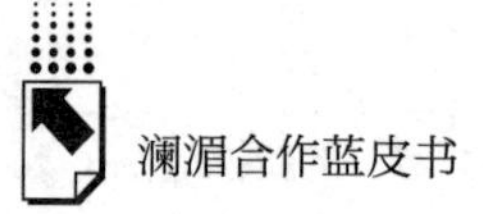

人死亡，130 余人失踪，6000 余人无家可归。① 该事件成为老挝数十年来最严重的一次水灾。与此同时，下游国家柬埔寨也受到影响。位于湄公河支流西公河（Sekong River）附近的柬埔寨暹邦（Siem Pang）受到老挝溃坝影响，当地村民的家园和稻田被冲毁。而当洪水袭来时，柬埔寨正在为全国大选做准备。虽然政府已经分发食物和饮用水，并部署士兵运送村民撤离，但由于缺乏资金，救援事宜无法全面推进，很多难民无人监管照料。② 此外，离老挝溃坝处 200 多公里的 2 家越南企业也受到溃坝影响，20 多名越南籍工作人员被困。越南军用电子电信公司 Viettel 位于事发地的 4 座发射塔受损无法运行。③ 溃坝事件发生后，一些国家和组织迅速派出救援队赶赴灾害现场实施救援行动。

（二）中国的救援行动与水资源合作

1. 老挝溃坝后中国的救援行动

老挝溃坝事件发生后，中国医疗队、民间公益组织、政府机构以及在老挝的中国公司与商会等以不同形式纷纷参与到救援行动中。第一，中国医疗队与民间公益组织在事发三天后即抵达事发地进行救援行动。2018 年 7 月 26 日，中国人民解放军的“和平列车”医疗队、民间公益组织公羊救援队、蓝天救援队等立即加入了老挝救灾行动。第二，中国政府开始紧急筹措救灾物资。7 月 28 日，中国国家国际发展合作署决定紧急向老挝政府提供一批人道主义援助物资主要包括 100 艘冲锋舟、500 顶帐篷、100 套净水器等。中国将以最快速度筹措物资，运抵灾区，让当地民众尽快得到妥善安置。④

---

① 《奇迹！老挝大坝废墟中发现一名婴儿，独自存活近两周》，环球网，2018 年 8 月 10 日，http：//world. huanqiu. com/exclusive/2018 – 08/12688306. html。

② Julia Wallance and Len Leng，“News of Laos Dam Failure Didn’t Reach Them，but the Water Did，” *TheNew York Times*，August 1，2018，https：//www. nytimes. com/2018/08/01/world/asia/laos – cambodia – dam – flooding. html.

③ Ky Duyen，“Lao dam collapse hits Vietnamese firms，” *VnExpress*，July 25，2018，https：//e. vnexpress. net/news/business/lao – dam – collapse – hits – vietnamese – firms – 3783110. html.

④ 《中国将向老挝提供紧急人道主义援助》，新华网，2018 年 7 月 28 日，http：//www. xinhuanet. com/world/2018 – 07/28/c_ 1123189935. htm。

第三，在老挝的中资公司、中国商会以及中国人也积极捐款捐物并提供专业技术支援以帮助受灾老挝人民渡过难关。7 月 29 日，老挝中国总商会会长孙磊将商会募集的赈灾捐款交付老挝劳动与社会福利部。参与中老铁路建设的中国中铁和中国电建相关单位也积极参与赈灾。在老挝北部施工的中铁各局募集捐款、筹措物资送往老挝南部灾区。中国电建项目南部各单位在灾害发生后快速反应，成为首批进入灾区开展救援的组织，配合当地政府协调人力、机械、设备、物资、资金等多种资源，全方位、多角度配合参与并大力支持抗洪救灾行动。与此同时，中老合资的老挝亚太卫星有限公司在 7 月 26 日就派出应急通信技术团队携物资前往灾区，在为受灾百姓送去必需品外，还捐助了一批卫星电视，让灾区民众了解外部救援和实时救灾情况，缓解灾民紧张情绪。7 月 29 日，该技术团队又奔赴受灾最严重地区，与当地合作通过“老挝一号”卫星网络完成实时视频传输。中国在老挝企业、商会等的善举得到了老挝劳动与社会福利部部长、卫生部部长和能矿部部长的感谢和赞扬，肯定了他们对老挝社会经济做出的奉献。①

2. 中国与湄公河国家的水资源合作行动

除此次积极参与老挝溃坝救援行动外，近二十年来中国也一直在积极开展与湄公河国家的水资源合作。早在 20 世纪末至 2010 年，中国与湄公河国家在水电开发、航道建设、水文数据分享等方面已经开始了积极的合作。2010 ~ 2018 年中国更是派出高级别官员连续参加第一至第三届湄公河委员会峰会并进行更为深度的合作。2010 年 4 月，中国在泰国华欣出席了湄公河委员会首届峰会，宣布中国将继续本着“平等协商、加强合作、互利共赢、共同发展”的原则增进沟通。2014 年 4 月，中国出席了在越南胡志明市举行的湄公河委员会第二届峰会，表明中方愿以“亲、诚、惠、容”理念为指引，以湄公河为纽带，本着互利合作、共同发展的原则，共建“发展共同体”和“命运共同体”。②

① 《伸出援手　爱心汇聚——在老中企和华侨华人积极参与老挝溃坝事故赈灾》，新华网，2018 年 7 月 30 日，http：//www.xinhuanet.com/2018 -07/30/c_ 1123197126.htm。

② 张励、卢光盛：《“水外交”视角下的中国和下湄公河国家跨界水资源合作》，《东南亚研究》2015 年第 1 期。

2018 年 4 月，中国出席了在柬埔寨暹粒举行的第三届湄公河委员会峰会，并表示中国重视同湄公河委员会的关系，双方通过长期对话增进了理解和互信，并开展了形式多样、成果丰硕的务实合作。同时还就共同推动澜沧江－湄公河流域可持续发展和共同繁荣提出建议。①

在 2016 年建立澜沧江－湄公河合作机制后，湄公河成为中国与下游国家共建澜湄国家命运共同体的天然纽带，中国展现出更多富有成效的实际行动。中国首先与湄公河国家将水资源合作列为澜沧江－湄公河合作机制五大优先领域之一，接着成立了全球湄公河研究中心与澜湄水资源合作中心；举办澜湄水资源合作城乡供水规划与管理培训班，澜沧江－湄公河国家水质监测能力建设研讨会；2016 年湄公河发生严重干旱，中国应越南请求开闸放水等。2018 年 1 月，李克强总理在澜沧江－湄公河合作第二次领导人会议中谈及未来澜湄合作机制建设建议时，把水资源合作放在了首位，并在第二条基础设施建设和第四条人力资源合作建议中也特别提及水利设施与水利研修等内容。会议同时发布了《澜沧江－湄公河合作五年行动计划（2018～2022)》，其中强调水资源合作等内容。

二　美国“以河之名”介入模式与动机

尽管中国在此次老挝大坝溃坝后及时伸出援手，但美国国务院高级官员在 2018 年 8 月 2 日答记者有关美国国务卿蓬佩奥访问东南亚三国提问时突然“以河之名”将话题引向中国。

（一）美国“以河之名”的介入模式

在 2018 年 8 月 2 日美国国务院高级官员答记者问中，当该官员谈及美国将召开第十一次“湄公河下游倡议”（Lower Mekong Initiative）部长级会

① 《鄂竟平出席湄公河委员会第三届峰会》，水利部国际合作与科技司，2018 年 4 月 10 日，http：//gjkj. mwr. gov. cn/jdxw/201804/t20180410_ 1034948. htm。

议与老挝溃坝事件等水资源议题时，有记者提问表示一些湄公河国家将此归因于气候变化以及美国国务卿蓬佩奥是否会对此做出回应时，该官员并没有正面回答，转而阐述“湄公河下游倡议”的发展与合作内容，并转移话题暗指上游国家对湄公河产生影响。当记者提问上游国家是否指中国时，美国官员表示肯定，并直指中国对湄公河下游产生影响，湄公河五国应共同应对。但之后记者再次提醒问题是有关气候变化时，美国国务院官员仍未做出正面回应，接着谈论湄公河下游伙伴关注的议题与水资源为何对他们如此重要。最后，当记者再次直接提出“气候变化”一词是否是禁忌，不能被讨论时，此官员直接回避。①

此次，在老挝溃坝与中国毫无关联的前提下，美国“以河之名”责难中国并介入澜湄地区事务的做法其实早已有之。早在20世纪美国就“以河之名”介入澜湄地区事务，以加深美国与湄公河国家关系。但随后受越南战争影响，美国对该地区热情渐失。2009年随着美国奥巴马政府对东南亚地区的重视，美国国务卿希拉里于2009年7月在泰国普吉岛与老挝、泰国、柬埔寨、越南外长建立“湄公河下游倡议”，美国再次“以河之名”强势归来。2012年缅甸也正式加入该倡议。②“湄公河下游倡议”涵盖环境和水资源（越南和美国）、能源安全（泰国和美国）、教育（泰国和美国）、健康（柬埔寨和美国）、互联互通（老挝和美国）、农业与粮食安全（缅甸和美国）六大支柱。每个支柱议题由一个湄公河国家与美国共同主持。③ 其中水资源一直是“湄公河下游倡议”关注的重点议题之一。在2018年8月3日的第十一次“湄公河下游倡议”部长会议上，美国与湄公河国家各国外长将上述六大支柱精简为水资源、能源、粮食和环境关系，人类发展与互联互通两个包容性支柱，把水资源放在第一位，并签署了《2016～2020年湄公

① Senior State Department Official Remarks to the Press En Route to Kuala Lumpur, *U. S. State Department*, August 2, 2018, https://www.state.gov/r/pa/prs/ps/2018/08/284868.htm.

② Lower Mekong Initiative, U. S. State Department, https://www.state.gov/p/eap/mekong/.

③ The Lower Mekong Initiative (LMI), https://www.lowermekong.org/about/lower-mekong-initiative-lmi.

河下游倡议总体行动计划》，同时还着重提及了 2017 年开始实施的《湄公河水资源数据倡议》。[①]

（二）美国“以河之名”的动机分析

美国在此次老挝溃坝事件后，“以河之名”责难中国是基于中美贸易关系紧张，转移公众对美国环境责任关注，为“湄公河下游倡议”造势以及减弱中国在水议题上的地缘政治经济影响力等原因。

第一，中美贸易战升级与白热化背景使其打出“以河之名”的手牌。自 2018 年 3 月，中美贸易战以美国总统特朗普签署总统备忘录，宣称将对从中国进口的商品大规模征收关税并限制中国企业对美投资并购而拉开序幕。之后中美双方尽管经过多次磋商谈判，但最终仍是以贸易战相向。[②] 此后，美国还宣称对中国 2000 亿美元输美商品加征关税。在此大背景下，美国对中国的外交政策呈消极走向，湄公河水资源问题也不失为美国从侧面全方位削弱中国日趋上升的影响力的一张好牌。

第二，美国欲借“中国大坝影响”来转移国际社会对美国气候变化责任的关注。2017 年 6 月，美国总统特朗普在白宫玫瑰花园发表讲话时表示，巴黎气候协定旨在束缚美国，使美国贫困，并使美国商界处于不利地位。同时，他认为《巴黎协定》将使美国国内生产总值减少 3 万亿美元，并使工作岗位减少 650 万个，但竞争对手中国和印度等国家的相关待遇却好得多，因此决定美国将退出巴黎气候协定。但此举立即遭到国际社会的指责，美国前总统奥巴马谴责特朗普政府的举动“拒绝未来”。法国、德国和意大利领导人也发表共同声明，驳斥特朗普重启《巴黎协定》谈判的建议。加拿大环境与气候变化部部长凯瑟琳·麦肯纳和英国首相特里莎·梅也表达了对美国此决定的失望情绪。[③]

---

① 张励：《老挝溃坝事件与美国“以河之名”》，《世界知识》2018 年第 17 期。

② 《中美贸易战进入全新阶段，中美都有三个没想到!》，环球网，2018 年 9 月 24 日，http://world.huanqiu.com/article/2018-09/13099803.html。

③ 《特朗普宣布退出巴黎协定　国际社会大表失望》，BBC 中文网，2017 年 6 月 2 日，https://www.bbc.com/zhongwen/simp/world-40129266。

在2018 年 8 月美国国务院高级官员答记者问中，美国官员多次面对记者提出的气候变化责任问题避而不答，而采取移花接木的方式将问题转移到“中国大坝影响”之上，以期将其作为挡箭牌转移国际公众与媒体的视线。

第三，美国为“湄公河下游倡议”造势以拉近与湄公河国家关系。正如前面所述，“湄公河下游倡议”提出的大背景是基于奥巴马政府时期对东南亚地区的重视，而水资源问题一直是中国与湄公河国家间的亟待解决的敏感话题。因此，美国此次借“老挝溃坝”之势，提出“中国大坝影响论”，祭出“以河之名”的牌，意在中美关系紧张加剧的背景下，再次触碰湄公河国家心结，以期给中国造成困扰，并加强湄公河国家对“湄公河下游倡议”的重视。但值得注意的是，特朗普政府上台后，美国对于湄公河地区的关注度大大减弱。且美国退出《巴黎协定》的行动也使人们对美国在环保领域的投入与决心产生怀疑。此外，笔者与美国约翰霍普金斯大学和布鲁金斯学会的学者讨论“湄公河下游倡议”时，对方也表示美国在该倡议的投入力度在减小，资金也在减少。①

第四，美国渲染与转嫁溃坝恐惧以减弱中国在水议题上的地缘政治经济影响力。中国自 2010 年起，尤其是 2016 年澜沧江 – 湄公河合作机制成立后，在湄公河水资源议题上表现出前所未有的主动性与积极性，得到了湄公河国家以及湄公河委员会的赞许和肯定。而与之相反的是，美国在 2016 年特朗普政府上台后，与湄公河国家在水资源合作上的重视力度不增反减。因此，美国在一边宣传“湄公河下游倡议”中《湄公河水资源数据倡议》等新亮点之时，也要借老挝溃坝渲染和传播恐惧，并转嫁到建造大坝大户的中国身上，以增强湄公河国家在水资源议题上对中国的警惕感，从而影响中国与湄公河国家未来在大坝建设、航运发展、数据分享等方面的合作，最终削弱中国在澜湄地区水议题上的影响力。②

① 张励:《老挝溃坝事件与美国“以河之名”》,《世界知识》2018 年第 17 期。
② 张励:《老挝溃坝事件与美国“以河之名”》,《世界知识》2018 年第 17 期。

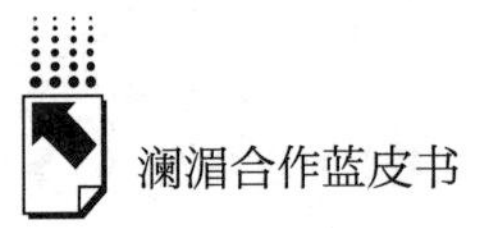

三 澜湄国家命运共同体构建中“以河之名”的新态势与影响

随着中国与湄公河国家在澜湄合作机制下水资源合作的深入开展，一些旧有的“以河之名”的水资源误解与问题开始逐渐消除，并助推澜湄国家命运共同体的构建。但老挝溃坝事件折射出的“以河之名”现象正呈现出一种新的发展态势，并将对澜湄国家命运共同体构建、水资源科学开发合作与治理等产生一定影响。

（一）澜湄国家命运共同体构建中“以河之名”的新趋势

第一，“以河之名”的名头开始由“实”向“虚”，从“言之有据”到“师出无名”。在以往域内外国家对中国在湄公河水资源问题上“兴师问罪”时，一般都“言之有据”，即以与中国有关的湄公河事件来对中国进行发难。无论是2010年湄公河干旱、2011年“10·5”湄公河惨案，还是水利设施建设或者中国在20世纪90年代末与湄公河委员会的有限合作，中国确实至少是其中一方当事者，虽然更多是受损一方。然而在老挝溃坝事件中，无论从河流开发、承建公司等方面都与中国无半点牵连，美国却硬把中国扯入其中，“以河之名”进行责难，以扩大“中国水坝威胁论”的旧有错误印象。虽然中国外交部在美国发声的第二天予以了正面回应，消除了一定的负面影响，但这种新的“以河之名”的责难方式却是在今后澜湄国家命运共同体构建中所不得不予以防范的。

第二，“以河之名”的目标指向开始由以湄公河水资源或澜湄地区为目标主体转变成了目标客体。在以往的“以河之名”的湄公河水资源冲突上，其目标与利益指向主要围绕水资源的自然资源、经济资源的开发分配，或者以水资源冲突为砝码交换本地区的政治利益，甚至扩大在该地区内的地缘政治影响力等。但在此次老挝溃坝事件所引发的针对中国“以河之名”的目标指向上并非为了水资源开发分配权，也不完全是为美国在澜湄地区扩大自身影响力，而主要是因中美贸易争端与转移国际社会对美国环境问题责任的视线而起。“以河之名”更多成了一种国际事务的手牌。而由于地理位置等客观原因，中国在事实上是无法从“以河之名”的现象中完全抽身的。因此，在今后澜湄国家命运共同体建设过程中，引起某一方尤其是大国不满时，都有可能随时将湄公河水问题作为手牌打出。

第三，“以河之名”现象在域外国家作用下仍旧会呈现上升趋势。在澜湄地区，美、日等域外国家利益纵横交错，出于各自的战略布局分别与湄公河国家建立了不同的合作机制，例如美国的“湄公河下游倡议”、日本的“湄公河流域五国与日本合作部长级会议”、澳大利亚的“湄公河水资源项目”、韩国的“韩国—湄公河国家外长会议”等。[①] 这些合作机制都围绕水资源、生态环境、经济、教育等议题展开，尤其注重水资源议题，不会放弃“以河之名”的由头。因此，随着澜湄国家命运共同体构建的推进，部分域外国家依旧会以关系到澜湄六国的水资源议题为由介入。

第四，“以河之名”现象将在澜湄国家命运共同体构建过程中长期存在。尽管中国与湄公河国家水资源的合作日渐深入，尤其是澜沧江－湄公河合作机制建立后水资源共同治理迅速推进，但仍无法在短时间内改变和消除“以河之名”的现象。首先，中国天然的上游位置，以及“中国大坝威胁论”的影响使下游国家始终存有疑虑。其次，湄公河委员会近年来开始突出地区内自主化趋势，希望摆脱域外国家控制，自主管理区域内的水资源合作治理问题，因此它也不会把“管理权”让渡给澜沧江－湄公河合作机制。最后，从笔者在另一篇有关国际社会对澜沧江－湄公河合作机制的认知研究来看，水资源问题是被域内外国家高度关注的议题，甚至被描述成“下一个南海问题”。因此，在澜湄国家命运共同体构建进程中，中国要做好“以河之名”现象会长期存在的思想准备。

① 张励：《水外交：中国与湄公河国家跨界水资源的合作与冲突》，博士学位论文，云南大学，2017，第76～79页。

（二）澜湄国家命运共同体构建中“以河之名”的影响

第一，“以河之名”现象将直接对澜湄国家命运共同体乃至人类命运共同体的构建产生直接冲击。澜湄国家命运共同体是中国在全球范围内最有可能首先落地生根的样板，其关系到其他国家对人类命运共同体的认可和共建。而水资源议题又是澜湄国家命运共同体构建中绕不开和关注度极高的议题。因此“以河之名”的现象与新发展趋势如果不能加以管控，会使湄公河国家对澜湄国家命运共同体的共建失去信心，最终使澜湄国家命运共同体流于概念。

第二，“以河之名”现象将影响域内水资源治理的正常开发与地区发展。湄公河关系着中国西部一些省份与大多数湄公河国家的发展与生计。因此，“以河之名”的现象会给今后的合理开发水资源带来隐患。首先，各国国内的水利设施正常开发与建设都极易遭来无端指责，甚至阻碍开发进程。其次，域内国家间的水资源项目合作可面临随时中断的风险，为双方或者多方国家带来重大的经济损失，还有可能影响两国关系的正常发展以及澜湄地区整体合作水平的提升。最后，“以河之名”现象还会致使原本能给相对落后地区带来发展机会的水资源合作项目落空，使得该地区水资源不能得到有效开发。

第三，“以河之名”现象将扩大域外国家或组织在该地区的地缘影响力。在未来一段时期内，域外国家各自所倡导的多种机制可能会进一步强调水资源在其合作机制内的重要性。因此，如果“以河之名”的现象不能加以控制和消除，湄公河国家会与中国产生更大的离心力，从而将更多的精力放在与其他域外国家的合作上，导致澜沧江－湄公河合作机制失去其真正意义上的“主导性”，并进一步扩大域外国家或组织在澜湄地区的影响力。

第四，“以河之名”现象将成为他国打击、制衡与中国相关国际事务的一张手牌。从此次老挝溃坝事件中“以河之名”的新趋势可以看出，湄公河已成为部分国家直接用来影响中国其他国际事务的一张手牌。虽然其打击力度较小，杀伤力也远不及前几年的“南海问题”。但从国际社会对湄公河水资源的认知定位来看，要及时消除“以河之名”的现象，避免湄公河问题成为“下一个南海问题”的可能性，否则就会使这张牌的分量加重，给未来中国在地区乃至其他国际事务的推进带来不必要的麻烦。

四　澜湄国家命运共同体构建下中国应对“以河之名”的政策选择

从老挝溃坝事件中可以看出，湄公河地区“以河之名”现象正呈现出新的发展态势，在域外国家干预下，中国成为其中的受害者，并将可能给澜湄国家命运共同体的建设带来负面影响。因此，中国在未来宜从以下几个方面着手，以减少“以河之名”的不利影响，推动澜湄国家命运共同体的建设。

（一）制定澜沧江－湄公河合作的水资源合作管理机制规划

澜湄合作机制建设已将近三年，这个因水而生、因水而连、因水而兴的地区机制如无法在水资源合作管理机制上交出一张完美的答卷，那么就很难使成员国与域外国家信服。此外，根据笔者多次参加湄公河水资源主题的国际会议讨论发现，湄公河国家以及域外国家对于澜湄合作机制下水资源合作管理机制内容十分关心，他们希望看到详细的机制建设规划。而对于中国来说，与湄公河国家一同制定涵盖水资源利用、监督、信息交流、管理等基本原则性的机制内容，加快制订“水资源合作五年行动计划”，更有利于把握机制建设的主动权。①

（二）形成与域外国家良性的水资源机制竞合模式

部分域外国家不会在短时间内放弃“以河之名”的旗帜，水议题始终

① 张励：《老挝溃坝事件与美国“以河之名”》，《世界知识》2018 年第 17 期。

是一个介入湄公河地区事务的低成本议题。美国的“湄公河下游倡议”、日本的“湄公河流域五国与日本合作部长级会议”、澳大利亚的“湄公河水资源项目”、韩国的“韩国－湄公河国家外长会议”等无不强调湄公河水资源问题，且这些倡议与相关会议内容都基于它们的地区外交政策与利益。因此，基于湄公河水议题已齐聚域外国家的现状，中国首先要基于澜湄合作机制不断加强自身与成员国在水资源合作管理机制建设中的推进力度，避免他国“以河之名”的影响。其次，中国可加强与域外国家在水资源管理上的平等对话，吸取他方的优势之处，进行良性竞争，赢得湄公河国家的尊重和信任。最后，中国要树立信心，因为任何绕过中国的湄公河管理机制都难以持久维系，也是不科学的。同时域外国家在湄公河的利益不是其根本利益，而对于中国和湄公河国家来说则完全不同。

（三）提高湄公河水资源合作项目的可靠性与透明性

老挝桑片－桑南内水电站的溃坝带来的灾难具有多种原因。一是该水电站在溃堤前通知当地政府的时间不足，造成巨大伤亡。二是没有对应的跨境应急通信系统。因此虽然老挝的洪水很快会到达柬埔寨造成灾害，却仍无人通知。三是据国际河流组织称，该大坝并没有进行跨境环境影响官方评估。四是电力公司与老挝政府签订的协议并未公布，因此是否包含跨境补偿规定不得而知。所以，中国在澜湄合作机制下的水资源合作中首先要加强项目的可靠性与透明性，在中国水利企业与湄公河国家合作中要更为注重环境影响评估、企业社会责任等内容建设以降低风险。此外，还可开展节能、低碳发展交流合作，电力、钢铁、煤炭化工等领域的清洁节能技术合作，预防和治理大气、水资源污染技术合作等，以提高环境质量，构建清洁美丽的澜湄地区。

（四）把握和增强湄公河水资源议题的话语主动权与解释权

在此次老挝溃坝事件中，美国在记者会上见缝插针式地对中国抹黑，而中方则迅速做出正面与积极的回应，并以多语言进行了传播，避免了湄公河国家的误解。因此，未来中国要继续保持在湄公河水资源开发、保护以及风险管控等议题上的警觉性，把握话语主动权与解释权，并建立澜湄合作机制下成员国间的水讯息直通频道，以及对外的多语言信息传播途径，避免他国“以河之名”对中国掀起水外交风云，影响中国的国家声誉与水利投资等。[①]

① 张励：《老挝溃坝事件与美国“以河之名”》，《世界知识》2018 年第 17 期。

B.6
非国家行为体对湄公河水资源治理的参与*

吕 星 刘兴勇**

摘 要： 非国家行为体是参与湄公河水资源治理的重要行为体之一，其构成包括国际机构、民间组织、学术机构与企业，参与的领域集中在议程设置、知识生产与传播、受影响群体的利益诉求、能力提升等方面，其结果是推动了国际议程的本地化、增加了河流流域知识、凸显了社区利益和环境价值、探寻了治理的途径，并影响到政府间的合作关系。未来非国家行为体特别是流域内的学术机构，将更多地围绕区域治理机制开展活动，在国家和区域层次发挥更为积极的作用。

关键词： 水资源治理 湄公河流域 非国家行为体

一 参与湄公河水资源治理的非国家行为体构成

参与湄公河流域跨境水资源治理的非国家行为体是多种多样的，大体可以将其划分为四类，即国际机构、非政府组织、学术机构和企业。一些学术

* 本报告为2016年国家社会科学基金项目“澜沧江－湄公河跨境水资源合作问题与对策研究”（批准号：16BGJ053）的阶段性成果。

** 吕星，云南大学国际关系研究院、周边外交研究中心副教授；刘兴勇，中共西藏自治区班戈县委宣传部干事。

机构针对湄公河水资源的现实问题，围绕水资源的治理从议题、路径、政策及其评估等方面开展研究，在客观上已经超出了纯学术的活动，带有一定的倡导行为。

（一）国际机构

在国际机构中，联合国发展规划署、世界银行、亚洲开发银行和欧盟的作用相对比较突出。

水资源是联合国2030年可持续发展议题的组成部分，是消除贫困和实现可持续发展的重要物质基础。联合国环境规划署（UNEP）曾发布《全球水资源评估：湄公河评估》《东南亚水资源遭受威胁》《湄公河下游的气候变化》[①] 三篇报告，讨论了以生态环境、水安全、基础设施、农业生产、水力发电以及生态系统服务等可持续发展面临的问题，强化了国际社会对水资源治理在可持续发展目标中作用的认知。联合国发展规划署是湄公河流域执行联合国议程的最重要的组织，协助流域国家的政府实施联合国2030年可持续发展目标。

欧盟（EU）通过可持续发展议题对湄公河流域的气候变化、自然资源管理与保护、防灾减灾、基础设施建设、经济援助、食物安全等问题十分关注，支持流域国家进行水资源系统的治理实践，也支持水资源治理能力建设，欧盟具有技术优势，其在湄公河流域推广欧洲模式的态势不容忽视。[②] 欧盟作为湄公河委员会的发展伙伴，长期为其提供资金支持。

亚洲开发银行自1992年以来倡导和支持大湄公河次区域经济合作，为湄公河流域的可持续发展提供技术和资金支持，并投资建设与水资源相关的基础设施，如航运、能源、环境、旅游、农业、水产业等，还通过具体的水资源战略规划，为协调湄公河水资源治理提供指导。湄公河委员会也认为亚洲开发银行的投资为水资源治理提供了重要支持。亚洲开发银行作为湄公河

---

① UN Environment，https：//www. unenvironment. org.

② 邢伟：《水资源治理与澜湄命运共同体建设》，《太平洋学报》2016年第6期。

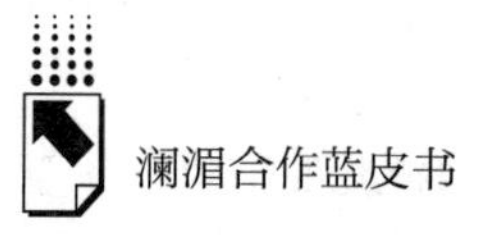

委员会的发展伙伴，为湄公河委员会提供资金支持。

世界银行积极支持联合国2030年可持续发展目标，推动湄公河可持续发展议题，在其贷款项目中包括安全饮用水供给系统和社区清洁水计划、绿色增长、气候变化与适应，可持续自然资源管理、减少贫困和疾病以及妇女参与社区水资源治理。[①] 世界银行作为湄公河委员会的发展伙伴，支持湄公河委员会水资源综合管理，内容涵盖渔业、三角洲、湖泊、河流、湿地，尤其是柬埔寨和越南间的色桑河（Se San）、斯雷博河（Sre Pok）流域以及湄公河三角洲的双边治理项目。[②]

（二）非政府组织

在湄公河流域比较活跃的非政府组织有国际河流组织、世界自然保护联盟、世界自然基金会、乐施会、协议国际、拯救湄公河联盟、湄公河观察、可持续湄公河研究网络、国际大坝委员会等。

国际河流组织（International Rivers）成立于1985年，总部注册于美国，是一个非营利性的、非政府性的全球环保组织，致力于保护河流及其依赖河流为生的诸多社区应有的权益，倡导推进水资源管理与能源问题的合理解决，反对对河流生态系统破坏大的基础设施建设，以实现社会的公正及可持续发展。[③] 该组织以河流健康、生物多样性、气候变化、大坝问题（大坝对人类、经济、环境的影响）为议题，在湄公河流域是反对水坝的先锋。并通过“拯救湄公河联盟”（Save Mekong）联合流域内的非政府组织，开展公民社会运动，劝阻流域国家的政府放弃在湄公河修建水电站的计划，努力提高公众对大坝对环境影响的认识，并向流域下游四国通报大坝的跨境影响。[④]

① World Bank，http：//www. worldbank. org.

② Mekong River Commission，http：//www. mrcmekong. org.

③ International Rivers，https//www. internationalrivers. org.

④ 《健康河流缔造健康型社区》，麦克奈特基金会，https：//www. mcknight. org/grant－programs/grantee－spotlights/international－rivers。

世界自然保护联盟（IUCN）创建于1948年，是由政府和民间组织共同组成的国际非政府组织，现已经发展成为世界上最大和最多样化的环境网络。[①] 世界自然保护联盟分设生物多样性、生态管理、环境法、森林资源、全球政策、保护地区域、科学与知识、社会政策、物种、水资源、世界遗产等治理议题部门，召集不同的利益相关者参与，提供最新的科学建议和专业知识。世界自然保护联盟最早开展湄公河水资源对话，邀请包括政府、非政府组织、科学家、企业、地方社区、土著人团体、信仰组织和其他机构参与，讨论湄公河水资源治理问题，具有湄公河委员会观察员的身份。

世界自然基金会（WWF）是全球最大的独立性国际非政府环境保护组织，自1961年成立以来，在全世界拥有超过500万支持者，在100多个国家开展项目，[②] 致力于保护世界生物多样性及生物的生存环境，减少人类对其生存环境的影响，倡导人与自然和谐相处的理念，积极与本土社区、政府、企业合作，基于科学的研究证据，竭力寻找解决方案并且开展一系列全球行动。该机构制订了专门的湄公河计划，具有湄公河委员会观察员的身份。

乐施会（Oxfam）是独立的国际发展及人道救援机构，致力于消除贫穷与不公平状况。[③] 乐施会在湄公河以多元方法解决贫穷问题，包括推行社区可持续发展项目、水资源赋权、人道救援及灾害防治、本土及国际政策倡导等。乐施会早在20世纪80年代末在老挝与地方政府及民间组织合作，开展社区生计项目，协助改善当地居民的生活状况。其中美国乐施会、澳大利亚乐施会长期开展与水资源有关的活动，特别是在柬埔寨十分活跃。

协议国际（PACT）是一个1971年注册于美国的国际非政府组织，从健康、生机、能力发展、自然资源管理、治理和市场入手，与政府、民间组织等机构合作，以综合路径为贫困和边缘化人口提供服务，目前在40个发展中国家开展发展项目。在湄公河流域，协议国际承担美国湄公河倡议的环境

① International Union for Conservation of Nature, https://www.iucn.org.

② World Wildlife Fund, https://www.wwf.org.

③ Oxfam, http://www.oxfam.org.

伙伴项目，支持政府、企业、民间组织、媒体间的对话与合作，通过环境影响评价过程促进负责任的投资和公众参与。

湄公河观察（Mekong Watch）是1993在日本东京成立的国际非政府组织，该组织的宗旨是使湄公河流域内进行的开发行为和经济合作不威胁到当地居民的生活以及湄公河生态环境。[①] 湄公河观察关注自然环境和资源管理、渔业资源与社区生计、流域生物多样性监测、生态系统监测和管理等，通过讲座、访谈、讨论会的形式向日本民众、日本政府和湄公河民众普及、传播与湄公河流域有关的资源环境知识，定期向国内政府提供湄公河的相关信息，陆续出版《湄公河生存》《水之声》等刊物，向流域重要的治理组织和日本政府提供政策参考与智力支持，受到了该国政府的积极支持，成为政府的得力助手。

可持续湄公河研究网络（Sustainable Mekong Research Network）是2005年成立的开展研究与政策倡导的跨国知识网络，会集了澜沧江－湄公河流域国家可持续发展的研究伙伴，包括柬埔寨、中国、老挝、缅甸、泰国和越南。该研究网络实质上是斯德哥尔摩环境研究所亚洲中心的一个重要计划，2018年开始实施第三期研究计划，围绕“湄公河水不安全问题”开展研究、交流和影响政府政策。

（三）学术机构

有很多来自发达国家的学术机构对湄公河水资源开展过研究，其中斯德哥尔摩环境研究所、国际水资源管理研究所、斯德哥尔摩国际水资源研究所、国际环境管理研究中心，不仅开展学术研究，还积极参与政策的研究与倡导。

斯德哥尔摩环境研究所（Stockholm Environment Institute）亚洲中心位于泰国曼谷，其目标是积极推动亚洲社会朝着环境可持续发展转变，专注东南亚气候变化与适应，可持续的土地、水、能源和食品管理，着眼于政策制

① Mekong Watch，http：//www. mekongwatch. org.

定，实现改善本地居民生计和减少贫困的目标。该机构是美国湄公河倡议的伙伴，参与湄公河环境伙伴计划，评估流域发展项目的社会和环境成本，支持多方利益相关者进行对话。该研究所与缅甸国家水资源局签署协议，执行“伊洛瓦底江未来”的计划，改善河流生态系统，以支持伊洛瓦底江流域的参与式水资源规划和评估，通过可持续湄公河研究网络拓展其参与湄公河水资源治理的路径。

国际水资源管理研究所（International Water Management Institute）是国际农业研究磋商组织成员，主要关注发展中国家水资源和土地资源的可持续利用问题，与各国政府、民间社会和私营部门展开合作，发展具有弹性的农业用水管理解决方案。该研究所从2008年以来，先后实施了“湄公河水与食物挑战项目”和“湄公河水、土地与生态系统项目”，构建了来自澜沧江－湄公河流域老挝、缅甸、泰国、柬埔寨、越南、中国以及其他地区的具有80个正式合作伙伴的跨国知识网络，[①] 开展了大量的研究，并协助政府部门寻求改善水资源治理的途径，该研究计划于2018年终止。

斯德哥尔摩国际水资源研究所（Stockholm International Water Institute）主要通过应用研究、政策咨询、能力建设和跨部门的关键行动者倡议，促进政策创新和基于科学的水问题解决方案。[②] 斯德哥尔摩国际水资源管理研究所与联合国开发计划署（UNDP）共同实施“共享水伙伴关系（SWP）”项目，对湄公河流域非国家行为体进行了广泛的调查和分析研究。

国际环境管理中心（International Centre for Environmental Management）成立于1999年，旨在帮助政府和社区提升可持续利用自然资源和保持环境质量的能力，在湄公河流域重点关注气候变化、水资源、生物多样性保护和综合评估，通过空间规划、社会经济分析和环境评估工具将环境与发展问题相结合，并在公共和私营部门建立伙伴关系，以解决保护和发展的问题。[③] 2010年为湄公河委员会完成的《湄公河干流战略环境评估》引起了社会对

① Research Program on Water, Land and Ecosystems, https: //wle－mekong. cgiar. org.

② Stockholm International Water Institute, http: //www. siwi. org.

③ International Centre for Environmental Governance, http: //icem. com. au.

干流大坝负面影响的讨论；在 2016 ~2018 年获美国国务院资助，与世界自然保护联盟、国际水资源管理研究所结成伙伴关系，将区域水外交关系评估纳入决策过程。

（四）企业

企业往往是被治理的对象，很少直接参与湄公河水资源宏观层面的治理。但是在微观层面即在项目的投资、建设和运行等方面直接管理水资源，参与项目区域内环境、经济、社会等方面的活动，是水资源治理的重要组成部分。为了规范自身的行为和回应社会对水电开发的质疑，国际水电协会（International Hydropower Association）发布了“水电可持续性评估规范”，从政治、经济、财政、环境、社会与文化等方面选择指标，分别对水电项目的规划阶段、可行性研究阶段、建设阶段和运行阶段进行评估，2018 年的版本增加了气候变化的内容。[①] 私人企业参与治理更多是在标准制定与认证领域。

二 参与的领域和方式

（一）议程的设置

联合国及其机构是可持续发展与气候变化等议程的主要推动者，特别是 1992 年启动的全球气候变化公约，将水资源列为重要的议题。湄公河流域联合国环境规划署（UNEP）曾发布《全球水资源评估：湄公河评估》[②]《东南亚水资源遭受威胁》[③]《湄公河下游的气候变化》[④] 三篇报告，将水资源同可持续发展与气候变化联系在一起。各国政府和国际组织如亚洲开发

① International Hydropower Association，https：//www. hydropower. org.

② UN Environment，https：//www. unenvironment. org.

③ UN Environment，https：//www. unenvironment. org.

④ UN Environment，https：//www. unenvironment. org.

银行和世界银行等都将水资源治理作为可持续发展和应对气候变化的重要内容，现在亚洲开发银行的投资项目要求必须对项目的气候影响进行评价。

公平作为一种理念和诉求，强调利益攸关方获得和使用水资源的权益，联合国机构和国际组织也讨论公平与水资源的利用，而民间组织和环保组织将公平作为主要议题，常常激化水资源投资开发者与环境、当地居民需求的矛盾。在湄公河流域，国际河流组织是最主要的批评者，凡是重要的水资源开发项目如澜沧江梯级开发、老挝干流电站建设等，国际河流组织都有报告，指出这些项目造成了不可逆的环境影响，威胁6500万流域人口的生计。国际河流组织还发布公民社会指南如《水坝标准：基于权利的方法》（*Dam Standards*：*A Rights-Based Approach*）、《大坝、河流和权利》（*Dams*，*Rivers and Rights*），从公平与人权的角度去评估水资源开发。

越南亚力瀑布（Yali Falls）电站运行后给下游的柬埔寨沿河居民带来了很大影响，乐施会联合当地的非政府组织、村民和地方政府，研究电站的负面影响，通过媒体和社会动员等活动，给柬埔寨国家湄公河委员会施压，迫使柬埔寨和越南的国家湄公河委员会进行对话与协商，凸显电站跨境影响，也为后来亚洲开发银行和其他机构的介入创造了社会条件，推动当事国与其他机构合作，开展“3S 河流”的跨国治理行动。

由于国际金融机构的坚持，以及主权国家政府法律的不断完善，环境与社会影响评价已经成为项目必须执行的内容，因此影响评估已成为水资源治理的一个重要工具。在各种各样的评估中，战略环境影响评价、累积影响评价、跨境影响评价越来越受到关注，有可能作为国家或政府间组织开展合作的新方式和领域。亚洲开发银行推动战略环境评价（SEA），湄公河委员会秘书处已完成跨境影响评价指南的起草，等待联合委员会审批，世界银行成员的国际金融公司一直在湄公河流域推动可持续的水电开发，2018 年上半年还发布了《缅甸水电战略环境评估报告》。各种影响评价也得到了民间组织和学术机构的大力支持，战略环境影响评价、跨界影响评价和累积影响评价等很可能成为未来有关水资源的重要议题。

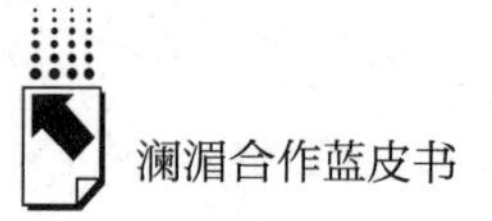

（二）知识的生产

所有非国家行为体都从知识生产的不同层面参与湄公河水资源治理，涉及的领域和内容非常广泛，这里以一些典型的案例加以讨论。

湄公河委员会在西方国家支持下对湄公河流域的水文、鱼类、生态系统功能等进行研究，在鱼类、渔业、产业链等方面取得了显著的成绩。2017年初完成了“理事会研究”，从农业土地利用、灌溉、生活和工业用水、洪水预防、水电和航行等领域分别研究其发展现状；从水文、生物资源、社会经济、宏观经济和气候变化进行影响评估，最后通过综合和累积影响评估，形成决策报告，为湄公河未来工作提供决策咨询。

2004 年成立的“湄公河环境、水与恢复力研究项目”由流域内和流域外的研究机构组成，开始对湄公河水资源治理的知识进行系统的研究，先后出版了关于湄公河水资源治理的书 4 本，并通过青年学者计划培养了 100 名水资源人才。

2010 年国际农业研究磋商组织成员国际水资源管理研究所，在大湄公河流域启动“湄公河水与食物研究计划”后来改为“大湄公河水、土地与生态系统研究计划”，延续了“湄公河环境、水与恢复力研究项目”，对大湄公河次区域内的河流与水资源问题进行广泛的研究，其基本理念是“科学为发展服务”，强调学术的应用与决策咨询。为了支持知识的传播，该研究计划发布知识与政策简报、研究报告，每年举办一次“大湄公河水、食物与能源论坛”，2018 年 12 月 4 ~6 日将在缅甸仰光举办第七届论坛。

此外，还有大量的西方学术机构和国际非政府组织参与有关湄公河水资源的知识生产。国际农业研究磋商组织下的国际水资源管理研究所（International Water Management Institute）在越南、柬埔寨、老挝和缅甸设有办事处，斯德哥尔摩环境亚洲研究中心及其所支持的“可持续湄公河研究网络”、“共享水资源伙伴计划”、世界自然基金会（WWF）、世界保护联盟（IUCN），西方发达国家的大学如美国俄勒冈州立大学地理科学研究所的跨界水资源争端数据库（The Transboundary Freshwater Dispute Database）计划等。

有关水资源的知识包括生态系统知识，如水文及其环境、鱼类、三角洲、洞里萨湖等；人类利用水及其相关资源的知识，如水资源利用及其问题，水与食物、能源等的耦合关系，等等；基础设施建设对环境和社会的影响，如水电开发对水温、鱼类、环境、社会的影响；水资源治理知识，如传统知识、最佳实践等。

（三）利益的诉求

在国际和国内社会中总有一些群体声音和他们的诉求无法被社会听到，环境和生态系统受到的影响和破坏也需要通过一些机构和个人来表达，国际和国内的民间组织、环保组织在这些方面发挥着重要的作用。

国际河流组织、乐施会、拯救湄公河联盟及其社区组织等民间组织，针对水电开发开展持续的社区调查，将项目区居民的看法、观点、可能受到的影响和实际受到的影响，通过研究报告、问题声明、公众签名请愿、给各国政府及其领导人写信的形式，并通过媒体向外传播，对公众进行传播与教育，给开发商和政府施加压力。比较典型的案例是泰国的蒙河水电站、越南的亚力瀑布电站、柬埔寨的塞桑 2 号电站、老挝的南屯 2 号电站和第一个干流萨耶武里电站。报告声称代表项目区居民的利益，反映受项目影响人群的声音。这类报告往往对开发商进行道德指责，所提供的证据有一定的局限性，多偏重于负面的影响。

世界自然基金会、国际环境管理中心（ICEM）、世界鱼类研究中心等机构则从科学的角度，对湄公河资源开发问题发表相关的研究报告。国际环境研究中心受湄公河委员会委托，对湄公河规划的 12 个干流电站进行了战略环境影响评价，从经济、社会、文化等面进行研究，指出水电开发的总损失超过了水电带来的直接经济收益，建议干流电站延后 10 年建设，开展更多的研究，等待技术的进步，减少环境影响。世界自然基金会邀请世界鱼类研究中心专家，针对老挝第一个干流电站沙耶武里的环境影响评价报告，发表科学评述报告，指出该电站的环境影响评价报告没有遵从国

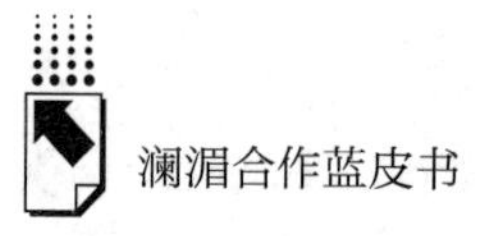

际标准，对水坝的描述不符合科学定义，对洄游鱼类的评价没有使用最新科研成果，低估了水坝对鱼类的影响，直接导致老挝政府另外聘请国际咨询公司审查环境影响评估。此类科学研究报告和科技文章数量巨大，可以视为“代表河流发声”。

（四）能力的提升

非国家行为体通过提供培训或能力提升活动，不仅培养人才而且传播理念和技能，是参与湄公河水资源治理的重要途径。不同的机构提供不同方式的培训和能力提升，包括短期培训、项目训练、经验交流、合作研究等不同的形式，很多合作项目都设计有专门的培训内容，下面列举几个典型的案例。

地球权益国际（Earth Rights International）在泰国清迈设有培训机构，每年招收民间组织的年轻人，从法律和权利方面对学员进行环境与社会权益的培训，同时提供组织、宣传、调查等方面的技能培训，提升民间组织的动员能力。

乐施会在柬埔寨的培训项目，招收民间组织年轻人，从水电基础知识、水电评估方法、水资源治理、社会性别和倡导等方面，对学员进行知识和技能的培训，使学员有能力与水电投资者进行有效对话。

湄公河水、环境与恢复力研究项目和湄公河水、土地与生态系统研究项目，从水资源治理的理论、研究方法、案例研究、科技论文撰写等方面培训，通过培训和案例研究培养湄公河流域国家的年轻科技人员，学员既能够学习到开展科学研究的技能，又能进行实地的调查研究，部分学员的研究成果以论文集的形式正式出版。

斯德哥尔摩环境研究所亚洲中心支持的湄公河可持续研究网络，通过研究项目招标的方式，筛选合作的年轻研究人员，对其进行学术培训，组织开展联合研究，鼓励和支持撰写研究报告和科技论文，既完成针对湄公河流域可持续发展问题研究，同时又培训参与的科技人员，鼓励研究人员开展政策咨询活动。

三 对湄公河水资源治理的影响

湄公河流域水资源分布的差异性与利用的多样性，决定了在不同层次上治理的多样性，非国家行为体的介入在一定程度上满足了当地的治理需求，产生了积极的影响，同时也带来了一些问题。

（一）推动国际议程的本地化

非国家行为体特别是国际组织的参与，推动了国际议程的本地化，推动了社会各界在理念方面达成共识，通过援助强化了国际议程的本地实践。从比较宏观的层面看，环境问题、可持续发展、气候变化与适应等议题已成为多数人的共识，这些议程已进入国家的法律、政策、发展计划。以环境评估为例，湄公河流域的泰国、越南、老挝、柬埔寨和缅甸从 20 世纪 80 年代开始，逐步制定了环境法，要求开展环境评估，柬埔寨还特别强调了建设项目对渔业的影响，可持续发展的理念已深入人心，体现在政府的各种发展规划中。

最近 10 年来，气候变化及其适应的国际议程也逐渐获得了流域内政府和社会的认可，并纳入政府的规划，建立了响应的机制。越南、柬埔寨、泰国和老挝分别制订了应对气候变化的行动计划。国际上与水资源治理相关的一些主流观念如公平、参与、社会性别平等、少数民族权益等，已成为多数人的共识，并落实在具体的实践中，在各国环境与社会评估指南中都要求公众参与，特别关注妇女和少数民族的权益，在国际水电协会发布的《水电可持续性评估规范》中亦有类似的评估指标。

（二）重塑了对水资源开发的认知

在 20 世纪 70 年代前，水资源开发项目是发展的目标和手段，是现代化的重要内容或国家现代化的标志，也曾经是动员社会和获得政治支持的手段。之后随着环境问题的提出和在世界范围的传播，特别是世界大坝委员会 2000 年发布报告后，对水电开发的认识发生了转变。世界大坝委员会的报

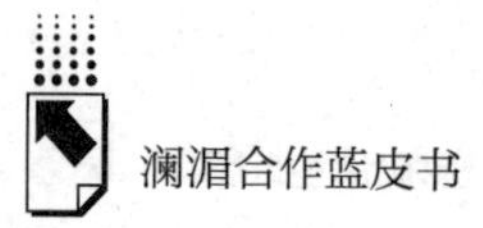

告指出，尽管“大坝对人类发展做出了重要和显著的贡献”，但“在很多案例中支付了不可接受的以及常常是没有必要的代价，特别是社会和环境方面”。在非国家行为体的介入下，这种认识开始在湄公河流域传播，特别是泰国蒙河和越南亚力瀑布水电站所凸显出的环境和社会问题强化了这种认识。

泰国蒙河电站位于泰国东北部的蒙河，距离湄公河 5.5 公里，投资 2.4 亿美元，于 1994 年建成。由于电站阻碍鱼类洄游，严重影响了当地渔民的生计，经过 20 余次大小不同的示威和游行，冲突问题有所缓解，但仍然没有彻底解决。越南的亚力瀑布电站距下游柬埔寨仅 80 公里，1999 ~ 2001 年初期运行期间，发电泄洪导致柬埔寨 35 人死亡和大量财产损失。到目前为止，两国政府和各种组织仍然在探索更好的解决途径。

对水资源的开发特别是水电站的建设，社会各界的认知已呈现比较严重的“极化现象”。在一个国家内以开发商和政府为一方支持建坝者，认为水电属于绿色能源，水电建设带来经济收益可以支持发展和帮助扶贫，而以民间组织和环保人士为代表的反对建坝者，则认为大坝建设阻碍鱼类洄游，改变了河流的水文条件，严重影响了依靠以河流为生计的居民。在流域层面，上游倾向于支持建坝，而下游反对建坝。这种认识的极端化有积极的一面和消极的一面，积极的一面是促使社会认真研究水资源治理问题，探索解决的途径；消极的一面是导致社会群体间观点的对立，不利于社会的稳定。

（三）探寻治理途径

非国家行为体还积极参与水资源治理途径的探索。在较大的范围内，世界银行在湄公河流域通过项目建设，集中于安全饮用水供给系统的建设和社区清洁水计划、绿色增长、气候变化和可持续自然资源管理以及提高应对气候灾害风险的能力、减少贫困和疾病以及妇女参与社区水资源治理。[①] 世界银行支持湄公河委员会水资源综合管理（IWRM）的五个项目，即渔业、三

① World Bank，http：//www.worldbank.org.

角洲、湖泊、河流、湿地管理。湄公河委员会建立了湄公河最重要的跨境水资源治理机制和相关制度。

亚洲开发银行为湄公河流域的可持续发展提供技术和资金支持，并解决与水资源相关的基础设施、航运、能源、环境、旅游、农业、水产业等问题，还通过具体的政策和战略规划，协助湄公河流域国家协调跨境水资源治理。亚洲开发银行还通过贷款直接支持柬埔寨政府对洞里萨的基础设施、制度和能力方面的建设。

以世界自然基金会和乐施会为代表的国际民间组织，开展了以社区为基础的保护与发展模式的探索，通过参与式的规划，制订社区保护与发展计划，并支持社区的行动计划。其他的机构则通过生态旅游和生态补偿在老挝和柬埔寨开展示范研究，在越南则通过国际水产品认证，规范生产者的行为，保持可持续的发展途径。

这些探索在局部地区取得了一定的经验和成效，但要推广到更大的范围则面临不少挑战：一是运行成本过高；二是缺乏推广的必要财务资源；三是由于多样性的特点，一个地方成功的模式很难复制到其他地方，湄公河委员会的机制和制度也属于“软性制度”。

（四）影响了内生性治理机制的发展

从 1860 年法国进入湄公河开始大规模开发三角洲以来，外部力量就开在湄公河流域发挥作用，二战后及其冷战期间美国通过远东经济委员会支持成立“湄公河勘察协调委员会”，对湄公河流域开展规划研究，并提供大量援助进行水资源的开发。冷战结束后西方发达国家政府、国际组织、民间组织以及研究机构积极介入湄公河水资源治理的各个方面，在议题设置、知识生产、传播与运用治理模式与人力资源提升等方面都发挥了重要作用，同时也获得了巨大的影响力，到目前为止在很多领域仍然主导湄公河水资源的治理。这种主导作用在很大程度上抑制了内生性治理机制的发展。

首先，域外力量的介入迟滞了湄公河流域区域治理机制的发展。以湄公河委员会为例，1957 年成立和 1995 年重新签订协定都是在国际组织的帮助

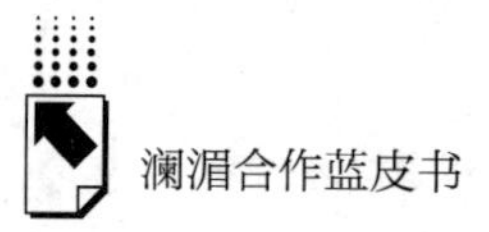

下完成的，西方发达国家包括世界银行和亚洲开发银行是其主要的资金来源，2016 年前湄公河委员会秘书处的执行官一直由域外人事担任，机构不是以职能运作，而是以一种项目方式运作，以便于不同的资助机构按照其意愿开展项目，湄公河委员会曾被戏称为“资助机构的秘书处”。在项目的具体运作层面，通过招标将许多项目交给西方发达国家的组织和咨询机构执行，西方的理念和知识直接运用到项目中。湄公河委员会从 2016 年开始实施本地化战略，第一次聘任流域国家的人担任秘书处执行官一职，到 2030 年实现成员国承担其全部的运转经费。

其次，水资源治理更多地体现了国际的理念，而不一定是区域内的需求。从过去几十年的发展来看，国际机构在很大程度上主导着议题设置、知识生产、治理模式创设等方面，干扰了内部需求的关注与内生知识和机制的发展。在一些重要的资源利用冲突与解决中，非国家行为体发挥了重要的作用。如世界水坝委员会将泰国蒙河电站作为全球 12 个深度研究案例，使国内问题国际化；越南与柬埔寨亚力瀑布电站的矛盾，也由于乐施会和其他机构的介入，成为一个国际话题。

最后，弱化内生机制的权威性。湄公河流域国家都有发展经济与合理利用水资源的计划，这些计划常常受到非国家行为体特别是民间的组织的批评，因而带来了巨大的社会压力，有时甚至激化矛盾，加大了政府解决的难度，如前面列举的泰国的蒙河电站及其越南与柬埔寨的亚力瀑布电站。中老缅泰的航运合作一期工程也遭受很多批评，第二期合作才刚刚开始研究就遇到巨大的阻力，中国与湄公河委员会的关系也面临很大的舆论压力。但这种情况正在改变，内生机制越来越受到流域国家政府的重视。

从今后的发展趋势来看，未来非国家行为体特别是流域内的学术机构，将更多地围绕区域治理机制开展活动，在国家和区域层次发挥更为积极的作用。湄公河国家的政府认识到，尽管域外机构在解决国内事务中能够发挥重要贡献，但是本国研究机构能够更好地针对本国的水资源治理的需求开展研究，提出相应的解决办法，更符合本国的国情和长远发展。泰国和越南有较强的研究能力，老挝和柬埔寨相对弱一些。近年来，老挝政府已开始资助本国的学术机构开展研究，老挝国立大学每年举办一次政策对话会，政府的相关部门都积极参加对话会，听取本国学者对老挝社会经济发展方面的意见和建议。柬埔寨的学术机构也在不断强化独立性和开展独立研究，积极主动与周边国家开展合作研究。

东盟成立了专门的水资源工作组，开展水资源的相关合作，以最佳水资源治理为突破口，通过研究、交流和培训，提升成员国水资源管理的水平。湄公河委员会在其2016~2020年的战略计划中，提出加强与东盟水资源工作组的合作，分享水资源管理的经验，推动与东盟一体化的协调发展。

B.7

缅甸罗兴亚难民问题的由来与发展*

刘 稚 黄德凯**

摘 要： 近年来，缅甸罗兴亚人问题持续发酵，导致数十万罗兴亚人向周边国家和地区逃亡，引发难民危机，成为国际社会关注的热点和地区安全事务的重要议题。罗兴亚难民问题不仅给缅甸和周边国家带来了一系列负面影响，同时也影响到相关国家的关系和次区域合作环境。缅甸罗兴亚难民的产生和发展有着多方面的原因，其外溢的方式有其自身的特点，并将对地区安全和国际关系产生不可忽视的影响。

关键词： 缅甸 罗兴亚难民 难民危机

难民问题近年来成为国际社会关注的焦点，发生在2012年的“佛伊冲突”使罗兴亚难民问题成为影响东南亚、南亚地区安全的重要议题。根据联合国的定义，难民是指“那些有正当理由害怕受到迫害，诸如基于种族、宗教、民族或政治观点等原因，离开原籍国，因而不能或不愿受到其原籍国保护的人”。①“罗兴亚人”是缅甸若开邦阿拉干地区的一个信仰伊斯兰教的族群，由于历史和现实的原因，其与缅甸佛教徒之间关系长期紧张，多

---

* 本报告为2015年国家社科基金重大项目“‘一带一路’视野下的跨界民族及边疆治理国际经验比较研究”（批准号：15ZDB112）的阶段性成果。

** 刘稚，云南大学国际关系研究院研究员，博士生导师，中国东南亚研究会副会长；黄德凯，云南大学国际关系研究院博士研究生。

① 李少军：《论难民问题》，《世界经济与政治》1997年第6期。

次爆发大规模骚乱和武装冲突。近年来，缅甸罗兴亚人问题持续发酵，导致了数十万罗兴亚人向周边国家和地区逃亡，引发了难民危机。目前有关国家对罗兴亚人有不同的定位，在缅甸罗兴亚人是一个无国籍的群体，而在印度尼西亚、马来西亚、巴基斯坦和沙特等伊斯兰国家，则被视为信仰伊斯兰教的同胞。孟加拉国、泰国、印度等国家，以及联合国等国际组织，则把罗兴亚人称为“难民（Refugee）”。缅甸罗兴亚难民问题发展至今仍然未得到妥善解决，说明了其并非表面上所谓的“佛伊冲突”如此简单，而是有深厚的背景和原因的，并将对相关国家和地区安全形势产生不可忽视的影响。

一 缅甸罗兴亚难民问题产生的背景

（一）殖民统治的恶果

历史上，英国在缅甸的殖民统治直接或间接地推动了罗兴亚人的民族主义运动，而罗兴亚民族主义运动又助推了罗兴亚难民问题的产生和发展。首先，英国在缅甸实行“分而治之”的政策，即对不同民族、不同文化背景的族群实行不同的治理政策。针对缅族，英国殖民者“实行直接的统治”①，接管缅族军队、司法系统和行政管理系统。而针对少数民族，英国采取不同的政策，不仅给予少数民族较大的自主权，而且让少数民族的精英进入英国在缅的统治阶层，罗兴亚人就是其中之一。例如，在第一次英缅战争之后，位于孟加拉地区的东印度公司管理系统中就吸纳了一些罗兴亚人。英国殖民者在利用罗兴亚人参与政治的同时，也助长了他们获得更多权利的愿望。缅甸穆斯林联盟的发言人就曾表示，穆斯林要在政府部门中获得较为公平、公正的权力份额，在其他公共部门中应不少于10%，还要求在若开地区给予

① 李晨阳：《军人政权与缅甸现代化进程研究（1962～2006）》，香港社会科学出版社有限公司，2009，第87页。

穆斯林同等的农业和商业贷款。①

其次是英国殖民者留给罗兴亚人大量武器装备。罗兴亚人从英国殖民者获得军事武器主要有两条路径。一是英国在缅甸的殖民统治的主要手段之一便是制造族群混乱，而通过武器装备支持较弱的罗兴亚人与缅甸佛教徒之间的族群斗争是当时英国制造族群混乱的主要方式之一。二是1942年英国招募大量的罗兴亚人参加到抵抗日本的志愿军队伍中，罗兴亚人可直接从军中得到武器装备，而这些武器装备也成为后来罗兴亚人与缅甸政府对抗的主要武器来源。

最后，在殖民地时期，英国殖民者曾许诺罗兴亚人在若开北部地区实行自治，而且在日本侵略缅甸时期也出现过若开穆斯林与若开族分而治之的情况。在英国殖民者与日本对抗期间，若开地区实际上分为北部英国控制的罗兴亚人聚集区和南部日本控制的若开族地区，这就事实上把罗兴亚人从若开邦中分离出来，实行单独管理。② 这些殖民遗产后来成为缅甸佛教徒与罗兴亚人之间发生冲突、缅甸政府驱逐罗兴亚人的依据之一。

（二）缅甸政府的相关政策

1948年缅甸独立后，吴努政府上台实行“大缅族主义”政策：一方面对“少数民族上层人物的权力采取了限制、削弱和收回的方针”，③“不允许穆斯林担任公务员、警察、军人等职务，剥夺穆斯林的选举权和被选举权”；④ 另一方面从“政治、经济、军事、文化上统一全国”。⑤ 1982年吴奈温政府颁布新的《缅甸公民法》，该法律将居住在缅甸的人划分为“缅甸公民、客籍公民、准入籍公民”三类，⑥ 其结果是通过法律的形式把罗兴亚人

---

① Chan A.，“The Development of a Muslim Enclave in Arakan (Rakhine) State of Burma,” *SOAS Bulletin of Burma Research*, 2005. 3 (2): 402.

② Damien Kingsbury, “Territorial Separatism in Global Politics: Causes, Outcomes and Resolution,” Routledge, 2015, p. 158.

③ 李晨阳主编《GMS 2009》，云南大学出版社，2009，第38页。

④ 钟剑锋、罗吟吟：《简析缅甸若开邦内宗教冲突》，《人间》2015年第26期。

⑤ 李晨阳主编《GMS 2009》，第38页。

⑥ 《缅甸公民法（1982年人民议会第4号法令）》，缅华网，2012年8月19日，http://blog.csdn.net/jiftlixu/article/details/8865922。

排除在缅甸公民之外，进而确定罗兴亚人的非公民地位。1988 年以苏貌为首的军方接管政权，在吴奈温政府对罗兴亚人实施的政策基础上，进一步加强了对罗兴亚人的管控力度。2011 年，缅甸首个民选政府吴登盛政府上台，依旧延续了历届政府不承认罗兴亚人为缅甸公民的政策。此后罗兴亚人问题虽然提上了议事日程，但由于缅甸国内政局不稳以及罗兴亚人的民族主义倾向，缅甸新政府对罗兴亚人问题持极为谨慎的态度。2017 年 8 月 25 日，缅甸军警与罗兴亚人武装组织发生激烈冲突，导致在此后三个月中有超过 60 万罗兴亚人逃亡孟加拉国，并向周边国家和地区扩散，引发了新一轮的难民危机。

（三）罗兴亚民族主义运动的长期发展

1948 年缅甸独立后，若开地区的穆斯林要求在其聚居区实行民族自决，并于 1951 年发表“若开穆斯林宣言”，要求享受与若开人同等的待遇，在若开北部建立一个穆斯林自治州，他们将之称为阿拉干斯坦（Arakanistan）。[①] 从此之后，这些来自吉大港的孟加拉人自称罗兴亚人，逐渐建立了自己的政治团体，为争取自身独立自主的权利而进行斗争。[②] 这样的行径激化了缅甸政府与罗兴亚人之间矛盾，为缅甸政府打压罗兴亚人提供了口实，这也间接成为罗兴亚难民产生的原因。

缅甸政府对若开地区的穆斯林态度强硬的主要原因在于该群体长期坚持民族主义运动，并与宗教极端主义、恐怖主义相结合，造成若开地区动荡分裂直接影响到缅甸的国家安全。缅甸独立后若开地区的穆斯林就开展了民族主义运动，虽然受到缅甸政府的打压，但仍在发展壮大，成为影响缅甸西南地区安全的不稳定因素。2016 年 10 月，孟缅边界上的孟都镇的三个哨所遭到袭击，导致 9 名警员身亡。缅甸当局坚信攻击哨站的是罗兴亚武装分子，

① Utpala Raham、丁丽兴：《缅甸与孟加拉国关系中的罗兴亚难民问题——孟加拉国的视角》，《东南亚研究》2010 年第 4 期。

② Jacques P. Leider, “Rohingya The name. The Movement. The Quest for Identity,” *Network Myanmar*, June 25, 2014, pp. 18 – 24.

派出大批军队大举搜捕嫌犯，打死了超过130名的穆斯林，这也引起了当地穆斯林群体的恐慌。[①] 11月，若开邦附近的孟加拉国边境的多个城镇、村庄连续发生暴力恐怖袭击，缅甸政府认为此次事件是名为“阿卡穆尔圣战者”的组织制造的，该组织与在孟都镇活动的恐怖组织“罗兴亚团结组织”有关联，还得到了外国恐怖组织的资助并经过了系统策划。[②] 2017年8月，罗兴亚民族主义武装组织在若开地区发动袭击，并引发与军警间的大规模冲突，进而导致数十万罗兴亚人流离失所。因此，若开地区穆斯林长期坚持民族主义运动是罗兴亚难民问题扩大化的主要推手。

（四）国际社会对罗兴亚难民的关注使问题更加复杂化

近期罗兴亚难民问题已成为国际社会关注的一个焦点，然而这种关注并没有转化为对罗兴亚难民的人道主义援助，而是把罗兴亚难民问题提升到国际地缘政治层面。一方面，伊斯兰国家对罗兴亚难民问题持强硬态度。早在20世纪70年代末，来自沙特、巴基斯坦、伊朗和印尼的穆斯林组织公开支持罗兴亚难民的“穆斯林兄弟事业”[③]。2017年8月25日发生新一轮罗兴亚难民危机后，马来西亚、印尼、巴基斯坦、沙特、马尔代夫、孟加拉国等伊斯兰国家以及俄罗斯、英国、美国等非伊斯兰国家的穆斯林组织都给予积极声援。马来西亚在东盟峰会上提议讨论罗兴亚难民问题，马尔代夫还于9月3日宣布中断与缅甸的贸易往来。[④] 另一方面，西方国家以罗兴亚难民问题为由头干涉缅甸内政和实施经济制裁。2017年10月23日，美国特朗普政府宣布对罗兴亚难民问题表示“最为严重的关切”，并宣称要对缅甸实行新

① 《缅军武装镇压若开邦　罗兴亚族穆斯林逃往孟加拉》，《联合早报》2016年11月18日，http：//www.zaobao.com/news/sea/story20161118-691613。

② 《缅甸若开邦多地遭大规模恐怖袭击　至少34人死亡》，央视网，http：//news.cctv.com/2016/11/16/ARTIDm2oFVqUx55EfsZxBTJi161116.shtml。

③ 林锡星：《缅甸的穆斯林与缅孟关系》，《东南亚研究》2004年第2期。

④ “Maldives Ceases Trade with Myanmar Concerning Current Bengali Issues in Rakhine,” *The Nation*, December 23, 2017 http：//www.nationmultimedia.com/detail/breakingnews/30325876.

一轮的经济制裁。[①] 国际社会对罗兴亚难民问题的持续关注，增加了该问题的复杂性和敏感性，加大了罗兴亚难民问题的解决难度。

二　罗兴亚难民外溢的方式和特点

缅甸罗兴亚人自 20 世纪 50 年代开始逐渐沦为难民群体以来，就不断向周边国家和世界各地扩散。目前，罗兴亚人足迹已遍及亚洲、非洲、欧洲、北美洲、大洋洲的数十个国家和地区。其中亚洲的南亚、东南亚地区仍是罗兴亚人的主要分布地。从人口来看，对罗兴亚人的数量还没有一个统一的数字。根据相关机构的统计及媒体报道，目前罗兴亚人超过 210 万人，其中绝大部分分布在亚洲：孟加拉国有 120 万人，巴基斯坦有 30 万人，[②] 沙特阿拉伯有 12.5 万人，[③] 阿联酋、泰国、马来西亚、印度尼西亚等国约有 10 万人，中国和印度分别约有 4 万人，日本、老挝、新加坡、越南、菲律宾、柬埔寨等国也有少量的罗兴亚人。除此之外，在澳大利亚、美国、英国、德国、埃及等国也有少量罗兴亚人。在 2017 年 8 月 25 日后新增的 60 多万罗兴亚难民则主要分布在孟加拉国。

（一）外溢的方式

难民外溢的方式有多种，根据难民原属地的地理地貌特征、社会经济环境的不同，有一些差别，但不外乎这么几种：偷渡、人口贩卖、非法劳工、婚姻等。这些外溢方式也成为罗兴亚难民向其他国家或地区扩散的主

① “U. S. Threatens to Punish Myanmar Over Treatment of Rohingya,” *The New York Times*, October 23, 2017, https://www.nytimes.com/2017/10/23/world/asia/rohingya – bangladesh – myanmar.html, 23/12/2017.

② “Rohingya Refugees in Pakistan Fear for Relatives in Myanmar,” Reuters, December 23, 2017, https://www.reuters.com/article/us – myanmar – royingya – pakistan/rohingya – refugees – in – pakistan – fear – for – relatives – in – myanmar – idUSKCN1BL0B4, .

③ “14 Unbelievable Contributions of Saudi Arabia for Rohingya Muslims That Not Everyone Know,” December 24, 2017 Expat Vine, http://www.expatvine.com/contribution – saudi – arabia – for – rohingya – muslims/.

要途径。

1. 偷渡

偷渡是罗兴亚难民的主要外溢方式。这种跨国性的难民行动，必然涉及越境的问题。虽然国际难民法规定了“边界不予拒绝”的原则[①]，但仅针对难民所在国的地区与相邻国之间。除此之外，其他国家没有义务也没有责任为难民提供庇护。所以罗兴亚难民前往孟加拉国不得拒绝入境，前往第三国就成了“偷渡”。例如，马来西亚、印度尼西亚、中国、印度、泰国、新加坡、尼泊尔等国的罗兴亚难民几乎都是通过偷渡的方式入境的。另外，随着罗兴亚难民问题国际关注度的提升，一些伊斯兰国家也愿意接受罗兴亚难民入境，甚至帮助罗兴亚难民迁往本国。如沙特阿拉伯就是一个接受罗兴亚难民入境的第三国，并且给予罗兴亚难民各种帮助，目前沙特已成为孟加拉国以外拥有罗兴亚难民最多的国家。马来西亚在2017年表示愿意接收罗兴亚难民，而在此之前进入马来西亚的罗兴亚难民都是通过偷渡方式入境的。2012～2015年，估计有11.25万人冒着生命危险从孟加拉湾和安达曼海偷渡到马来西亚。[②] 其中在2013年2月的一次偷渡过程中，130名罗兴亚难民乘船欲偷渡到马来西亚，结果却是被困海上25天，97人被饿死，仅33人获救。[③]

2. 人口贩卖

人口贩卖是罗兴亚难民外溢的主要方式之一。罗兴亚难民由于居无定所，急于寻找出路，常成为人口贩卖集团的猎物。近年来，随着东南亚地区的快速发展，全球制造业出现向东南亚地区转移的趋势，廉价的劳动力成为吸引制造产业的主要因素。通过贩卖而来的罗兴亚人的成本则更低，人口贩卖收益巨大。一些人口贩卖集团以付船费为借口，先是帮助罗兴亚

① 夏婷：《试析国际难民保护中的“安全第三国”》，《阜阳师范学院学报》（社会科学版）2017年第1期。

② 《联合国难民署：缅甸罗兴亚难民面临“再度伤害”的风险》，联合国新闻，2018年2月1日，http://www.un.org/chinese/News/story.asp?newsID=28018。

③ 《130名缅甸穆斯林为躲暴力海上漂流25天 97人被饿死》，国际在线，2013年2月26日，http://gb.cri.cn/42071/2013/02/26/5411s4030825.htm。

人从孟加拉国、缅甸等国偷渡到泰国、马来西亚、印尼和印度等国，到达后一部分人便以做苦力换取船费[①]，另一部分则被卖到工厂、农场、家庭以及卖淫场所。由于罗兴亚难民的长期外溢，在东南亚地区形成了一个庞大的人口贩卖网络，专门从事对罗兴亚难民的贩卖活动，参与者中不乏社会知名人士和政府要员。2017 年 7 月在泰国曼谷一家法院的宣判中，就涉及上百名罗兴亚难民被贩卖、强奸、暴力拘禁等罪名，包括陆军中将玛那、两名政府官员和其他一些军官受到惩罚，其中陆军中将玛那被判处 27 年监禁。[②]

3. 其他方式

一些罗兴亚难民在外溢过程中，为达到目的，不惜假结婚、伪造证件、行贿。为避免被遣返，大多数罗兴亚妇女通过与当地穆斯林结婚留下来，例如逃往马来西亚的罗兴亚妇女大多是和家人或者当地人指定的人结婚。[③] 从伪造证件来看，前往第三国和发达国家的部分罗兴亚难民通过伪造身份证或护照进入第三国。例如，在印孟边境地区，由于边境管理的落后，罗兴亚难民持假护照进入印度东北部地区。行贿也是入境的一种手段。由于罗兴亚难民前往的泰国、印度、马来西亚、印度尼西亚等国腐败较为严重，罗兴亚难民常常通过行贿的方式入境。除此之外，一些罗兴亚难民还趁其他地方发生动乱之机进入第三国。例如，位于中缅边境地区的罗兴亚难民利用缅北冲突之际，以入境避难边民的身份进入中国境内。

（二）外溢的特点

罗兴亚难民作为冷战结束以来南亚、东南亚地区最为重要的难民群

① 郭秋梅、卢勇：《缅甸罗兴伽人问题产生原因初探》，《东南亚南亚研究》2014 年第 3 期。

② 《泰国最大人口贩卖案宣判　陆军中将获刑 27 年》，新华网，2017 年 7 月 21 日，http：//news. xinhuanet. com/world/2017 - 07/21/c_ 129660200. htm。

③ 《联合国难民署：缅甸罗兴亚难民面临“再度伤害”的风险》，联合国新闻，2018 年 2 月 1 日，http：//www. un. org/chinese/News/story. asp？ newsID = 28018。

体，其外溢与“阿拉伯之春”以来发生在中东地区的难民扩散有着不同的特点。

1. 外溢方式多元化

外溢方式多元化是罗兴亚难民向外扩散的主要特点之一。如上所述，罗兴亚难民的外溢方式包括偷渡、人口贩卖、婚姻、伪造证件、行贿以及借边境动乱趁机进入等多种方式，其中偷渡成为罗兴亚难民外溢的主要方式。相比于欧洲国家边境管理的完善，罗兴亚难民所前往的国家和地区，边境管理较为松散，偷渡成了罗兴亚难民对外扩散中，成本最低，也最为简便的方式。外溢方式的多元化，也给这些罗兴亚难民流入国家和地区的边境管控、人口排查、地区管理带来严峻挑战。

2. 外溢地多为发展中国家

一般来说，难民危机发生后，社会稳定和经济发展较好的相邻国家和地区成为难民外溢的首要目的地。因此，中东难民危机的主要目的地是欧洲，仅2015年前往欧洲寻求避难和移民的难民总数就达到100万之多。[①] 但由于地理条件所限，罗兴亚难民外溢的首要目的地孟加拉国是世界上最为贫困的国家之一；继而流入的其他国家也大多是发展中国家，如中国、印度、泰国、马来西亚、巴基斯坦、印度尼西亚、沙特阿拉伯和埃及等。虽然也有少许罗兴亚难民前往欧美、日本、新加坡、澳大利亚等发达国家，但这些国家并不是罗兴亚难民的主要目的地。

3. 身份不同

由于前往欧洲的中东难民大多拥有原属地国家的合法身份，因此欧洲国家对于来自中东的难民认定为“难民”身份，他们也享受到欧洲国家提供的相应的难民待遇。但罗兴亚人的身份认同则完全不一样。由于缅甸不承认罗兴亚人的公民身份[②]，他们也就不会有任何证明身份的相关证件。因此，不同国家或国际组织对罗兴亚人的认定有所不同。孟加拉国、联合国难民署

---

① 刘益梅：《欧洲难民危机的影响及其解决路径》，《山东社会科学》2016 年第 2 期。

② Zawacki, Benjamin, “Defining Myanmar's ‘Rohingya Problem’,” *Hum. Rts. Brief 20*, No. 3 (2013): 18 –25.

认为逃亡的罗兴亚人是“难民”；印度视来自缅甸若开地区的罗兴亚人为“非法移民”；[①] 中国则视之为“非法入境”人员。身份识别不同，其态度和采取的行为就完全不一样。孟加拉国不但让罗兴亚人在其境内长期停留，还多方呼吁并筹集资金，为罗兴亚人提供人道主义援助。印度则是加强边境管控，防止罗兴亚人作为非法移民进入印度。

三　缅甸罗兴亚难民问题的发展趋势

随着缅甸国际国内形势的变化发展，罗兴亚难民问题也将持续发酵。在新的历史条件下，罗兴亚难民问题呈现出新的发展趋势，值得相关国家高度重视。

（一）外溢趋势加大

外溢趋势加大是罗兴亚难民问题的首要特点，主要表现为罗兴亚难民的地区外溢和难民问题负面影响的不断外溢。[②] 从地区外溢来看，首当其冲的是作为罗兴亚难民的最大接收与安置国——孟加拉国。尽管孟加拉国具有数十年的难民安置经验，但在数十万罗兴亚难民的冲击下，仍显得捉襟见肘，得不到妥善安置的难民向孟加拉国以外的国家或地区外溢的规模有可能进一步扩大。近年来，越来越多的罗兴亚难民进一步向缅甸和孟加拉国周边地区扩散。从难民问题的负面影响来看，罗兴亚难民向“难民”之外的其他问题外溢，进而形成以难民为中心的综合性难题。难民问题又滋生出恐怖主义、极端主义、分离主义的问题，产生跨境犯罪、危害社会治安、引发文明冲突等社会问题，引发生态危机、粮食危机、环境危机等其他问题，这些问题都是罗兴亚难民问题伴生而来的。就目前来看，罗兴亚难民问题将加快外溢进程，给更多的国家和地区带去新的难民危机，产生严重的影响。

---

① “No Fresh Infiltration of Rohingyas into India: BSF,” The Economic Times, January 4, 2018 https://economictimes.indiatimes.com/news/defence/no-fresh-infiltration-of-rohingyas-into-india-bsf/articleshow/60770035.cms.

② 文佳：《罗兴亚难民问题研究》，硕士学位论文，外交学院，2016，第1页。

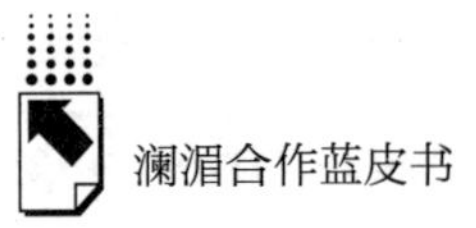

（二）分布地逐渐扩大

在罗兴亚难民外溢趋势加大的背景下，其分布地区也在不断扩大。分布地扩大主要表现在两个方面。一方面是罗兴亚难民在原接收国内分布地扩大。这主要是指接收罗兴亚难民较早的几个国家，主要有缅甸、孟加拉国、泰国、马来西亚、印度等国。在缅甸国内，罗兴亚人主要分布在西南部的若开地区，罗兴亚难民也主要分布在若开地区。随着罗兴亚难民问题的持续发酵，罗兴亚难民离开若开地区向缅甸其他邦、省扩散，在曼德勒周围地区就有因 2013 年 3 月佛教徒与穆斯林之间的冲突而产生的难民营，大部分是罗兴亚难民；与中国相邻的缅甸掸邦也是罗兴亚难民的主要扩散地之一，中国境内的绝大多数罗兴亚人来源于此。另一方面是罗兴亚难民向一些以前从未进入过的国家和地区扩散。罗兴亚难民的增多，孟加拉国对罗兴亚难民的接纳与安置能力有限，以及全球化趋势的加强，为罗兴亚难民向世界其他国家或地区扩散创造了条件。例如，由于一些中东国家向罗兴亚难民提供帮助，很多罗兴亚难民向中东地区的阿联酋、土耳其、埃及和卡塔尔等国扩散。① 现在澳大利亚、美国、日本、埃及、菲律宾等国家和西欧地区也有少量的罗兴亚难民，而且这些国家和地区的罗兴亚难民人数还在不断增多。

（三）与当地穆斯林群体的联系加强

伊斯兰教在亚洲、非洲、欧洲、美洲和大洋洲都有广大信众，而罗兴亚难民分布的地区也主要是穆斯林聚集区，例如在印度的 4 万多罗兴亚难民中，大部分分布在穆斯林聚集的克什米尔地区。② 由于伊斯兰教教义倡导相

---

① 林锡星：《缅甸的穆斯林与缅孟关系》，《东南亚研究》2004 年第 2 期。

② "Jammu and Kashmir Police 'Detains', 'Assaults' 10 Rohingya Men after Cow Carcass Found near Refugee Camp in September," Firstpost, January 2, 2018, http://www.firstpost.com/india/jk-police-accused-of-detaining-assaulting-10-rohingya-men-after-cow-carcass-found-near-refugee-camp-in-september-4241213.html.

互团结、扶危济贫、乐善好施[①]的精神，穆斯林帮助穆斯林成为常态。罗兴亚难民作为信仰伊斯兰教的群体，自然也会得到穆斯林群体的照顾。这也为罗兴亚难民与迁入地穆斯林群体加强联系成为必然。但这种趋势给解决缅甸若开问题以及难民问题增加了难度。在很多非伊斯兰国家和地区，当地穆斯林常常给罗兴亚难民提供违法犯罪的便利，充当他们的保护伞。例如，印度媒体在调查位于克什米尔地区的罗兴亚难民时发现：一方面，罗兴亚难民在克什米尔地区非法入境和滞留，打架斗殴，售卖走私物品和盗窃铁路公共财产；另一方面，当地的穆斯林官员为当地穆斯林为犯罪的罗兴亚难民提供庇护所辩称"没有涉及相关的事件"。[②]

（四）国际关注度日益提升

国际关注度上升是罗兴亚难民问题的又一重要趋势。近年来，难民危机引发的国际关注度一波接一波，罗兴亚难民潮在中东难民潮吸引国际社会目光之后，成为新焦点。2012 年若开地区爆发严重冲突事件，造成数十万人流离失所，西方国家的焦点开始向东转移和缅甸政府的强硬姿态，吸引国际社会目光开始向罗兴亚难民聚焦。2016 年底，11 位诺贝尔和平奖获得者在一封公开信中督促联合国采取行动"消除缅甸罗兴亚穆斯林的人道主义危机"[③]，进一步推升外界对罗兴亚难民问题的关注度。在 2017 年 8 月 25 日若开地区再一次爆发冲突后，国际社会对罗兴亚难民问题的关注度达到最高点。从联合国通过安理会就罗兴亚问题发出联合声明，到多个主要媒体在头版头条报道与罗兴亚难民相关的新闻，再到在脸谱、推特、微博等社交媒体上引发广泛讨论，随着罗兴亚难民问题的持续性，国际社会对罗兴亚难民问题也将长期保持高度的关注。

---

① 优素福、马利强：《浅谈伊斯兰教的施济》，《中国穆斯林》2005 年第 1 期。

② "India is Complicit in the Rohingya Suffering," Aljazeera, October 7, 2017, http://www.aljazeera.com/indepth/opinion/india-complicit-rohingya-suffering-171006070126544.html.

③ 《罗兴亚人问题：11 位诺奖得主指责缅甸"种族清洗"》，BBC 中文网，2016 年 12 月 31 日，http://www.bbc.com/zhongwen/simp/world-38476607。

（五）对地区安全产生一定影响

罗兴亚难民问题既带来传统安全方面的威胁，也带来非传统安全的挑战。尤其是对于孟加拉国而言，罗兴亚难民的到来涉及国家安全，因为罗兴亚难民中有部分属于“伊斯兰军事力量”。[①] 此外，罗兴亚难民的流入还迫使孟缅两国加大在边境地区的军事力量部署，一度引发边境的紧张危机。尽管来自外部力量的军事入侵和打击不是主权国家，而是罗兴亚难民的武装军事力量，但已经具备了影响传统安全的基本条件。

从非传统安全挑战来看，罗兴亚难民带来了一系列非传统安全问题。首先，滋生恐怖主义、极端主义和分离主义。罗兴亚部分难民利用恐怖主义的手段和极端主义的思想来达到分离主义的目的，给相关国家的安全带来严重挑战。印度媒体还报道过恐怖组织在缅甸国内外对罗兴亚人进行恐怖活动训练，试图将缅甸变成新的“恐怖活动中心”的消息。[②] 其次，跨境犯罪活动层出不穷。罗兴亚难民群体中，有一些人利用难民的身份以及跨国境的地理条件，从事人口贩卖、走私毒品与枪支、洗钱、伪造货币、伪造护照和签证、海盗等跨境犯罪活动。最后，罗兴亚难民还带来传染性疾病和生态破坏等其他非传统安全问题。如罗兴亚难民在孟加拉国安置地区，依靠砍伐当地的树木建造房屋，过度砍伐当地森林资源破坏了动植物的多样性，也打破了孟加拉国等难民接纳国的生态平衡。

（六）对相关国家关系产生不同程度的影响

国际关系方面的影响主要表现在三个层面。第一层面是影响到与罗兴亚难民相关的国家间的关系。主要是指罗兴亚难民输出国家与接收国家间的关

---

① Utpala Raham、丁丽兴：《缅甸与孟加拉国关系中的罗兴亚难民问题——孟加拉国的视角》，《东南亚研究》2010 年第 4 期。

② David I. Steinberg, “Early Surges of a Cultural Nationalistic Flood Tide in Myanmar?” BurmaNet News, June 21, 2016, http://www.burmanet.org/news/2016/06/21/the-irrawaddyearly-surges-of-a-cultural-nationalistic-flood-tide-in-myanmar-david-i-steinberg/.

系。目前受罗兴亚难民影响较为严重的几组双边关系是：缅甸与孟加拉国的关系、巴基斯坦与缅甸的关系、沙特与缅甸的关系、马来西亚与缅甸的关系、泰国与缅甸的关系、印度尼西亚与缅甸的关系。其中孟加拉国与缅甸的关系是最为重要的一组，罗兴亚难民问题已经成为影响双边关系的主要因素。第一，缅孟关系因罗兴亚难民问题一度紧张。缅孟两国发生边界危机的一个重要原因是缅甸若开地区穆斯林的民族主义运动的加剧，而直接原因是罗兴亚难民问题。[①] 自2017年8月25日发生罗兴亚难民危机以来，孟加拉国在多个场合指责缅甸对罗兴亚人实行“种族清洗”，呼吁国际社会向缅甸施加压力。缅甸也批评孟加拉国利用罗兴亚难民发难民财，缅政府有关官员宣称孟加拉国在接收4亿美元的难民安置款后，拖延难民的遣返，以便获取更多的援助。[②]

第二层面是影响到伊斯兰世界与缅甸的关系。自罗兴亚难民问题发生以来缅甸就受到世界各国穆斯林的批评，尤其是自2017年8月25日新一轮难民危机发生以来，伊斯兰世界发生多起抗议事件。除伊斯兰国家表达对缅甸的抗议之外，一些非伊斯兰国家的穆斯林群体也声援罗兴亚人，俄罗斯、比利时、日本、美国和菲律宾等国的穆斯林群体纷纷走上街头或前往缅甸驻该国大使馆附近举行抗议活动。

第三层面则是影响西方国家和缅甸的关系。罗兴亚难民危机发生后，美国、英国、世界人权组织、联合国等西方大国和国际组织纷纷指责缅甸侵犯罗兴亚难民的人权，与民主渐行渐远；美国国务卿蒂勒森就指责缅甸对罗兴亚人实行种族清洗“违反人类罪”。[③]

综上所述，缅甸罗兴亚难民问题是由多种原因造成的，并且在外溢方面呈现出一些新的特点和动向，将继续对地区安全以及国际关系等产生一定的

---

① 林锡星：《缅甸的穆斯林与缅孟关系》，《东南亚研究》2004年第2期。

② “Myanmar Blames Bangladesh for Delaying Rohingya Repatriation,” The Citizen, November 1, 2017, http://www.thecitizen.co.tz/News/Myanmar-blames-Bangladesh-for-delaying-Rohingya-repatriation/1840386-4164922-12yna41/index.html.

③ “Tillerson: Myanmar Clearly ‘Ethnic Cleansing’ the Rohingya,” CNN, November 22, 2017, http://edition.cnn.com/2017/11/22/politics/tillerson-myanmar-ethnic-cleansing/index.html.

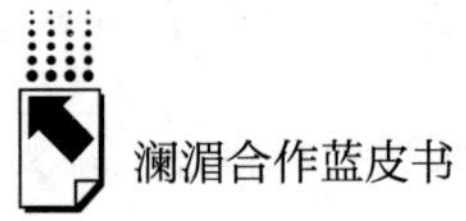

影响。2017 年 11 月 19 日，中国外交部部长王毅在访问缅甸时针对缅甸若开邦爆发罗兴亚人道危机，提出实现停火、鼓励缅孟双方沟通达成难民重返协议、探讨治本之策的三阶段解决设想，并表示中方愿根据当事国的需要，为此提供必要帮助。可以预见，罗兴亚难民问题的解决不仅有待于缅甸的民族和解，也有待于相关国家的沟通和国际社会的通力合作。

区 域 篇

Province and Country Reports

B.8

2017年云南经济社会发展及其对澜沧江－湄公河合作的参与*

陈松涛**

摘　要： 2017年，云南在对外开放、经济社会及民生工作等领域继续保持了发展势头，中国外交部向全球推介云南及一系列重大商洽会和经贸投资论坛的举办进一步提升了云南的国际化程度，云南与湄公河五国在经贸合作、产业与产能合作、跨境人民币结算、民生教育等领域取得了新进展。为进一步提升参与澜湄合作的质量，云南需加强产业结构调整和加工贸易的发展，与湄公河国家开展更加深入务实的合作。

* 本报告系2017年度教育部人文社会科学研究青年基金西部和边疆地区项目“东盟域内非法移民治理研究”（项目编号：17XJCGJW001）的阶段性成果。

** 陈松涛，云南大学周边外交研究中心、国际关系研究院讲师，博士研究生。

关键词： 云南　澜湄合作　经贸合作　“五网”建设

一　2017年云南社会经济发展成效

（一）对外开放

1. 双向开放格局

云南通过强化国内区域合作、参与周边跨境经济合作形成了内外联动、互为支撑的高水平双向开放新格局。2017 年 4 月，昆明高新保税物流中心（B 型）通过国家验收，12 月封关运作。5 月，昆明综合保税区（一期）通过国家验收并封关运行，昆明经济技术开发区于 9 月获批成为云南第一个国家级“双创”（大众创业万众创新）示范基地，通过发挥政策的叠加优势，从而辐射带动全省的对外开放。6 月，中国内陆首条双向对冲冷链班列（潍坊—昆明）开始运行；7 月，腾俊国际陆港保税物流中心（B 型）通过国家验收，有力促进了云南外向型经济和国际物流的互动发展。跨境经济合作区稳步推进，中越双方 2017 年 11 月签署了《关于加快推进中越跨境经济合作区建设框架协议谈判进程的谅解备忘录》，开启了两国跨境经济合作区建设的重要步骤。2017 年 11 月，习近平主席出访老挝，两国签署了中老经济走廊建设、基础设施建设、数字丝绸之路、科技、农业、电力、人力资源、金融、水利等领域的多项合作文件；中国首次提出建设“人字形”的“中缅经济走廊”倡议。

2017 年 2 月，中国外交部长王毅向全球推介云南——“开放的中国：魅力云南　世界共享”，包括多彩的自然人文景观及 6 个“云系列”特色商品（云果、云菜、云咖、云花、云药和云茶）。举办了多个重大经贸投资促进合作论坛与展洽博览活动，6 月 12 ~ 18 日，为期一周的“2017 南亚东南亚国家商品展暨投资贸易洽谈会”以“共创新机遇，共谋新发展”为主题，来自全球 86 个国家和地区的 4000 多家企业参会，此次会议突出“国际范、中国风、云南味”，共签订357个利用内资项目（签约金额4880亿元）、32个利用外资项目（签约金额107亿元）、4个对外投资项目（签约金额35亿元），入场观众50万人次，商品销售额达2亿元。[①] 6月12日召开的第12届中国－南亚商务论坛以“挑战性机遇－创造就业与创新型投资”为主题，活动包括尼泊尔旅游投资贸易推介会以及五个分论坛（国际化、大健康、青年、消费、农业）。6月13日，首届中国－东南亚商务论坛吸引了东南亚11个国家的600多人参会，主题为“建立更加紧密经贸合作关系”，与会代表围绕两大议题（贸易投资便利化与互联互通、产业园区建设与金融合作）进行了研讨，发表了《中国－东南亚商务论坛共同宣言》。11月举办的2017年中国国际旅游交易会以“云南只有一个景区，这个景区叫云南”为主题，吸引了来自71个国家和地区的527家海外旅行商参会，国际化程度进一步提升。

2. 对外经贸合作

2017年，云南外贸进出口额达1578.7亿元，同比增长19.9%，其中出口772.1亿元（增长1.5%），进口806.6亿元（增长45%）。东盟成为云南最大的外贸市场，双边贸易额达884.7亿元（增长13%），占全省外贸额的56%；与拉丁美洲的贸易发展势头强劲，2017年贸易额增长55.9%。在具体伙伴国方面，云南与澳大利亚、印度的贸易额分别增长53.7%和20.5%。[②] 农产品出口占云南出口总额的80%以上，[③] 主要包括蔬菜、水果、烟草、咖啡和茶叶等，主要销往亚洲和欧洲。

2017年，云南省境外直接投资在政策引导下更加规范和理性，资金净流出5.84亿美元，主要集中在“一带一路”沿线国家或地区，共设立了26个驻外商务代表处，覆盖了东南亚、南亚并延伸至西亚、北非、欧美等

① 《2017南亚东南亚国家商洽会签约近5000亿元》，中国经济网，2017年6月19日，http://intel.ce.cn/Specials/zxgjzh/201706/19/t20170619_23696544.shtml。

② 刘子语：《2017年云南省外贸进出口额达1578.7亿元　同比增长19.9%》，云南网，2018年1月19日，http://finance.yunnan.cn/html/2018-01/19/content_5049532.htm。

③ 《2017年云南省境外投资农业企业130户，对外农业投资主要集中在老挝、缅甸、越南等》，中华人民共和国商务部，2018年1月19日，http://www.mofcom.gov.cn/article/resume/n/201801/20180102701259.shtml。

地，老挝、缅甸、柬埔寨和中国香港所占投资的比例高达91.5%，[①] 投资领域以能源和基础设施建设为主。全年新批48家境外投资企业，至2017年12月，云南境外投资企业（机构）达728家，对外实际投资累计92.21亿美元。[②]

（二）经济建设

1. GDP增速高于全国平均水平、三大产业稳步增长

2017年，云南省地区生产总值达16531.34亿元，同比增长9.5%，增速高出全国水平2.6%，其中，第一产业增加值2310.73亿元（增长6%，居全国前3位），第二产业增加值6387.53亿元（增长10.7%），第三产业增加值7833.08亿元（增长9.5%）。全省规模以上工业（统计口径为全部年主营业务收入2000万元及以上）增加值3900亿元左右（增长10.6%），增速高出全国水平4.4%；服务业增加值7833.08亿元（增长9.5%），占GDP的47.4%，对全省经济增长的贡献率达45.3%。[③]

2. 农业与旅游业高速增长

2017年，云南将农业供给侧结构性改革作为工作主线，着力从粮食产能、农业生产方式和农业增效三方面推进，培育优势品牌农业，扩大“云系”农产品影响力，大力扶持茶叶、蔬菜、花卉等10个重点产业和80个特色重点县。全省农产品加工业总产值达2754亿元（同比增长13.3%）、休闲农业产值达123亿元（同比增长14.7%），“云系”品牌实现新突破，普洱茶以60亿元的品牌身价跃居全国第一，水稻产业技术体系获得世界最高海拔524.66公斤/亩的世界纪录。省内重大农业项目投资取得新突破，思茅国家级现代农业产业园和19个省级现代农业产业园（投资39.8亿元）、云

---

① 陈永强：《2017年云南对外直接投资净流出5.84亿美元 明显流向“一带一路”国家》，中国金融信息网，2018年1月30日，http：//news.xinhua08.com/a/20180130/1747097.shtml。

② 《2017年云南对外投资合作业务简况》，云南省对外投资合作网，2018年1月25日，http：//www.ynoiec.gov.cn/htmlswt/nobody/2018/0125/news_5_329473.html。

③ 《云南省2017年经济运行情况》，中国统计信息网，2018年2月28日，http：//www.tjcn.org/jjfx/35327.html。

南迄今为止最大单体农业项目——红河州现代花卉产业园区开工建设（投资超50亿元）。农业招商引资突破800亿元，同比增长52.76%，境外投资农业的企业130户（总投资额达7.96亿美元），位居全国首位。农村居民人均可支配收入增长9.3%，高出城镇居民收入1%、高出全国平均水平0.7%，实现农业经济与农民收入双增长。①

为了向“旅游强省”迈出更坚实的步伐，2017年云南力推旅游业向国际化、高端化、特色化的转型升级，加快“旅游文化+创意产业”融合发展，整治旅游市场乱象、落实重点旅游文化建设项目。2017年6月，省政府与华侨城集团签订投资超过千亿元的文化旅游大单，旨在促进旅游及相关基础设施建设和产业发展；10月，华强方特集团落户云南。云南省全年累计接待海外游客（过夜）667.69万人次（增长11.2%）、国内游客5.67亿人次（增长33.3%），实现旅游业总收入6922.23亿元（增长46.5%），其中外汇收入35.5亿美元（增长15.5%）、国内收入6682.58亿元（增长47.3%）。②

3. “五网”建设继续推进

2017年，云南确定了20项重点督察的重大建设项目，其中包括路网、航空网和水网建设工程等。

路网建设：启动实施125个县（市、区）高速公路“能通全通”工程，新增高速公路通车里程888公里，高速公路总里程突破5000公里；铁路运营里程达3682公里，其中高铁总里程706公里。③

航空网建设：2017年投资38亿元用于多个通用机场建设。5月，澜沧景迈机场通航，助力普洱市澜沧、孟连和西盟“边三县”的旅游资源开发，云南运营机场增加至15个。全年新开15条国际航线，实现了东南

① 王淑娟：《2017年云南农业经济农民收入双增长》，新华网，2018年2月10日，http://www.yn.xinhuanet.com/newscenter/2018－02/10/c_136964181.htm。

② 《2017年全省旅游接待情况》，瑞丽市人民政府门户网站，2018年3月21日，http://www.rl.gov.cn/web/－Fo－0－28D06 YPV953B52F5CTJLABHRDF.htm。

③ 黎鸿凯：《【2018云南两会】2017年云南“五网”建设取得重大进展 新增高速公路通车里程888公里》，云南网，http://yn.yunnan.cn/html/2018－01/26/content_5061452.htm。

亚国家首都航线的全覆盖，长水国际机场通航城市达177个，全年旅客吞吐量达4473万人次（增长6.5%）、货邮吞吐量418681吨（增长9.4%）。[①]

水网建设：2017年前10个月，云南水网投资完成570.11亿元（增长34.46%），[②] 创本省水利建设史上投资新高、重点项目最多年份。国家重大规划工程——滇中引水工程2017年8月正式开工（总投资780.48亿元，预计2025年完成），全长661.06公里，路线为丽江市—大理州—楚雄州—昆明市—玉溪市—红河州新坡背。列入全国172件重大水利工程的昆明市柴石滩水库灌区工程2017年7月动工（“十三五”期间昆明投资最大的农田水利项目），文山州德厚水库工程（2015年9月开工）、曲靖市阿岗水库工程（2016年10月动工）等工程顺利推进。

能源保障网建设：2017年8月，白鹤滩水电站开工建设，装机总量达1600万千瓦，是仅次于三峡的世界、中国第二大水电站，兼具发电和防洪功能，是“西电东送”的骨干电站之一。12月，滇西北特高压直流工程（±800千伏）一期建成投产，输送容量500万千瓦。该工程是落实国家大气污染防治行动计划的12条重点输电通道之一，西起云南大理剑川县，东至广东深圳市宝安区，全长1953公里。[③] 至2017年底，云南电力装机达8550万千瓦，位居全国第六，其中水电6076万千瓦、风电819万千瓦、光伏233万千瓦，绿色能占总量的83%。[④] 通过中缅油气管道进口原油386.8万吨、天然气251.7万吨，中缅天然气干支管道沿线8个州市全部实现通气用气，中缅原油管道、中石油云南炼油配套项目的主干管道建成

---

① 《长水机场2017年完成旅客吞吐量4473万人次》，新华网，2018年1月9日，http://www.yn.xinhuanet.com/qiyezixun/2018-01/09/c_136882440.htm。

② 陈静、王旌亚：《云南省2017年水网建设投资超570亿元 创历史新高》，新浪财经网，2017年11月26日，http://finance.sina.com.cn/roll/2017-11-26/doc-ifypapmz5144059.shtml。

③ 李雄鹰：《滇西北特高压直流输电工程正式运行》，新华网，2017年12月27日，http://www.xinhuanet.com/2017-12/27/c_1122174861.htm。

④ 《2017年云南西电东送3190万千瓦，送出范围已达广东、广西、上海，并建成了对越南、老挝、缅甸11条电力贸易通道》，中国商务部驻昆明特派员办事处，2018年2月1日，http://kmtb.mofcom.gov.cn/article/zhuantdy/201802/20180202707099.shtml。

投产。①

互联网建设：全年新增2.6万个4G基站，城区光纤宽带覆盖率达100%，行政村通光缆比例达98%以上。②

4. 招商引资持续增长

2017年，全省招商引资工作聚焦重点产业培育和转型升级，共引进省外到位资金8486.6亿元（同比增长14.4%），实际利用外资9.63亿美元（同比增长11.1%），新引进10家世界500强企业。省外到位资金在三大产业中的结构不断优化，分别占第一、第二、第三产业的13%、35%、52%。2017年省级重点督查项目达216个，已履行合同106个（到位资金273.06亿），其中68个项目开工，7个竣工投产或运营。③

（三）民生工作

1. 民生领域支出继续加大

2017年，全省财政民生支出达4126亿元，较上年增长11.3%，占地方一般公共预算支出的72.2%，其中扶贫专项资金117.8亿元、教育1001.6亿元（同比增长15%）、医疗卫生与计划生育548.2亿元（增长17.4%）、公共安全343.8亿元（增长17.1%）、节能环保182.8亿元（增长21.8%）、科学技术54亿元（增长15.2%）、保障房49亿元。④

2. 脱贫攻坚成效与挑战并存

2017年，云南确定了29个贫困县共100万贫困人口的脱贫目标，全年

① 《2017年，云南省中缅油气管道进口原油386.8万吨，进口天然气251.7万吨。原油和天然气进口额占全省进口总额的23.4%，其中原油成为进口最大的增长点，占全省进口总额的13.6%》，中华人民共和国商务部，2018年2月27日，http://www.mofcom.gov.cn/article/resume/dybg/201802/20180202715567.shtml。

② 黎鸿凯：《【2018云南两会】2017年云南"五网"建设取得重大进展　新增高速公路通车里程888公里》，云南网，2018年1月26日，http://yn.yunnan.cn/html/2018-01/26/content_5061452.htm。

③ 张子卓：《2017年我省招商引资工作取得新突破》，云南网，2018年1月26日，http://finance.yunnan.cn/html/2018-01/26/content_5060496.htm。

④ 王云、宋金艳、孙琴霞、张勇：《【2018云南两会】2017年云南省财政民生支出达4126亿元》，云南网，2018年1月26日，http://yn.yunnan.cn/html/2018-01/26/content_5059761.htm。

实现115万人口脱贫，实施易地扶贫搬迁20万人、转移就业68.7万人次，贫困人口全部参加基本医保和大病保险。截至2017年底，云南还有农村贫困人口331.9万，深度贫困县27个（贫困人口占全省总数的63.7%）、深度贫困村3539个；少数民族贫困人口占全省贫困人口的46.4%。①

3. 环保工作全国领先

《云南省2017年“四个一百”重点建设项目计划》涉及生态环保的项目包括水污染治理、垃圾焚烧发电、生态环境治理等，《2017年云南省环境状况公报》显示全省环境空气质量平均优良天数比例居全国第一，达98.2%，生态保护指数排全国第二；主要河流国控、省控监测断面水质优良率82.6%，主要出境、跨界河流断面水质达标率100%，② 21个县被纳入国家重点生态功能区。2017年，“森林云南”建设完成营造林621万亩，改造低效林251万亩，退耕还林和陡坡地生态治理180万亩，全民义务植树1.08亿株，全省森林覆盖率增加0.4%、森林蓄积量增加3500万立方米。③

二　2017年云南对澜沧江－湄公河合作的参与

（一）主要进展

1. 合作机制

（1）GMS合作机制

2017年6月10～14日，第九届GMS经济走廊活动周暨GMS经济走廊省长论坛以“共同发展、共同繁荣、共同圆梦”为主题，云南省针对“一带一路”建设背景下合作机制存在的不足提出合作共赢、互联互通、产业

① 徐腾中、李熙临：《鼓掌！2017年云南脱贫攻坚工作打了“翻身战”》，云南网，2018年4月16日，http://special.yunnan.cn/feature15/html/2018－04/16/content_5166222.htm。

② 《2017年云南空气质量优良率为98.2%　居全国第一》，云南网，2018年2月22日，http://yn.yunnan.cn/html/2018－02/22/content_5092664.htm。

③ 《“森林云南”绿意盎然》，人民网，2018年5月17日，http://yn.people.com.cn/n2/2018/0517/c372451－31590178.html。

与能源合作、广泛交流等五个方面的建议。

2017 年 6 月 11 日，GMS 物流行业合作委员会第五次会议探讨了“一带一路”背景下如何借助“互联网＋物流”推动澜湄地区的发展，会上签署了《共同推进“互联网＋物流”信息平台建设》的合作框架协议，将运用多语种服务的“宏星好运”跨境物流大数据平台，带动澜湄六国物流企业的合作共赢。[①] 6 月 14 日，GMS 跨境电子商务合作平台对话会暨企业联盟年会讨论 GMS 跨境电子商务发展模式、年度工作计划、企业联盟章程修改、增进投资考察等具体问题。

2017 年 9 月，GMS 经济合作第 22 次部长级会议以“加强务实合作，推动 GMS 合作取得更大成果”为主题，会议通报了各领域的合作进展，审议了《河内行动计划》框架及区域投资框架。

（2）澜湄合作机制

水资源合作是澜湄合作的五大优先领域之一。2017 年 2 月，澜沧江－湄公河水资源合作联合工作组召开第一次会议，通过了联合工作组概念文件，澜湄水资源合作机制正式成立。为了支撑工作组开展工作，中国水利部于 2017 年 6 月成立了澜湄水资源合作中心。

2017 年 6 月 1 日，澜湄合作现代物流产业发展论坛以“智慧、互联、共享”为主题，旨在促进澜湄合作框架下现代物流产业合作与发展，论坛期间签署了《共同推进“互联网＋物流”信息平台建设》合作框架协议并推介了云南第一个上线运营的跨境物流大数据平台企业——宏星物流公司，App 客户端拥有湄公河五国语言及英语版本，云南与泰、老、缅三国近 10 家物流企业及物流行业协会签署“互联网＋物流”的合作协议。6 月 15 日，澜沧江－湄公河国家互联互通联合工作组会议讨论并同意了联合工作组概念文件和下一步工作安排。

2017 年 7 月 26 日，澜湄合作跨境经济合作联合工作组召开第一次会议，澜湄六国代表签署了《会议纪要》，柬、中、老、泰四国签署了《工作

① 《GMS 物流行业合作委员会召开第五次会议》，电子商务研究中心，2017 年 6 月 28 日，http：//www.100ec.cn/detail－6402954.html。

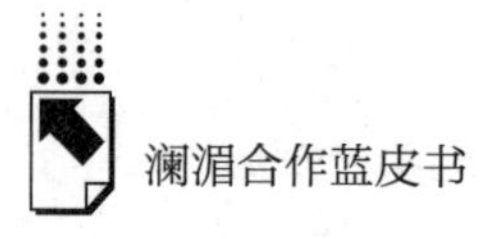

组职责范围》；澜湄合作减贫合作联合工作组第二次会议讨论了工作组《一般性原则》和五年行动计划等事项。

2017 年 9 月 11 日，澜沧江 - 湄公河合作农业联合工作组召开第一次会议，标志着澜湄合作首次领导人会议确定的五个优先领域联合工作组全部投入实质运作，审议了澜湄合作农业联合工作组概念文件，介绍了澜湄合作专项基金申报与管理规定，以及澜湄农业合作计划（2017 ~ 2018 年），成员国制定了合作计划的四个早期收获项目，即鱼类和水产养殖、水稻病害的预警和控制、提高生产质量以及作物研发。9 月 13 日，澜沧江 - 湄公河国家产能合作联合工作组第二次会议重点讨论了工作组《概念文件》和下一步工作；9 月 19 日，全球湄公河研究中心（中国中心）及全球湄公河研究中心分别在北京和金边成立；9 月 24 日召开的澜沧江 - 湄公河文化论坛通过了《澜湄文化合作宁波宣言》；9 月 29 日，澜沧江 - 湄公河合作第六次外交联合工作组会讨论了澜湄合作未来方向、第三次外长会筹备工作等事项。

2017 年 10 月，澜沧江 - 湄公河合作第五次高官会讨论了澜湄合作进展、未来发展规划和下一阶段系列重要会议筹备工作等。

2017 年 11 月 24 日，澜湄合作滇池论坛（原澜湄合作主题论坛）召开，澜湄六国 700 多名代表参会，此次论坛设一个主题论坛和两个专题论坛。主题论坛为“共商新举措、共建新机制、共赢新发展”，包括了澜湄合作机制中的命运共同体、跨境合作、产能合作等五大要点；两个专题论坛分别是“跨境贸易便利化”和“跨境投资便利化”，以商务为主线，重点讨论了澜湄六国跨境贸易与便利化、沿边开放跨境经济带、全面互联互通、澜湄国家命运共同体建设等要点。11 月 28 日，澜沧江 - 湄公河环境合作中心成立，致力于澜沧江 - 湄公河生态环境的保护合作，促进澜湄六国的可持续发展。

2017 年 12 月 15 日，澜沧江 - 湄公河合作第三次外长会议发布了《澜湄合作第三次外长会联合新闻公报》《澜湄合作专项基金首批支持项目清单》《首次领导人会议和第二次外长会成果落实清单》，并宣布组建“澜湄合作热线信息平台”，参会代表同意采取“3 + 5 + X”的合作框架推进更多务实的项目合作。12 月 28 日，澜沧江 - 湄公河流域第一个综合性执法安全合作政府间国际组织——“澜沧江－湄公河综合执法安全合作中心”（简称“澜湄执法中心”）成立，在流域执法安全合作领域开启了里程碑式的合作。

（3）双边合作机制

2017年1月，云南省与越南北方四省（河江、老街、莱州、奠边）第六次联合工作组会议签署了为期5年的边境林业及野生动植物保护合作协议，双方将在联合工作组会议框架下建立林业合作机制，开展野生动植物联合保护行动、野生动物疫源疫病监测、森林防火合作、重大林业有害生物防控合作、打击跨境非法买卖等。①

2017年7月，中国云南—泰国（北部）合作工作组第六次会议讨论了交通、安全合作、贸易与投资便利化等14个领域的相关议题。

2017年9月，中国云南—老挝北部合作工作组第八次会议以“携手并进，面向未来”为主题，围绕中国“一带一路”倡议和老挝“陆联国”的战略对接，重点讨论了中老泰经济走廊和滇老泰区域经济跨境合作。

2017年11月，中国云南与越南河内—海防—老街—广宁五省市经济走廊合作第八次会议以“加强合作、共同发展”为主题，签署了金融、旅游、物流等领域的6项合作协议，讨论了基础设施互联互通、跨境经济合作区建设、经贸投资等方面的合作事宜。

2. 双边贸易与投资合作

2017年，云南边境贸易成效显著，占全省外贸的27.3%，其中，边境小额贸易231.6亿元（增长18.5%）、边民互市199.5亿元（增长24.5%）。② 云南与湄公河五国的贸易额达811.7亿元（增长13.4%），占全省外贸总额的51.4%，③ 缅甸、越南、老挝、泰国已成为云南十大贸易伙伴，2017年滇缅贸易额首次突破63.1亿美元（增长4.1%），滇越和滇柬的

① 胡晓蓉：《云南与越北四省签署林业及野生动物保护合作协议》，新华网云南频道，2017年1月14日，http：//www.yn.xinhuanet.com/2016ynnews/20170114/3621740_c.html。

② 刘子语：《2017年云南省外贸进出口额达1578.7亿元同比增长19.9%》，云南网，2018年1月19日，http：//finance.yunnan.cn/html/2018－01/19/content_5049532.htm。

③ 刘子语：《云南与澜湄5国2017年贸易额逾811亿元》，云南网，2018年1月21日，http：//yn.yunnan.cn/html/2018－01/21/content_5051412.htm。

双边贸易增幅最大（见表 1）。滇缅农产品贸易额达 3.2 亿美元，其中缅甸向云南的出口额 1.4 亿美元，同比增长 28.8%。①

2017 年 2 月，云南与泰国正大集团签署战略合作框架协议，涵盖了辐射中心建设、高原特色农业和现代农牧食品、生物医药和大健康、商贸零售、文化传媒和教育等领域。2017 年 6 月，中国（云南）—越南贸易商洽会在云南文山市举办，云南 3 家企业与越南贸易伙伴签署了木薯加工、香蕉甘蔗种植及加工协议。

2017 年 7 月，云南交投集团与老挝签署老挝磨丁口岸至老挝会晒口岸高速公路《谅解备忘录》，途经老挝北部的琅南塔省和博胶省，项目建成后，从会晒到磨丁和万象分别只需 1.5 个小时、6 个小时。9 月，云南与老挝签署《老挝金三角经济特区与昆明滇池水务股份有限公司全面合作框架协议》，滇池水务公司计划 5 年内投资 3 亿 ~5 亿元人民币用于老挝金三角经济特区供排水项目、水资源综合开发利用，有助于推动双方在水务产业链及相关环保产业的合作，实现经济发展与环境保护的双赢。11 月，中老双方签署《首都万象至磨丁口岸高速公路第 I 段——首都万象至万荣段高速公路项目合资协议》，万象—万荣高速公路项目落地，长 113.5 公里（工期预计 3 年），由云南省建设投资控股集团有限公司投资建设。

表 1　2017 年云南与湄公河五国的贸易简况

单位：万美元

国家	进出口	出口	进口	差额	较 2016 年(%)		
					进出口	出口	进口
缅甸	631070	270100	360970	-90870	4.1	8.6	0.0
柬埔寨	6123	6123	—	6123	22.6	22.6	—
老挝	101023	24367	76656	-52289	15.9	15.8	15.9
泰国	98258	81008	17250	63758	-14.1	-17.9	27.4
越南	364722	195689	169033	26656	36	40.9	30.8

数据来源：云南省商务厅。

① 周毅：《“中缅经济走廊”活力初现》，云南经济日报网，2018 年 4 月 9 日，http://jjrbpaper.yunnan.cn/html/2018-04/09/content_1212483.htm?div=0。

3. 基础设施联通

2017 年 5 月，云南铁路开通连接东南亚与国内冷链的运输列车（昆明—玉溪—河口）。

2017 年 6 月，越南—中国西南首趟国际货运班列（云南昆明市—越南海防港）正式开通，全程 854 公里。

2017 年 9，位于云南西双版纳州境内的小磨高速（小勐养—磨憨）公路正式通车，昆曼公路中国境内段已实现全程高速化，进一步缩短了云南至老挝、泰国的时间。

2017 年 10 月，中、老、缅、泰澜沧江－湄公河商船通航协调联合委员会首次开展对澜沧江－湄公河国际航运联合检查，主要针对《中老缅泰澜沧江－湄公河商船通航协定》的执行落实、四国开放水域内港口码头的口岸管理、开放水域内航道基础设施建设及运行、国际航运通航环境、各国对突发事件的应急处置机制等情况。为进一步修订和完善《澜沧江－湄公河商船通航协定》，联合检查工作组开展问卷调查，分析研究国际航运发展的影响及制约因素。

2017 年 12，越南铁路总公司开通越南海防至云南开远的双向货运专列，总长 610 公里，运行 29 小时（不含通关时间）。

4. 电力能源合作

2017 年，云南累计对越南、老挝、缅甸送电 14.37 亿千瓦时。[①] 2017 年 2 月，云南省能源投资集团有限公司与老挝国家电力公司签署色拉龙一级水电站项目购电协议，该项目位于老挝南部沙湾拿吉省孟平县，是云南省属企业在老挝最大的水电站项目，总投资 1.63 亿美元（工期预计 41 个月），装机总量 70 兆瓦，是老挝政府改善南部地区电力供求现状的重点布局项目，还具有防洪、灌溉、创造就业等综合效益。[②] 为促进云南与缅甸在电力领域

① 朱红霞：《2017 年云南电网累计对越老缅三国送电 14.37 亿千瓦时》，人民网云南频道，2018 年 5 月 15 日，http：//yn.people.com.cn/n2/2018/0515/c378439－31577875.html。

② 《云南省属企业在老挝境内最大水电站项目落地》，中国商务部网站，2017 年 2 月 25 日，http：//www.mofcom.gov.cn/article/resume/dybg/201702/20170202514849.shtml。

的交流合作，“2017缅甸电力可持续发展战略研修班”于2017年12月在昆明举办，15名缅甸学员参加了研修班。

5. 产业与产能合作

基于地缘相近的独特优势，跨境旅游合作已成为云南与澜湄国家巩固和拓宽国际旅游合作的新载体。2017年，云南初步拟定了中越、中老、中缅三个方向跨境旅游合作区建设方案：中越方面将建设昆明－河口国际旅游走廊和滇南－越北国际无障碍旅游区，中老方面将建成滇西南－老挝北部国际无障碍旅游区，中缅方面将建成滇西－缅北旅游圈。3月，首届中缅旅游合作论坛召开，是澜湄国家近年来举办的首个专题性论坛，主题为“旅游合作—中缅全面战略合作伙伴关系的新动力”，双方讨论了“跨境旅游合作”“澜沧江－湄公河旅游城市合作联盟”等议题，发表了《内比都旅游倡议》。10月召开的中国云南－老挝北部合作工作组第八次会议签署了《旅游文化合作小组会谈纪要》，讨论了共同推进中老跨境旅游合作区建设并达成12方面的“合作共识”，将在“澜沧江－湄公河旅游城市合作联盟”框架下开展云南和老挝城市间旅游合作。2017年11月23日至12月2日举办的中缅旅游文化路演活动，行程2000公里，一方面深入了解缅甸旅游资源和旅游文化，另一方面积极推动了云南旅游产品、旅游企业“走进”缅甸。

2017年11月，中老签署《关于共同建设中老现代化农业产业合作示范园区的谅解备忘录》，并启动了云南农垦集团参与的首个中老农业合作项目——老挝橡胶研究院。云南企业积极开拓缅甸农业市场，截至2017年底，云南已在缅甸境内设立了51家境外农业企业。①

2017年7月，澜沧江－湄公河国家经济技术展览会在柬埔寨首都金边举行，吸引了130多家企业参会。12月，澜湄合作专项基金柬埔寨首批项目签约，获批的16个项目涉及农业、旅游、教育等领域，总额约732万美元。②

---

① 周毅：《“中缅经济走廊”活力初现》，云南经济日报网，2018年4月9日，http://jjrbpaper.yunnan.cn/html/2018－04/09/content_1212483.htm?div=0。

② 毛鹏飞：《澜湄合作专项基金柬埔寨首批项目签约》，新华网，2017年12月21日，http://www.xinhuanet.com/2017－12/21/c_1122148989.htm。

6. 跨境人民币结算业务

云南自开展跨境贸易人民币结算业务以来，从2010年6月至2017年底，结算累计金额达4023.54亿元，省辖银行与境外84个国家（地区）建立了跨境结算渠道，业务已覆盖全省16个州市、21个对外口岸，广泛涉及边境贸易、全部经常项目和资本项目投融资领域。[①] 2017年，人民币继续成为云南仅次于美元的第二大涉外交易货币、第一大对东盟跨境结算货币，全年跨境人民币结算515.97亿元，占同期本外币跨境结算的31.26%，是2010年试点初期的5.7倍，高于全国平均水平10%。缅甸首次超越中国香港成为云南第一大跨境人民币结算市场，占全年跨境结算业务的37.41%。[②]

7. 民生、教育、卫生合作

2017年1月，"中国云南省－老挝南塔省环境保护交流合作技术援助项目"正式启动。2017年5月，云南向缅甸木姐105码贸易区提供1000万元人民币的资金用于货场硬化工程。2017年9月，云南缅甸"光明行"活动为200名患者实施了手术。为改善缅甸木姐当地学校的饮水条件，云南省国际民间组织合作促进会选择木姐二中作为安全饮水示范基地，2017年10月该基地正式投入使用。2017年6月，为期11天的"2017缅甸记者研修班"在昆明举办，来自缅甸19家媒体的20位成员参加，是中缅媒体对话交流、务实合作的一个重要平台。9月，"2017年缅甸贸易与投资促进考察交流研修班"在昆明举办；10月，为期6天的"2017年缅甸职业技术学校校长研修班"在昆明举办；11月，"滇缅动植物检疫技术交流研讨班"在昆明开班，来自缅甸农业灌溉部农业司和畜牧兽医司的12名专家参加。截至2017年底，云南在各边境州市先后成立了7个国际职业教育培训基地，为9000余名缅籍工人进行职业技

① 陈永强：《云南跨境人民币结算累计金额突破4000亿元》，中国金融信息网，2018年1月24日，http：//rmb. xinhua08. com/a/20180124/1746442. shtml。

② 杨抒燕：《云南省沿边金融改革亮点频现》，新华网，2018年2月9日，http：//www. yn. xinhuanet. com/newscenter/2018－02/09/c_ 136961068. htm。

能、疾病预防等方面的培训。

2017 年 1 月，澜湄国际职业教育联盟在云南成立，共有 26 家联盟理事单位，5 月召开的第一次理事单位会议达成了合作共识，通过积极整合省内外、国内外（湄公河五国）职业院校的资源，将教育联盟打造成开放式、共商、共建、共享的平台。12 月，澜湄国际职业学院在云南瑞丽市畹町经济开发区奠基开工，主要为澜湄六国培养适合五大优先发展领域的专科、本科学生。2017 年 9 月，中泰共同举办了“澜沧江 - 湄公河文化行”，行程经浙江、福建、广东、广西、云南等 5 省（区）和老挝、泰国、柬埔寨首都等“海上丝绸之路”的重要节点城市。

长期以来，云南与越南在边境口岸开展公共卫生合作，积累了深厚的合作基础，为防止艾滋病、疟疾、登革热等疾病的跨境传播，双方于 2017 年 12 月签署了《中国云南 - 越南老街边境口岸卫生检疫合作备忘录》。

（二）2017年云南参与澜湄合作总结及2018年展望

1. 参与情况总结

2017 年，云南与湄公河五国在合作机制、贸易投资、跨境经济合作区、基础设施互联互通、产业与产能合作、民生教育等方面继续推进，澜湄合作五大优先领域联合工作组全部投入实质性运作，务实合作有序展开。从多边（GMS 及澜湄合作）、双边机制相关会议内容来看，澜湄六国共同关心的问题主要集中于贸易与投资便利化、跨境经济合作、电子商务和物流、产业与产能务实合作等。云南与湄公河五国的双边贸易尽管保持了增长，但是贸易总量还比较小，外贸结构、商品品种相对单一（仍以农产品为主），跨境电商等新形态外贸发展缓慢，云南在“内功”方面应着力于优化产业结构、加快加工贸易的发展，在农产品贸易方面的技术准入还有待与相关国家加强协调和沟通。

2. 2018年展望

澜湄合作蕴含着八大潜在红利，即贸易通达、投资便利、产业互补、设施共建、资源整合、生态共养、人文交融、治安共护。[①] 2018 年是澜湄合作的关键一年，六国在“3 +5”的框架下将开展更加深入和务实的经贸合作，以项目建设为重要载体，推进中老经济走廊和中南半岛经济走廊建设，提升基础设施（陆运、空运、航运、电网）的互联互通和跨境经贸合作的便利化水平。在具体合作领域，中国希望通过推动重点项目的实施将湄公河地区打造成中国与周边国家农业合作的样板和典型，重点支持种植业、畜牧业、渔业等领域的合作项目。[②] 在此背景下，云南企业“走进”湄公河国家仍有广阔的市场机遇，继续鼓励、引导本土企业投资湄公河五国，投资领域应向民生项目倾斜、加大人文交流，注重经济效益与社会效益，更多惠及当地民众。

有学者提出澜湄合作的核心区域在老挝，推动中老经济走廊的建设将带动中南半岛经济走廊的发展，云南应进一步加深与老挝的经贸关系与合作交流，打造“老云缅”三地一线产业链，[③] 提高对老挝市场的开放与投资便利化水平。老挝正在实施第八个“五年计划”，积极争取从“陆锁国”向“陆联国”转型，交通基础设施建设处于一个新的高潮期，具有良好的投资环境和优惠政策。2017 年 12 月举办的“东盟国家推介专场之一：老挝投资项目推介会”邀请中国企业尤其是云南企业到老挝投资，潜力领域包括农业、加工制造业和旅游业，通过在老挝的投资活动，云南企业还可积极开拓东盟国家市场。

滇缅合作方面，结合云南的产业特点和优势可投资缅甸的农业、旅游业和清洁能源（水电、太阳能光伏发电和风力发电）等领域。缅甸农业发展具有先天资源优势，政府正致力于将传统农业转型为高附加值、高效和可持续发展的现代农业，希望中国企业投资农业科技、机械、仓储物流、金融保

---

① 曲威：《澜湄合作加码　滇力促外贸发展》，云南经济日报网，2017 年 11 月 30 日，http：//jjrbpaper. yunnan. cn/html/2017 －11/30/content_ 1189906. htm? div = －1。

② 令狐少萍：《中国官员谈澜湄合作成果及未来发展》，2017 年 12 月 18 日，国际在线，http：//www. sohu. com/a/211256329_ 115239。

③ 曲威：《澜湄合作加码　滇力促外贸发展》，云南经济日报网，2017 年 11 月 30 日，http：//jjrbpaper. yunnan. cn/html/2017 －11/30/content_ 1189906. htm? div = －1。

险等。随着经济社会的发展，缅甸对电力的需求年均保持 10% ~15% 的增速，电力能源的合作前景广阔。

柬埔寨有亚洲最开放的投资贸易环境、巨大的人口红利、优惠的贸易关税协定和市场准入制度，是开展贸易投资、跨境结算和物流等领域合作的理想目的地；与越南在农业、食品加工、机械制造等方面存在巨大合作空间。

B.9
2017年广西经济社会发展及其对澜沧江-湄公河合作的参与*

罗圣荣　李　娜**

摘　要： 2017 年是广西壮族自治区第十二届政府的届满之年，广西经济实力站上新起点，产业结构呈现新趋势，生态环境保护完成新目标，基础设施实现新进展，开放合作进入新深度。在这一年，广西参与澜湄合作机制也硕果累累，特别是在互联互通、产能合作、跨境经济、农业和检品合作、贸易投资等方面。双方合作推进了贸易交流机制建设、基础设施完善、对外开放格局发展。

关键词： 广西　澜湄合作　“四沿联动”

一　经济社会发展稳中有进

（一）“十三五”规划初期呈现良好势头

经济实力站上新起点。2017 年，全区生产总值达 2.039625 万亿元，首次突破 2 万亿元大关，比上年增长7.3%，① 增速高于全国 0.4 个百分点，

* 本报告为 2017 年国家社科基金委托项目“中老越接壤地区国际减贫开发合作研究”（项目编号：17@ZH023）的阶段性研究成果。

** 罗圣荣，云南大学周边外交研究中心、国际关系研究院副研究员；李娜，云南大学国际关系研究院硕士研究生。

① 本报告数据主要来自广西壮族自治区政府主席陈武 2018 年 1 月 25 日在广西壮族自治区第十三届人民代表大会第一次会议上所做的政府工作报告，参见广西壮族自治区人民政府门户网站，2018 年 2 月 2 日，http://www.gxzf.gov.cn/sytt/20180202-679005.shtml。

总值居全国第17位，人均地区生产总值超过6000美元。[①] 财政收入增长6.1%，达2604.21亿元，比2016年增加了150.13亿元，超出预期目标1.1个百分点。[②] 固定资产投资显著提升，比2016年增长了12.8%，达1.990827万亿元，其中民间投资所占比重最大为59%，达1.179747万亿元。

产业结构呈现新趋势。产业结构不断调整，2017年三产业比重分别为14.2%、45.6%和40.2%，第一产业比重提高1.1个百分点，第二产业提高0.5个百分点，第三产业提高0.6个百分点。[③] 服务业结构调整初显成效，对经济增长的贡献率为49.8%，增加了4.1个百分点，成为广西经济增长的主要动力。第一和第二产业的贡献率分别为8.3%和41.9%，第一产业同比2016年增长了1.1个百分点。[④]

生态环境保护完成新目标。2017年，节能环保产业增长了10%，达900亿元。2017年，全区完成造林面积23.6万公顷，建成自然保护区达78个，其中国家级自然保护区23个，森林覆盖率达62.31%；城市污水处理率达到93.6%，同比增长1.5%；城市建成区绿地率达到33.3%，同比增长0.7%。全年全区万元地区生产总值能耗比上年下降3.4%，规模以上万元工业增加值综合能源消耗下降4.8%。[⑤]

基础设施建设实现新进展。2017年，基础设施经过规划建设取得了不小的进展。交通运输方面，2017年高速公路新增656公里，总里程达5259公里。铁路营业总里程达5140公里，其中高速铁路营业里程占34%，达

---

① 《2017年广西生产总值（GDP）20396.25亿元　同比增7.3%》，中国经济网，2018年1月26日，http：//district. ce. cn/newarea/roll/201801/26/t20180126_ 27925594. shtml。

② 《主动作为、砥砺奋进广西圆满完成2017年财政收支目标》，广西壮族自治区财政厅，2018年1月4日，http：//www. gxcz. gov. cn/gxzzzzqczt/gzdt/jgdt/201801/t20180104_ 71417. html。

③ 《2017年广西经济"成绩单"出炉　GDP达20396.25亿元》，搜狐网，2018年1月20日，http：//www. sohu. com/a/217893586_ 120809。

④ 《砥砺奋进、成绩斐然——〈2017年广西统计公报〉评读》，广西壮族自治区统计局，2018年4月16日，http：//www. gxtj. gov. cn/zdgz/201804/t20180416_ 144094. html。

⑤ 《砥砺奋进、成绩斐然——〈2017年广西统计公报〉评读》，广西壮族自治区统计局，2018年4月16日，http：//www. gxtj. gov. cn/zdgz/201804/t20180416_ 144094. html。

1812 公里。[①] 公共通信方面，光缆长度达 109.3 万公里，新增 20.4 万公里。邮政服务不断提升，推行建制村直接通邮，行政村覆盖率达 96.4%，乡镇快递网点覆盖 89.8%。[②]

开放合作进入新深度。2017 年，自治区继续围绕"三大使命"，以"四维支撑、四沿联动"为基本格局，继续加强对外开放，积极融入"一带一路"建设，成为"一带一路"有机衔接的重要门户。目前已建成国家一类口岸 17 个，二类口岸 8 个。[③] 2017 年 1 月 20 日，为深化广西同东盟的合作，国务院批复同意建设北部湾城市群，积极提高新城市的经济实力，拓展经济发展的新空间。

（二）"四维支撑、四沿联动"开放格局初现规模

自 2016 年自治区出台《关于实施开放带动战略全面提升开放发展水平的决定》以来，广西始终以中央政府赋予的"三大定位"为准则，致力打造推动区域发展的对外格局，因此以"四维支撑、四沿联动"成为广西战略格局的目标。经过一年多的发展，"四维支撑、四沿联动"的对外开放格局初现规模，特别是南向通道已经成为面向东南亚开发开放的新支点，使广西成为"一带一路"的重要衔接门户。

1. "四维支撑"全力打通对外开放

一是向南开放。2017 年，南部开放逐渐迈入完善阶段，基本打通出海、出边两条主干线，竭力构建联通东盟的国际陆海贸易通道。在出海主干线上，开通北部湾港至香港航线、新加坡、印度、远东航线，弥补了广西远洋航线的空白，打通了中国内陆通向国际市场的通道。在出边

① 《2017 年广西壮族自治区国民经济和社会发展统计公报》，广西新闻网，2018 年 4 月 26 日，http://www.gxnews.com.cn/staticpages/20180426/newgx5ae13988－17262837－5.shtml。

② 《电信业增速不断飚升　邮政业持续快速增长——2017 年广西邮政电信业运行情况简析》，广西壮族自治区人民政府，2018 年 3 月 7 日，http://www.gxzf.gov.cn/gxsj/sjyw/20180307－684000.shtml。

③ 《广西："四维支撑""四沿联动"的福音》，国务院新闻办公室网站，2017 年 1 月 6 日，http://www.scio.gov.cn/32344/32345/35889/35890/35897/Document/1538640/1538640.htm。

主干线上，自治区陆上运输网已位于全国前列，高速公路总里程达4600多公里，高速铁路总里程达1812公里，完成与邻省高铁连通，与16个省会当日直达。①

二是向东开放。2017年，东部开放逐渐跨入加速阶段，借助南向通道连接，进一步发展对外开放平台。在产业合作方面，广西与广东两省积极寻求新合作方向，加速建设东部开放，其中粤桂（贵港）热电循环经济产业园率先成为两广合作的新起点，贺州—肇庆粤桂产业合作示范区继续推进建设。在交通运输方面，两广将柳州—广州、柳州—韶关、深圳—茂名铁路、广州—湛江高铁纳入《国家中长期铁路网规划》，广佛肇高速肇庆大旺至封开段、江门至罗定高速公路已建成通车，进一步完善广西向东开发的陆路网。

三是向西和向北开放。2017年，西部、北部开放逐渐进入成熟阶段，以广西作为接点实现内陆与国际通道连接。自治区开通甘肃兰州至广西北部湾港国际冷链班列，到达北部湾港钦州港，再通过海运输送至泰国、缅甸等东南亚国家。此时，北部湾港已跃升为我国西南地区最便捷的出海口。云南、重庆、四川等省市纷纷与广西签署合作，合力布局沿海产业园区。

四是向发达国家开放。2017年，向发达国家开放逐渐步入深化阶段，特别是与美日韩的合作呈现出迅速增长的态势。在引进技术上，广西医科大学、位于桂林的中国地质科学院岩溶地质研究所积极与美国合作，共同建设了生物靶向诊治国际联合研究中心、岩溶动力系统与全球变化国际联合研究中心，并被认定为国家国际科技合作基地。在引进人才上，引入美日韩大学本科学历以上392人，教育专业占50%以上。②

2. “四沿联动”全力辐射周边发展

在沿海开放上，北部湾港综合竞争力快速提升。一是港区综合实力上

---

① 《四维支撑　四沿联动——广西壮族自治区开放发展谋新局》，《光明日报》2017年12月20日，http：//news. gmw. cn/2017 - 12/20/content_ 27138185. htm。

② 《“广西智造”深扎欧美日》，广西新闻网，2017年9月13日，http：//www. gxnews. com. cn/staticpages/20170913/newgx59b8d82f - 16536425. shtml。

升。2017 年，北部湾经济区 GDP 增长 8.3%，实现万亿元突破，达 1.00073 万亿元，占自治区生产总值的 49.06%，增强了自治区经济内生动力。货物吞吐量新增 1467 万吨，同比增长 7.2%，集装箱吞吐量增幅较大，同比增长 26.69%，达 227.87 万标箱。[①] 北海工业园区已有 60 家，北部湾经济区建成钦州 1000 万吨炼油、北海炼化、防城港红沙核电、南宁富士康电子等一大批重大产业项目，现代临海工业体系初步形成。[②] 二是港区便利化程度提高。2017 年 1 月 20 日，国务院批复同意建设北部湾城市群助力北部湾港口枢纽建设，北部湾港实现“属地申报，口岸验放”通关一体化，中转关检费降低 80%，通达东南亚各国港口国际班列轮航不断加密。[③]

在沿边开放上，东兴、凭祥市招商引资初见成效。东兴、凭祥市充分利用沿海沿边开发开放优势，不断创新招商方式，开拓招商领域，促进自治区沿边开发开放。2017 年，东兴市新增引进项目 58 个，项目投资总额达 70.88 亿元，招商引资到位资金增加 94.27 亿元，比上年增长 19.92 亿元，其中外资增长速度最快，增幅为 255.78%，达 12118 万美元。[④] 2017 年，凭祥市重点构建“一核、三区、三基地”空间格局，深入推进沿边金融改革，其中 35 亿越南盾现钞在友谊关口岸通关。截至 2017 年 10 月，已有 407 家企业入驻凭祥开发开放试验区，涉及制造业、旅游业、电力、燃气以及农、林、牧、渔业等领域。[⑤]

在沿江开放上，珠江—西江经济带基础设施建设趋于完善。2017 年 7 月是珠江—西江经济带建设三周年，珠江—西江经济带利用黄金水道的运输

---

① 《广西北部湾经济区 2017 年 1～12 月统计月报》，广西北部湾网，2018 年 2 月 9 日，http：//www.bbw.gov.cn/article_ show.asp？articleid＝61644。

② 《广西：“四维支撑、四沿联动”构建开放新格局》，新华网，2018 年 1 月 18 日，http：//www.xinhuanet.com/politics/2018－01/18/c_ 1122278356.htm。

③ 《广西北部湾经济区 2017 年 1～12 月统计月报》，广西北部湾网，2018 年 2 月 9 日，http：//www.bbw.gov.cn/article_ show.asp？articleid＝61644。

④ 《创新招商方式　引来金凤筑巢　东兴市 2017 年利用外资同比增长 255.78%》，2018 年 3 月 12 日，http：//www.dxzf.gov.cn/ztjj/kjjr/201803/t20180312_ 46571.html。

⑤ 《凭祥：试验区释放政策红利　吸引企业抢滩登陆》，搜狐新闻，2017 年 10 月 12 日，https：//www.sohu.com/a/197646510_ 674625。

优势，不断推进基础设施建设，使之形成开放发展新优势。2017 年，西江经济带建成世界最大的单级过船设施长洲水利枢纽三线、四线船闸，并继续投资 806.5 亿元，推进 166 项设施建设。[①] 2017 年，西江航运干线通航等级从 300 吨级至 500 吨级提高到 2000 吨级，通航能力从 1000 万吨至 2000 万吨提高到 1.3 亿吨以上，完成西江黄金水道港口的布局目标。[②]

在沿线开放上，自治区交通运输线持续释放活力。铁路方面，实施焦柳铁路怀化至柳州段电气化改造，扩建贵阳至南宁客运专线（广西段）和柳州火车站站房。玉林至湛江铁路广西段进行电气化改造，由原来的内燃驱动改造成电力驱动，设计时速 120 公里。贵阳至南宁客运专线的先行工程——澄江双线特大桥已经开工建设，是广西境内最长的铁路桥，完成云桂铁路多方位连通。公路方面，新建桂林至柳城高速公路，续建柳州经合山至南宁高速公路，完成自治区高速公路网“六横七纵八支线”中的“五纵”。2017 年 10 月，桂林至柳城高速公路开通，并衔接桂林经罗城到河池的高速路段。

（三）经济运行稳中提质、稳中增效

2017 年，在推进供给侧结构性改革的主线下，广西坚持稳中求进的总基调，统筹抓好实现经济稳增长各项工作，使全区经济呈现总体稳定、稳中提质、稳中增效的新动态，同时为本届政府工作画上了圆满的句号。

1. 农业总体保持平稳

一方面，农业生产实现稳定增长。2017 年，农林牧渔业增加值 2993.22 亿元，比去年增长 4.3%。[③] 种植业生产形势较好，全年全区蔬菜播种面积 131.96 万公顷，同比增长 3.9%；蔬菜产量 3088.44 万吨，同比增长 5.4%。林业生产稳步推进，全年全区完成植树造林 23.58 万公顷，扩大培育优质森

---

① 《广西计划投资 800 多亿　实施西江经济带基建大会战》，东方网，2017 年 5 月 17 日，http://news.eastday.com/eastday/13news/auto/news/china/20170517/u7ai6779730.html。

② 《广西加快西江经济带建设　主动融入粤港澳大湾区》，新浪新闻，2018 年 3 月 15 日，http://news.sina.com.cn/o/2018-03-15/doc-ifyshwhe6737037.shtml。

③ 《2017 年广西经济“成绩单”出炉　GDP 同比增长 7.3%》，广西新闻网，2018 年 1 月 21 日，http://mini.eastday.com/mobile/180121102833688.html。

林资源。渔业发展势头良好，全区水产品产量 379.09 万吨，同比增长 4.6%。海水产品产量 195.32 万吨，淡水产品产量 183.65 万吨，分别增长 4.5%和5.3%。[①] 另一方面，特色农产品发展突出。自治区大力调整产业结构，采取“政府＋公司＋基地＋农户”发展模式，使芒果、火龙果、百香果等特色水果产业形成链条式生产，增加农产品的经济效益。2017 年广西园林水果 1701.30 万吨，同比增长 11.6%。其中，百香果增速最快达 55%，产量为 24.63 万吨。[②]

2. 工业保持稳定增长

一是工业产值稳步提高。2017 年，全区工业增加值 7663.71 亿元，同比增长 6.8%。[③] 全区规模以上工业主要工业产品产量持续增加，部分工业产品在全国工业产品中占比进一步扩大，如广西成品糖全年产量 935.96 万吨，累计增长 4.4%，增幅比上年提高 5.1 个百分点，占全国的比重为 63.9%。[④] 二是工业经济效益明显提升。自治区全年规模以上工业实现主营业务收入 24170.3 亿元，同比增长 12.4%，增幅比上年提高 3.4 个百分点。[⑤] 实现利润总额 1559.3 亿元，增长 25.2%，比上年提高 16.3 个百分点，高出全国平均水平 4.2 个百分点，增速在全国排第 13 位。在 40 个工业行业中，利润总额增速比上年提高的行业占了六成以上。

3. 服务业成为新经济内生动力

首先，服务业提速加快。2017 年，全区服务业增速达 9.2%，全年第三季度增长最快，达 8.8%。在 17 个服务业增加值核算基础指标中，有 9 个

① 《2017 年广西农业农村经济发展态势好于去年》，广西壮族自治区统计局，2018 年 3 月 5 日，http://www.gxtj.gov.cn/tjsj/jdfx/qq/201802/t20180211_143746.html。

② 《2017 年广西农业农村经济发展态势好于去年》，广西壮族自治区统计局，2018 年 3 月 5 日，http://www.gxtj.gov.cn/tjsj/jdfx/qq/201802/t20180211_143746.html。

③ 《2017 年广西壮族自治区国民经济和社会发展统计公报》，广西新闻网，2018 年 4 月 26 日，http://www.gxnews.com.cn/staticpages/20180426/newgx5ae13988－17262837－2.shtml。

④ 《2017 年广西规模以上工业生产稳定效益改善企稳收官》，广西壮族自治区统计局，2018 年 3 月 7 日，http://www.gxtj.gov.cn/tjsj/jdfx/qq/201802/t20180211_143748.html。

⑤ 《2017 年广西规模以上工业生产稳定效益改善企稳收官》，广西壮族自治区统计局，2018 年 3 月 7 日，http://www.gxtj.gov.cn/tjsj/jdfx/qq/201802/t20180211_143748.html。

完成或超额完成年度目标，其中电信、邮政、其他营利性服务业、住宿业、零售业、公路、水路等7个指标创年内新高。① 其次，服务业新模式助力增长。科技研发、信息软件、文化创意、环保服务、旅游休闲、健康养老、居民服务等新行业新业态新模式加快发展，分享经济、共享经济、平台经济加快成长，日益成为服务业的新增长点。最后，服务业结构不断优化。2017年，全区批发商品销售额增长13.8%，零售业销售额增长14.3%，住宿营业额增长13.8%，餐饮业营业额增长16.3%，产业实现平衡发展。②

（四）参与“一带一路”建设收获颇丰

2017年，“一带一路”建设稳步推进，广西作为与东盟开放合作的前沿和窗口，充分利用区位优势，坚持“引进来”和“走出去”相结合，深度参与“一带一路”建设，全方位实现对外开发开放合作，各项事业硕果累累。

与“一带一路”国家的贸易投资取得丰硕成果。自治区与“一带一路”国家进出口额2100.2亿元，同比增长5.2%，占广西对外贸易额五成以上。③ 特别是南宁与“一带一路”国家合作贸易最为突出，进出口总额达92.1亿元，同比增长41.9%。④ 同时，国开行广西分行以中国－东盟银联体为合作平台，向越南、柬埔寨、斯里兰卡等国家12家境外金融机构发放21亿美元，支持了近百家中资企业在东盟国家开拓矿产、化工、贸易市场。⑤

与“一带一路”国家的互联互通取得显著成绩。在合作机制上，北部

---

① 《2017年广西服务业实现“双超”“双突破”为经济稳增长作出突出贡献》，广西壮族自治区发展和改革委员会，2018年1月31日，http://www.gxdrc.gov.cn/fzgggz/jjmy/gzdt/201801/t20180131_755049.html。

② 《2017年广西服务业实现“双超”“双突破”为经济稳增长作出突出贡献》，广西壮族自治区发展和改革委员会，2018年1月31日，http://www.gxdrc.gov.cn/fzgggz/jjmy/gzdt/201801/t20180131_755049.html。

③ 《广西2017年外贸进出口比上年增长22.6%》，新浪看点，2018年1月24日，http://k.sina.com.cn/article_2286908003_884f7263020005657.html。

④ 《2017年南宁与“一带一路”沿线国家进出口增四成》，新浪广西，2018年3月14日，http://gx.sina.com.cn/news/nn/2018-03-14/detail-ifyscsmv3393887.shtml?from=gx_cnxh。

⑤ 《广西融通“一带一路”资金大道》，广西壮族自治区人民政府，2017年6月16日，http://www.gxzf.gov.cn/sytt/20170616-612867.shtml。

湾经济区与"一带一路"沿线各国签署交通合作备忘录以及联合声明，为制定互联互通总战略奠定基础。在沿线通道上，推行海陆并行，海上以北部湾经济区为抓手，陆上以南宁为节点，着力打通北上、南下通道。广西还与东盟47个港口城市成立了中国－东盟港口城市合作网络，目前已有24个港口、城市加入合作网络。①

与"一带一路"国家的园区合作取得积极进展。广西将主动融入国家"一带一路"建设，加快推进与马来西亚、泰国、越南、印尼等国的园区合作，其中中马钦州产业园的建设较为突出。2017年中马钦州产业园区招商引资共引进和在谈产业项目90多项，总投资约900亿元（人民币，下同），预计产总产值达千余亿元。②

（五）民生事业持续向好

一是居民收入持续增加。2017年，居民人均可支配收入增长7%，达1.9905万元，其中农村居民人均可支配收入增长8.1%，达1.1325万元。③二是脱贫攻坚不断进步。2017年，全区农村贫困人口比2016年末减少95万人，达246万人，贫困发生率比上年下降2.2个百分点。33个国家贫困县农村居民人均可支配收入比上年增长10.4%，高于全区农村平均水平1.1个百分点。三是教育、卫生事业取得明显成效。全年全区九年义务教育巩固率为94%，普通高等教育在校生为86.67万人。卫生事业得到加强，全区医疗设施和医技人员数量不断增长。2017年，全区卫生机构34012个，床位新增1.66万张，总数达到24.13万张，卫生技术人员新增1.54万人，达30.54万人。④

① 《广西积极参与"一带一路"建设，互联互通取得新突破》，东方网，2018年5月13日，http://news.eastday.com/eastday/13news/auto/news/china/20180523/u7ai7739128.html。

② 《广西探索建设中国－东盟产业合作示范区》，中国－东盟自由贸易区商务门户，2018年5月29日，http://www.cn-asean.org/index.php?m=content&c=index&a=show&catid=46&id=3788。

③ 《2018年政府工作报告》，广西壮族自治区人民政府门户网站，2018年2月2日，http://www.gxzf.gov.cn/sytt/20180202-679005.shtml。

④ 《砥砺奋进、成绩斐然——〈2017年广西统计公报〉评读》，广西壮族自治区统计局，2018年4月16日，http://www.gxtj.gov.cn/zdgz/201804/t20180416_144094.html。

二　参与澜湄合作机制硕果累累

（一）参与构建澜湄合作平台

2017 年，全区坚持以习近平新时代中国特色社会主义思想为指导，树立牢固“四个意识”，继续围绕“一带一路”倡议，在“三大定位”和“四维支撑、四沿联动”的指导下开展开放新格局的建设。特别是在参与澜湄合作机制中取得了不少成就，构建出多层次合作机制和平台，不断扩大广西贸促功能，为谱写新时代广西发展做出了积极贡献。一是成功举办第 14 届中国 – 东盟商务与投资峰会。在此次峰会的框架下，还举办了中国 – 东盟商事法律合作研讨会、中国 – 东盟商界领袖论坛、中国 – 东盟跨境电商平台业务交流对接会、中国 – 东盟东部增长区贸易投资研讨会等重要活动，加大广西参与澜湄合作机制的力度。二是落实参与澜湄合作机制的工作部署。2017 年，广西组织以企业为单位参加第二届澜沧江 – 湄公河国家经济技术展览会。在展览会上，广西馆在所有参加省市当中成为参展企业最多（达 24 家）、参加人数最多（达 166 人）、所占面积最大（占总馆面积的 1/4）、参展成效最突出的一个展区。在此基础上，经中国贸促会报国务院批准，广西农垦集团作为我国农业领域唯一代表，参加 2018 年澜湄合作第二次领导人会议之澜湄合作成果展。三是贸易平台交易成果不断突破。中国 – 东盟跨境电商平台自 2016 年 12 月正式运营至 2017 年 12 月 13 日实现在线交易 203 万单，产品种类达 2387 种，累计完成销售额 5333 万元人民币。①

（二）加强澜湄合作机制的互联互通

2017 年 12 月 8 日，中国 – 东盟基础设施互联互通金融论坛由广西自治

① 《广西贸促会 2017 年工作总结及 2018 年工作思路》，中国国际贸易促进委员会广西分会广西国际商会网站，2018 年 2 月 28 日，http：//www. ccpitgx. org/index. php? m = content&c = index&a = show&catid = 98&id = 11203。

区政府和国家开发银行在南宁成功举办，会上围绕“金融服务中国－东盟合作，携手推进基础设施建设”主题进行了深入讨论，深化了中国与东盟各国建设互联互通的共识。作为中国－东盟基础设施互联互通的重要组成部分，澜湄合作互联互通建设成为广西壮族自治区参与“一带一路”建设的重要突破点，积极建设“五网”，即公路网、铁路网、海运网、航空网、通信网。

公路网。广西与越南有着1020公里的陆路边界线，2017年广西与越南已实现2条高速公路出边通道，分别是南宁至友谊关、防城至东兴高速公路。2018年继续增加出边高速公路，分别是靖西至龙邦、崇左至水口高速公路。[①] 此外，为提高自治区整体通车效率，广西将加强建设连接各县城之间的高速公路，如荔浦至玉林、河池至百色、灌阳至平乐、贺州至巴马、贵港至隆安等一批重点项目。同时加快建设连接云、贵、粤、湘等省的省际路段，进一步打通出省通道，实现多省多路径连接。

铁路网。2017年广西以南宁为枢纽，打通跨区域多式联运和旅客运输。在货物运输上，广西开通了越南经广西到欧洲的桂蒙欧、桂新欧国际运输线路，以公路运输和铁路运输相结合，降低运输成本。为连接内陆与东盟的通道，广西开通了鄂桂至东盟的国际道路货物运输线路。在旅客运输上，广西首条城际铁路获批，南宁至崇左铁路在2017年底开工，有效满足了沿线居民不断增长的交通需求。[②] 该项目建成后，南宁站、南宁东站将能够实现与南宁机场动车直通，飞机与高铁的无缝换乘将成为现实。

海运网。2017年自治区继续以北部湾为重要依托，发展“向海经济”，开通港口通道，打造面向东盟的国际大通道。一方面，不断增设新航线，完善陆海贸易通道建设。2017年7月开通的渝桂新线，从重庆出发，经48小

① 《今年广西11条高速路开竣工，2020年所有县通达高速》，广西新闻网，2017年12月26日，http://news.gxnews.com.cn/staticpages/20171226/newgx5a41a025－16784245－1.shtml。

② 《广西首条城际铁路落地，新建南宁至崇左铁路将开工》，广西新闻网，2017年12月25日，http://www.gxnews.com.cn/staticpages/20171225/newgx5a402d8d－16780202.shtml。

时，抵达广西钦州港东站，再由海运送达澜湄地区及东南亚地区甚至全球。[①] 钦州港还开通直航东南亚的外贸集装箱定期班轮航线，即中国钦州港—韩国—印尼—泰国—越南，实现中国－东盟港口城市合作网络基地建设。另一方面，不断完善港口吞吐能力建设，支撑自治区建设面向东盟国际大通道。2017 年，北部湾港已经建成生产性泊位 263 个，港口货物吞吐量吨增至 2. 19 亿吨，集装箱吞吐量达到 228 万标箱。[②]

航空网。在基础设施上，广西南宁吴圩国际机场将进行综合交通换乘中心（GTC）建设。作为广西首个 GTC 项目，南宁吴圩国际机场综合交通换乘中心将由广西主要交通建设公司出资组建项目公司，在机场设地下高铁吴圩机场站和轨道交通五号线机场站，地面设中短途汽车站和停车场，南崇城际铁路将以下穿隧道通过机场，南宁轨道交通五号线将在地下机场站折返。在旅客运输上，广西南宁机场在全国机场旅客吞吐量中排名第 25 位，旅客吞吐量增长率在全国千万级机场中排名第一。在航线开通上，广西北部湾航空作为本土航空公司，在 2018 年计划开通南宁至新加坡、吉隆坡、雅加达、胡志明、马尼拉等航线。

通信网。中国－东盟信息港在“一带一路”倡议总体布局要求下，形成以广西为核心的中国与东盟的信息枢纽。在平台搭建方面，中国－东盟信息港竭力与其他信息平台合作，已初步建成中国－东盟手机终端交易平台、中国－东盟信息安全管控平台、中国－东盟信息港云通信平台、中国－东盟智能物联网平台等多行业多领域平台交流。在业务合作方面，中国－东盟信息港正在建设项目多达 42 个，已完成项目达 30 个，迅速提升了信息港辐射东盟的服务能力。[③]

---

① 《广西加强与东盟互联互通建设，提升全方位对外开放能力》，广西壮族自治区人民政府网，2017 年 7 月 5 日，http：//www. gxzf. gov. cn/gxydm/20170705 －619243. shtml。

② 《北部湾建设加速广西经济发展》，人民网，2018 年 1 月 29 日，http：//paper. people. com. cn/zgcsb/html/2018 －01/29/content_ 1833447. htm。

③ 《中国－东盟信息港建设提速，已建成 30 项重大项目》，中新网广西，2018 年 1 月 30 日，http：//www. gx. chinanews. com/news/2018/0130/20690. html。

（三）深化澜湄合作机制的产能合作

产能合作进入新篇章。广西凭借其区位优势，借助东博会交流平台，深化发展与澜湄地区的产能合作。在合作平台方面，广西与东盟以南宁为据点，成功举办了第14届中国－东盟博览会、中越产能合作项目推介会。在东博会的框架下，柬埔寨、越南、菲律宾等国与中国合作举办国际产能和装备制造合作等活动，其中专项产能与投资合作等成效不断扩大。在中越产能推介会上，有300多名代表参加此次推介会，主要来自中越两国相关政府部门、地方政府、企业、金融机构、智库等。[①] 在投资保障方面，广西为加速国际产能合作，大力扶持国际产能重点项目。其中，最重要的举措是针对企业对外投资、对外工程承包壹级出口信贷项目提供风险保障，保费范围从50%到70%。同时还给予管理技术的培训，涉及风险管理、融资增信、信息咨询、人员培训等项目。[②]

（四）推进澜湄合作机制的跨境经济合作

2017年，广西将沿线对外开放经济带、中越跨境经济合作区、东兴和凭祥国家重点开放试验区视为参与澜湄合作机制跨境经济合作的重要部分，继续加强双边经济合作力度，努力建成中国－东盟战略合作示范区。

1. 对外开放经济带

南宁—防城港—东兴对外开放经济带带动周边经济发展。一是东兴跨境产业实现转型升级。东兴跨境加工制造业总产值高达80亿元，同比增长100%。广西多个名牌产品进入跨境交易，促进了跨境金融、跨境电商、跨境物流的发展。跨境人民币结算高达362.4亿元，同比去年增长28.2%。[③]

① 《中越产能合作项目推介会在广西南宁顺利召开》，中华人民共和国国家发展和改革委员会，2017年9月18日，http：//www.ndrc.gov.cn/gzdt/201709/t20170918_860928.html。

② 《广西将深化面向东盟的产能合作》，新华网，2017年9月5日，http：//www.xinhuanet.com/fortune/2017－09/05/c_1121609429.htm。

③ 《政府工作报告（2018年）》，东兴市政府门户网站，2018年2月8日，http：//www.dxzf.gov.cn/zwgk/jcxxgk/ghjh/201802/t20180208_46401.html。

二是防城港经济技术开发区产值持续向好。2017年，防城港经济技术开发区工业总产值实现22.22%的增长，达1270.08亿元，位居北部湾经济区12个园区中的第一，也是唯一一个工业产值超过千亿元的园区。①

南宁—崇左—凭祥（友谊关）对外开放经济带推动周边园区发展，中泰（崇左）产业园区完成四大攻坚战。首先，基础设施攻坚战效果显著。在园区新建两个污水厂，结束园区十多年无污水处理的历史。中国电力投资集团公司临时能源供应站、渠弄供水一期管网工程项目相继完成，进一步实现园区全面供水供电，园区投资环境大幅度改善。其次，招商引资和项目落地攻坚战取得新突破。2017年，园区充分发挥驻点招商作用，有22个国内外品牌签约入园。② 融资攻坚战完成新目标。2017年，园区融资项目达7项，共计22.4亿元，接收各级补助资金3.28亿元，③ 为园区建设注入了新鲜活力。最后，园区机制体制改革攻坚战进入新阶段。2017年，崇左市颁布《加快中泰崇左产业园体制机制改革创新工作方案》，推行灵活的人才引进机制，加快融资机制改革，为园区发展创造了良好条件。

2. 中越跨境经济合作区

2017年，第二届中越跨境经济合作论坛在南宁顺利举行。在此次论坛上，参会双方达成共识，希望跨境经济合作区抓住“一带一路”倡议所带来的机遇，充分利用“一带一路”沿线国家提供的贸易平台，在深化澜湄合作机制上有所作为。

中国东兴—越南芒街跨境经济合作区日臻完善。在机制管理方面，2017年9月13日，该合作区成为中越跨境经济合作的首个试点。合作区形成多层协商制度，涉及国家层面、省级层面、市级层面、区级层面等四个层面的

① 《防城港经开区2017年实现工业总产值1270亿元　多项指标全区排名第一》，防城港市人民政府门户网站，2018年2月1日，http://www.fcgs.gov.cn/zxzx/jrfcg/fcgyw/201802/t20180204_54955.html。

② 《苦干实干促发展，大干快上谱鸿篇——中泰崇左产业园加快建设发展纪实》，地方网，2018年1月5日，http://m.yybnet.net/gfh/201801/6905222.html。

③ 《苦干实干促发展，大干快上谱鸿篇——中泰崇左产业园加快建设发展纪实》，地方网，2018年1月5日，http://m.yybnet.net/gfh/201801/6905222.html。

协商沟通机制。在贸易投资方面，2017 年，合作区吸引了 16 项合作协议签约入区，共计 90 亿元，[①] 涵盖新能源汽车、金融商贸、旅游文化、现代物流等领域。2017 年，合作区把规划重点放在金融商贸、服装产业、电子科技、加工贸易与物流领域，签约 10 个投资项目，共计 130 亿元。[②] 在基础设施方面，中越北仑河二桥已完工，中越北仑河二桥口岸实现开放。“两纵一横一环”路网粗具规模，即友好大道、沿河大道、跨越大道。国门楼、标准厂房一期工程即将竣工。

中国凭祥—越南同登跨境经济合作区加快发展。一方面，合作方案持续推进。2017 年，中越凭祥—同登跨境经济合作区建设方案有了重大突破，编制完成了《跨合区凭祥园区建设方案》，完善了定期会晤机制，实现了对跨合区的产业发展、空间布局、综合交通等的研究及现状调查。2017 年 5 月，广西崇左领导人与越南凉山领导人进行第二次定期会晤，并根据双方签署的会议纪要，强调要进一步加强经贸合作。2017 年 11 月，中方就中越凭祥—同登跨境经济合作区进行规划讨论，落实项目资金投入、人才引进机制、与越交流机制。另一方面，合作项目持续引入。2017 年，凭祥保税区有 230 多家企业入驻，涉及跨境电商、保税加工、保税物流等行业，贸易总额超过千亿元。[③]

中国龙邦—越南茶岭跨境经济合作区建设提速。首先，园区基础设施逐步完备。2017 年一大批项目基本竣工，如互市监管区、联检楼以及仓库等基础设施，龙邦边民互市贸易区实现开放，拉动中越双边 20 万以上边民就业致富。[④] 中方还计划建成商贸物流中心，其中包括边民互市贸易区、一般

① 《中越加快推进跨境经济合作区建设促互利共赢》，中国新闻网，2017 年 11 月 14 日，http：//www. chinanews. com/cj/2017/11－14/8376332. shtml。

② 《东兴—芒街跨境合作区成中越跨境经济合作首个试点》，人民网，2017 年 9 月 13 日，http：//gx. people. com. cn/n2/2017/0913/c179430－30726394. html。

③ 《中越凭祥—同登跨境经济合作区（筹）投资推介会在凭祥举行》，广西新闻网，2017 年 12 月 13 日，http：//www. gxnews. com. cn/staticpages/20171213/newgx5a3082e4－16746910. shtml。

④ 《靖西龙邦越南茶岭跨境经济合作区试运行进展顺利!》，百家号，2017 年 10 月 15 日，https：//baijiahao. baidu. com/s？ id＝1581291076109221826&wfr＝spider&for＝pc。

国际贸易服务区、国际多式联运转口贸易区等多个功能区，提升中国与中南半岛的商贸物流能力。其次，金融政策逐渐开放。龙邦口岸周边20公里范围内实现“边民卡”业务，由柳州银行承办，主要针对进行互市的金融业务。百色市为推动跨合区金融改革，正在与亚洲开发银行、中国工商银行以及中信银行等多家银行进行洽谈，其中已与亚洲开发银行实现“智慧口岸”项目对接，共同提高口岸通关能力。最后，投资项目持续增加。2017年，中方投资30亿元建设万生隆国际商贸物流中心，实现与越南茶岭口岸经济区无缝对接。①

3. 东兴、凭祥国家重点开发开放试验区

东兴国家重点开发开放试验区的成效。一是经济发展稳中向好。截至2017年11月，东兴实验区生产总值增长7.3%，达381.49亿元；规模以上工业总产值增长22%，达1403.4亿元；固定资产投资增长13%，达495.07亿元。② 二是规划体系有效推进。2017年11月，中越双方在越南河内正式签署《中国商务部与越南工贸部关于加快推进中越跨境经济合作区建设框架协议谈判进程的谅解备忘录》，为双方政府实现跨境经济零障碍奠定了基础。三是中越跨境劳务合作试点深入推进。2017年，批准聘用越南边民务工人数共计6710人，获批跨境劳务合作企业31家。2018年，自治区争取出台《广西中越跨境劳务合作试点实施方案》。

凭祥国家重点开发开放试验区的成效。一是开放平台稳步推进。2017年，凭祥园区产业发展战略规划编制完成，试验区建设总体获批，友谊关旅游开发公司设立驻越南联络处，提升跨境联系便捷性。二是互联互通逐渐开展。2017年，友谊关公路口岸获批扩大开放，打通浦寨、弄尧两个通道，友谊关改造提升一期工程完工。中越友谊关—友谊口岸国际货物运输专用通

① 《中越龙邦—越南茶岭跨境经济合作区建设提速》，搜狐网，2017年12月11日，http://www.sohu.com/a/209899340_650357。

② 《广西东兴国家重点开发开放试验区管委会2017年工作总结和2018年工作计划》，广西东兴国家重点开发开放试验区网，2018年1月18日，http://www.gxdxsyq.gov.cn/kjjs/gh/2018-1-18/4129.shtml。

道正式开通，萍儿管口岸升为国家级一类口岸继续推进。三是跨境劳务合作成为全区模范。2017 年凭祥市成为广西跨境劳务合作试点市，跨境劳务用工规范办理率先在全区展开，凭祥市政府牵头完善《凭祥市跨境务工管理暂行办法》。全市劳务派遣中介公司是 2016 年的 7 倍，多达 28 家；累计跨境劳务办理比 2016 年增长 45%，共计 9.5 万余人次。①

4. 积极开展澜湄农业和减贫合作

农业合作如火如荼。在农业技术推广方面，广西与缅甸、越南、柬埔寨、老挝等国进展显著。2017 年，广西与缅、越、柬、老四国设立了中国（广西）—东盟农作物优良品种试验站项目，已为相关国家引进 300 多种农作物。② 随着广西深入澜湄农业合作，越来越多的中国企业在东盟国家落户。其中就有广西郭红集团（柬埔寨）大米加工项目、广西农垦（缅甸）剑麻种植基地以及广西农垦（越南）年产 10 万吨木薯变性淀粉等项目。③ 在农贸合作物流通道方面，广西利用南向通道，在渝桂新干线上加快建设大型物流园区和冷链基地。

减贫工作高歌猛进。自 2007 年以来，广西顺利承办 6 届中国－东盟社会发展与减贫论坛。在此期间，举办了 17 期国际减贫经验研修班，为减贫工作提供人才技术支持，促进国际减贫事业发展。2017 年，自治区政府正筹建中国－东盟减贫中心，深化澜湄合作中的减贫工作。2017 年 6 月，中国和老挝政府签署了《援老挝减贫示范合作项目实施协议》，实施期限为 2017 年 7 月至 2020 年 6 月，旨在为东亚国家减贫和改善民生提供示范和样本。④

① 《2018 年 1 月政府工作报告》，凭祥市人民政府网，2018 年 3 月 7 日，https：//www. pxszf. gov. cn/xinxigongkai/gongzuobaogao/2018－03－07/16996. html。

② 《中国农业技术在东盟土壤“开花结果”》，广西壮族自治区农业厅，2018 年 3 月 1 日，http：//www. gxny. gov. cn/news/ywkb/201803/t20180301_ 566303. html。

③ 《广西农业成境外企业投资兴业“热土”》，广西壮族自治区农业厅，2018 年 1 月 17 日，http：//www. gxny. gov. cn/news/ywkb/201801/t20180117_ 562366. html。

④ 《中国援助老挝减贫示范项目为东亚减贫提供样本》，中国发展门户网，2017 年 7 月 28 日，http：//cn. chinagate. cn/news/2017－07/28/content_ 41304323. htm。

（五）广西与湄公河国家的贸易投资

经济贸易方面。2016 年，广西对东盟国家的进出口总额达 1893.9 亿元，同比增长 3.7%，占全区外贸总额的 49%，在东盟市场增势良好。① 广西对湄公河五国的进出口总额达 1683.1 亿元（具体情况见表 1），占对东盟的进出口总额的 89%，占广西进出口总额的 43.5%。2017 年，泰国、柬埔寨对广西的贸易合作有所下降，但总体贸易总额呈增长趋势。

表 1　2017 年广西对湄公河五国的进出口情况

单位：千元人民币

国　家	进出口	出口	进口	累计比上年同期 ±（%）		
				进出口	出口	进口
越　南	162625857	93008608	69617249	2.1	1.2	3.4
泰　国	4652579	2147841	2504738	-57.3	46.7	-73.4
柬埔寨	434943	231969	202974	-16.5	51.5	-44.8
老　挝	326114	135048	191066	23.5	38.1	14.9
缅　甸	273254	243561	29693	23.1	14	255.5

资料来源：中华人民共和国南宁海关，http://nanning.customs.gov.cn/publish/portal150/tab61930/info879245.htm。

投资合作方面。2017 年 12 月，国开金融联合广西投资集团计划设立广西东盟“一带一路”基金，基金总额达 500 亿元，主要投入广西以及“一带一路”地区的基础设施建设、优质企业项目。②

三　总结与展望

2017 年，广西壮族自治区党务和政府根据经济新常态的变化，全面履

① 《2017 年广西外贸进出口 3866.3 亿元，再创历史新高》，广西新闻网，2018 年 1 月 20 日，http://www.gxnews.com.cn/staticpages/20180120/newgx5a628637-16859647.shtml。

② 《广西与国开行将投 500 亿元设立广西东盟“一带一路”基金》，东方网，2017 年 12 月 16 日，http://news.eastday.com/eastday/13news/auto/news/china/20171216/u7ai7278175.html。

行政府职责，奋力完成各项任务目标。一方面，“十三五”规划初期呈现良好势头，全区经济实力站上新起点，对外开放格局不断拓宽。另一方面，经济社会发展总体稳定、稳中提质、稳中增效。服务业成为新经济的内生动力，脱贫攻坚战不断进步，参与“一带一路”收获颇丰。在这一年里，广西参与澜湄合作机制硕果累累，“五网”建设加速，产能合作进入新篇章，跨境经济合作带动地区经济增长，贸易投资持续增加。

2018年，自治区党委和政府利用“十三五”初期的良好势头，聚合优势资源，拓展新合作领域，在新的政策机遇下，加快经济发展的步伐。首先，坚持以供给侧结构性改革为主线，坚持改革开放，落实“三大定位”新使命和“五个扎实”新要求。其次，围绕“一带一路”倡议及澜湄合作机制，积极开展与湄公河五国的产能合作、跨境经济合作、农业与减贫合作，确保双边贸易可持续健康发展，发展和平友好的睦邻关系，共同构建亚洲命运共同体。

B.10

2017年柬埔寨形势及其对澜沧江-湄公河合作的参与

李涛　代杭辛*

摘　要： 2017年以来尽管柬埔寨朝野党争不断，救国党也因触犯《政党法》遭到解散，但国内政治形势的紧张并未对柬埔寨经济的平稳发展产生大的影响。对外关系方面，柬埔寨继续与周边国家保持交流合作活跃的态势，特别是与中国的全面战略合作伙伴关系得以进一步推进。在澜湄合作方面，柬埔寨积极主动参与澜湄合作，主动融入与服务澜湄合作未来五年规划，促进国家经济社会可持续发展。

关键词： 柬埔寨　政治　经济　澜湄合作

一　政治形势：朝野党争不断　政局乱象重现

2017年6月，柬埔寨迎来每5年一次的第四届乡分区理事会选举。由于乡选重要程度仅次于2018年7月底的5年一次的国会大选，围绕乡分区理事会选举，执政党人民党与主要反对党救国党的党派矛盾不断升级，政治博弈提前上演。

---

* 李涛，云南大学周边外交研究中心、国际关系研究院东南亚研究所，博士，副研究员；代杭辛，云南大学国际关系研究院2017级硕士研究生。

（一）人民党、救国党围绕第四届乡分区理事会选举的政治博弈

2017 年第四届乡分区理事会选举于 6 月 4 日举行，虽报名参选的政党共有 12 个，角逐全国 1646 个乡分区理事会的席位，但实际上选举仍主要表现为人民党和救国党的角逐。5 月 20 日至 6 月 2 日为乡选竞选宣传活动，人民党、救国党两党均派出候选人在全国各地展开各类宣传活动，为竞选造势。为了备战选举，救国党计划拨出 170 万美元作为选举竞选宣传活动经费。洪森总理也一再向民众表示，人民党的胜利就是人民的胜利。6 月 25 日，第四届乡分区选举正式结果出炉，人民党赢得 1156 个席位，救国党赢得 489 个席位，高棉民族团结党赢得 1 个席位。从席位上来看，人民党占 70% 以上，可谓大胜，但反对党救国党较上届席位大增。因此执政党和反对党均声称各自的乡选结果为“胜利”。对于选举结果，洪森总理重申：人民党才是真正可以拯救国家的政党。他还对救国党使用“救国”二字命名表示不满。

（二）顶住内外压力，强势通过《政党法》修正案

尽管美国和欧盟均公开表达了对修改《政党法》的关注，但柬埔寨政府依然顶住内外压力，于 2017 年 2 月 20 日通过了《政党法》修正案。其中修改后的《政党法》第 6 条增加了两点重要内容，规定政党不得破坏国家安全和煽动分裂国家。对违反第 6 条的政党，法院可以禁止其活动。如内政部起诉，法院可以废除其政党。[①]《政党法》第二次修正案已于 7 月 10 日和 18 日分别在国会和参议院审议并通过。根据《政党法》第二次修正案新规定，政党不可利用“犯人”的声音、形象、书面文件或其他行动来获取政治利益。新法还规定，政党不能支持囚犯任何活动，否则法院有权解散该政党。另外，政党党名和党徽不可以使用个人名字和个人肖像。并要求曾被定罪的犯人不得再担任国内任何政党主席的职位。桑兰西随后被迫辞去救国党

① 《国会通过〈政党法〉修正案》，〔柬〕《高棉日报》2017 年 2 月 21 日。

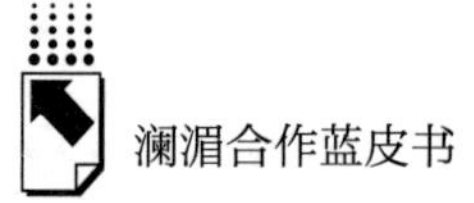

主席一职，然而，接替他出任主席的金速卡于2017年9月被依柬埔寨刑法第443条“勾串外国势力”叛国罪起诉，最重可判处30年徒刑。随后执政党以“与外国势力勾结，试图发动颜色革命”，违反《政党法》为由强势打压救国党，并最终以柬埔寨最高法院裁决“依法”解散了救国党。与此同时，高棉民族团结党主席涅文才因涉及毒品案件、高棉力量党主席孙西雷洛塔因侮辱柬埔寨军队，先后入狱。此外，柬埔寨内政部8月底解散了9个政党，因这些政党抵触《政党法》第31条，没有按时向内政部呈交年度报告，当中有的还有司法诉讼案在身。10月初，20个国内政党由于没有遵循《政党法》法规被内政部解散。反对党遭到前所未有的削弱，国内局势也大为改观。

（三）整肃媒体舆论环境，防止境外势力干预国内政治及“颜色革命”

一方面，为防止境外势力干预国内政治及反击颜色革命，柬政府严格控制公共言论，大力整肃社会舆论环境。柬埔寨政府先后通过《协会与非政府组织法》《互联网管理法》等多项法案。8月下旬，柬埔寨外交部下令关闭“国家民主研究所”（National Democratic Institute），因其违反了柬埔寨对于非政府组织管理的法律，且存在税务问题。柬政府下令该组织停止活动，并要求该组织的所有外国人员在一周内全部离境。另外，政府也勒令美国志愿服务组织“和平队”（Peace Corps）撤出柬埔寨。9月4日，由于欠税，柬埔寨政府勒令关闭运营了24年的英文媒体《柬埔寨日报》（*Cambodia Daily*）。9月13日，由于美国资助的自由亚洲电台和美国之音的柬埔寨电台没有广播许可，没有在当局登记，柬埔寨政府中止了这些电台在柬的运营与转播。据《金边邮报》（*Phnom Penh Post*）报道，柬埔寨政府发言人帕西潘（Phay Siphan）向媒体表示：“我们这样做，只是用我们的权力，告诉美国不要干涉我们的内政。”①另一方面，洪森首相和他的柬埔寨人民党也格外重视社会舆论，尤其是新媒

① 《柬政府发言人帕西潘：欧美无权干涉柬大选》，〔柬〕《高棉日报》2018年6月28日。

体领域，正设法利用社交媒体，为2018年的大选争取更多民众支持。65岁的洪森敦促政府官员多使用脸书，他本人从2015年开设Facebook账号，现在已经赢得918万粉丝，比桑兰西多一倍以上。柬埔寨政府在全国各地建立了“网络单位”项目，在社交媒体发表支持人民党的信息。

二　经济形势：总体平稳　稳中向好

2017年，尽管柬埔寨面临国内政治纷争，以及美国削减对柬援助、欧盟考虑暂停给予柬埔寨进入欧盟市场时享受的“除武器外一切均可”的贸易优惠待遇、区域经济尤其是中国经济放缓等不利的国际因素，但由于柬埔寨制造业价值链正从服装向电子产品和汽车零件攀升、旅游业快速增长、出口多样化和强劲的外国直接投资等，柬埔寨经济依然保持了稳定增长的发展态势。

（一）宏观经济保持强势增长势头

得益于政府加大支出、房地产建筑业、服务业和农业的增长，以及发达国家对柬制衣制鞋业需求的增长，2017年柬国内生产总值（GDP）约为222亿美元，保持了6.9%的经济增长率，人均国内生产总值增至1434美元。[①]2017年12月，国家外汇储备金增至87亿美元，可保证6个月的产品与服务进口需要。通货膨胀处于2.9%的可控范围，主要是食品（蔬菜、淡水鱼和大米）上涨2%与燃油价格稍涨0.2%所致。2017年瑞尔兑美元汇率继续保持稳定，即4050瑞尔/1美元，比2016年略上涨0.2%。柬埔寨金融业稳步增长，据柬埔寨国家银行发布的统计报告，柬埔寨现有39家商业银行、15家专业银行、7家拥有存款资格的小额信贷机构和66家普通小额信贷机构。银行业仍继续积极参与支持和推动国家经济增长与消除贫困。截至2017年12月，柬埔寨银行存款总额同比增长23.4%，增至约

① 《亚行称今年柬人均GDP将增至1434美元》，〔柬〕《高棉日报》2017年8月29日。

189.57 亿美元，约占 GDP 的86%。银行贷款总额同比增长 20.4%，增至约 199.77 亿美元，约占 GDP 的 90%。银行总资产同比增长 21.8%，增至约 331.65 亿美元，约占 GDP 的150%。[①] 在吸引外资方面，2017 年全年，柬埔寨获得国际直接投资的投资额达到了 52 亿美元，较 2016 年的 36 亿美元增长了 42%，主要来自中国、新加坡、韩国、中国香港、越南、英国、中国台湾、泰国、马来西亚和印度。柬埔寨王国政府批准的最主要投资领域分别是：工业、农业、服务业和旅游业。2017 年，柬埔寨本地投资公司对柬国内投资的协议投资额也达到了 31.24 亿美元，而 2016 年仅有 9.41 亿美元而已。[②]

（二）对外贸易呈稳中向好态势

2017 年柬埔寨进出口贸易呈稳中向好、稳中有进的态势，贸易赤字进一步缩小。全年进口额为 155 亿美元，出口额为 112 亿美元，突破 100 亿美元大关，其中贸易逆差为 43 亿美元。主要出口国为美国（占 21.2%）、英国（占 8.9%）、德国（占 8.9%）、日本（占 7.5%）、中国（占 6.7%）等；主要进口国为中国（占 41.7%）、泰国（占 16.5%）、越南（占 11.7%）、新加坡（占 4.3%）、日本（占 4.2%）等。[③] 柬埔寨主要出口商品，依序为服装、鞋子、脚踏车、大米、胡椒、橡胶、玉米、木薯、汽车零件、宝石等产品；而主要出口市场则为欧盟、美国、中国、韩国和东盟。服装和鞋类仍然是柬埔寨最重要的出口产品，2017 年服装和鞋类产品出口总额突破 76 亿美元，较 2016 年的 73 亿美元增长 4%。[④] 2017 年，柬埔寨全国海关税收达 19.01 亿美元，同比增长 10.4%，超出计划的 8.4%。柬埔寨政府 2017 年向企业提供的关税优惠出口金额为 200 万美元，比 2016 年同期的

---

① 《2017 年柬埔寨 GDP 增长 6.9%》，〔柬〕《高棉日报》2018 年 1 月 4 日。

② 《CDC 揭晓柬 10 大外来投资国，中国蝉联榜首》，〔柬〕《柬华日报》2018 年 1 月 18 日。

③ 《央行预测 2018 年柬埔寨 GDP 将增长 7%》，〔柬〕《高棉日报》2018 年 7 月 14 日。

④ 《去年服装和鞋类产品出口微增》，〔柬〕《柬中时报》2018 年 3 月 12 日。

47万美元增长325.5%；而向企业提供进口关税优惠则为900万美元，比去年同期的664万美元增长35.5%。[①]

（三）成衣制鞋业、旅游业、建筑业延续稳中快进态势

成衣制鞋业方面。柬埔寨的制造业以制衣、制鞋为主，目前柬埔寨是世界上最大的成衣出口国之一，柬埔寨从事制造业和工业的劳动者为98.2万多人，其中制衣制鞋行业的劳动者逾84.7万人，占全国的86%。[②] 2017年成衣制鞋业为柬埔寨创收76亿美元，全国共有1154家成衣制鞋厂，同比增长4.25%，为77万柬埔寨人提供了就业岗位，同比增长4.42%。[③] 中国是柬埔寨纺织服装和制鞋业的最大投资来源国，但是，柬埔寨鞋服产品最大出口市场是欧盟和美国，因为柬埔寨享有美国和欧盟的最惠国待遇。欧盟28个国家是柬埔寨最大的成衣进口国，占柬埔寨总出口量的45%，美国市场占20%，其他市场包括加拿大、日本和中国。[④]

旅游业方面。旅游业被柬埔寨政府视为“绿色黄金”，2017年旅游业为柬埔寨创收36.3亿美元，比2016年增长13%，旅游业为柬埔寨国内生产总值（GDP）贡献12.3%，并直接创造了62万个就业岗位，让数十万人受益。2017年柬接待外国游客560万人次，同比增长11.6%，其中中国游客达120万人次，同比增长46%，成为柬第一大旅游客源国。[⑤] 柬埔寨热门景点包括吴哥窟、柏威夏和三波波雷古迹及许多生态旅游点。其中吴哥窟门票创收1.07亿美元，比2016年增长72%。[⑥]

建筑与房地产行业方面。柬埔寨经济增长强劲，除服装制造业和旅游业

① 《去年关税收入增长10%》，〔柬〕《星洲日报》2018年1月25日。

② 《2017年柬埔寨出口总额增长13%》，〔越〕越通社，2018年2月24日。

③ 《柬成衣制鞋业去年创汇76亿美元，提供77万个就业岗位》，〔柬〕《高棉日报》2018年3月12日。

④ 《去年前11月柬从中国进口近28亿衣鞋》，〔柬〕《高棉日报》2018年3月12日。

⑤ 《2017年赴柬游客同比增长11.6%》，中国驻柬埔寨经济商务参赞处，http://cb.mofcom.gov.cn/article/ddgk/zwfengsu/201801/20180102698768.shtml。

⑥ 《柬埔寨旅游业2017年创收36.3亿美元》，〔柬〕《高棉日报》2018年2月8日。

外，建筑业已成为近年来柬埔寨经济的主要驱动力之一。柬埔寨的建筑业服务于物质和社会需求，包括建设住宅和商业楼，桥梁以及公共基础设施，土地改良等。据城市规划和建设部报告，2017 年柬埔寨批准了 3418 个项目，价值 68 亿美元。同比增长了 22%。这些数字显示柬埔寨建筑业正稳步增长。这些投资主要集中在住宅、工厂、共管公寓、酒店和办公楼。2017 年，住宅项目占主导市场，占已批准项目的 82%，而商业建筑仅占 8%。[①] 建筑业吸引了大量的投资，其中 90% 的外国直接投资来自包括中国、日本、韩国、中国台湾、中国香港等亚洲投资者。[②]

三 对外交流与合作：呈现双边和区域合作并重态势

（一）努力改善周边外交环境

1. 柬中关系：全面战略合作伙伴关系持续发展

柬中关系是柬埔寨周边外交中非常重要、特殊的双边关系。2017 年，柬中关系继续保持高水平运行，两国政治互信不断加深，发展战略加快对接，务实合作成果丰硕，人文交流日益密切，为两国和两国人民带来实实在在的利益。

（1）高层互访频繁

2017 年，柬中两国高层保持互访频繁之态势。4 月 27 日，杨洁篪国务委员出席在金边举行的“中柬政府间协调委员会”第四次会议，双方就进一步拓展深化双边关系与务实合作进行了深入沟通交流。5 月 13 日至 17 日，洪森首相出席“一带一路”国际合作高峰论坛并正式访华。访问期间，双方签署了《共同推进“一带一路”建设合作规划纲要》《关于加强基础设施领域合作的谅解备忘录》《关于交通运输领域能力建设合作谅解备忘录》

---

① 《柬埔寨投资指南》（2018 年），https：//www. realestate. com. kh/zh - cn/news/2018 - Cambodia - industry。

② 《2017 年建筑业投资额达 64 亿美元》，〔柬〕《高棉日报》2017 年 12 月 28 日。

《关于旅游合作的谅解备忘录实施方案（2017～2020）》等13份重要合作文件。9月19日至21日，应柬埔寨人民党邀请，中共中央政治局常委、中央书记处书记刘云山对柬进行正式访问，分别会见人民党主席、政府首相洪森和代理国家元首、参议院主席赛冲，再次凸显了中柬两党关系对两国关系的重要引领作用。[①] 2017年，中柬高层互访中一再重申，西哈努克太皇和老一辈中国领导人开创了柬中友好之路，柬政府和柬王室愿继续传承中柬传统友谊，积极推动两国全面战略合作伙伴关系不断深入发展，进一步深化柬中双方在“一带一路”框架下的务实合作，更好更快地发展，推动双边关系不断取得更加丰硕的成果。

（2）经贸往来实现重大突破

中国是柬第一大贸易伙伴和第一大进口来源地，是柬最大的外资来源国和最大的外来援助国。2017年，据中国海关统计，中柬贸易额超额完成两国政府设定的50亿美元目标，达到57.9亿美元，同比增长21.7%。其中柬方进口为10.08亿美元，同比增长21.3%，出口为47.8亿美元，同比增长21.7%。[②] 2012年以来中方一直是柬第一大贸易伙伴和第一大进口来源地。根据柬方统计，截至2017年底，中方累计在柬直接投资达126亿美元，西哈努克港经济特区已为当地提供了近2万个就业机会。双方基础设施建设合作取得瞩目成就，中国企业在柬埔寨修路、建桥、铺设光缆数量居各国企业之上，中国企业投资建设的电站发电量占柬总发电量约八成。[③] 截至2017年底，中国对柬埔寨各类投资存量接近80亿美元，连续多年是柬埔寨最大外资来源国。[④] 2013～2017年，中国对柬投资额达53亿美元，是柬埔寨最

---

① 《中柬关系》，中华人民共和国驻柬埔寨王国大使馆，http://kh.china-embassy.org/chn/zgjx/。

② 《2017年12月进出口商品国别（地区）总值表（美元值）》，中华人民共和国海关总署，2018年1月23日，http://www.customs.gov.cn/customs/302249/302274/302276/1421252/index.html。

③ 《中国商务部副部长访问柬埔寨，中柬合作深入落实》，人民网，2018年6月20日。

④ 《中国－东盟博览会柬埔寨展助力中柬经贸合作》，《人民日报》2018年3月31日，第11版。

大的投资来源国，平均每年10亿美元投资，主要涉及银行、工业、旅游业和基础设施等。中国对柬埔寨的投资不断增长，反映了中国投资企业对柬埔寨贸易与投资环境的信任。① 截至2017年底，我国企业在柬累计签订承包工程合同额175.4亿美元，完成营业额110.8亿美元。中方统计，2017年中国对柬非金融类直接投资5.5亿美元，同比增长45%。②

（3）中国深化对柬援建

2017年2月，中国援助柬埔寨国王工作队挖掘机、推土机、起重机、皮卡汽车等物资共18项，为国王工作队在乡村开展的扶贫工作提供帮助。4月4日，洪森首相和熊波大使共同出席中国援柬国家体育场项目开工仪式。援柬国家体育场项目位于金边市北部，设计方案总建筑面积约8.24万平方米，可容纳6万人。9月25日，洪森首相与熊波大使共同出席柬上丁省桑河二级水电站下闸蓄水仪式，现场亲自按下闸门操作按钮，启动水电站下闸蓄水进程。该水电站由中国华能集团、柬皇家集团等共同投资建设，总装机容量40万千瓦，计划2018年10月底8台机组全部投产发电，为柬埔寨最大水电工程。2017年，中国企业助柬建成的哥通柬中友谊大桥建成通车，金边市第二环线（西段）、51号国家公路工程顺利开工，中国援柬的6A号公路2017年已建成启用。11月，中国援柬"移动诊所"巨额捐赠也在持续进行，中国向柬埔寨无偿捐赠40辆"移动诊所"，以及1500套沼气炉设备。其中40辆"移动诊所"将分配到全国25个省市，在偏僻的农村地区开展巡回医疗工作，缓解农村地区人民看病难问题。③ 自20世纪90年代以来，中国政府多次向柬埔寨提供物资援助，帮助柬农村地区兴修水利，修建道路、学校，运送救灾物资等，为改善柬基层民生发挥了积极作用。

（4）文化、教育、旅游等领域合作发展迅速

中国政府不仅向柬提供了大量经济技术援助和优惠贷款，还高度重视柬

---

① 《2017年建筑业投资额达64亿美元》，〔柬〕《高棉日报》2017年12月28日。

② 《经贸关系》，中华人民共和国驻柬埔寨王国大使馆，2018年4月27日，http://kh.china-embassy.org/chn/zgjx/jmgx/。

③ 《中国援柬"移动诊所"巨额捐赠持续进行》，〔柬〕《柬华日报》2017年11月10日。

埔寨国民教育的发展及教育环境的改善，积极支持柬开展华文教育，通过第二届“大使图书角”项目，向柬方捐赠书籍价值33万元人民币，涵盖人文历史、名家名著、自然科普、对外汉语、实用技术等十多个门类，还援建了磅士卑省图书馆、柬暹粒省荔枝山“国父国母”学校新校舍。中国和平发展基金会拟在西哈努克省援建5所中柬友好“丝路之友”学校。8月14日，熊波大使与柬教育青年体育部大臣韩春纳洛出席中国政府奖学金留学录取通知书颁发仪式。截至2016年底，中国政府奖学金项目累计接收柬学生突破2000人。2017年，柬方共有181名学生获得中国政府奖学金，2017/2018学年中国向柬提供政府奖学金名额达到334个，创历史新高。11月26日，中国驻柬使馆驻暹粒领事办公室举行开馆仪式。该办公室领区包括暹粒、马德望、磅同、奥多棉吉、班迭棉吉和柏威夏六省，将有力促进中国同柬西北地区在经贸投资、人文旅游、地方合作等各领域的交流合作，为前来旅游、投资兴业的中国公民和企业提供更加便捷有效的领保服务，在两国政府、地方省市和两国人民之间发挥重要桥梁作用。2017年柬接待中国游客达120万人次，同比增长46%，成为柬第一大旅游客源国。目前往返中国—柬埔寨的航空公司就有15家（其中柬埔寨3家，中国12家）、每周155个定期航班和50个直飞包机航班。①

2. 柬泰关系：传统睦邻友好和合作伙伴关系不断深化发展

（1）政治关系趋于稳定

继2015年柬埔寨总理洪森访问泰国，时隔一年后，2017年9月，泰国总理巴育率领高级代表团再次对柬埔寨进行国事访问。柬泰双方在金边共同举行了题为“巩固伙伴关系，致力于和平与繁荣”的第三次柬埔寨—泰国联合内阁会议，并签署通过了《第三次柬泰联合内阁会议宣言》、《关于避免双重征税和防止偷漏税的协定》和《关于避免双重征税和防止偷漏税的协定》，双方还就打击犯罪、贸易等社会经济问题进行讨论。两国同意促进

① 《2017年赴柬游客同比增长11.6%》，中国驻柬埔寨经济商务参赞处，2018年1月15日，http：//cb. mofcom. gov. cn/article/ddgk/zwfengsu/201801/20180102698768. shtml。

海陆空互联互通，便于两国商品流通，从而扩大贸易交易额，并定下在2020年双边贸易总额达到150亿美元的目标。①

（2）经贸关系稳步发展

2017年柬泰双边贸易额达61.65亿美元，比2016年的56.1亿美元增长10%。其中柬埔寨对泰国出口额大约是泰国对柬埔寨出口额的1/6，其中，柬对泰出口额为8.95亿美元，比2016年的9.38亿美元减少约5%；泰对柬出口额52.7亿美元，比2016年的46.72亿美元增加约13%。柬埔寨出口到泰国的主要产品是农产品，如玉米、木薯、豆类等。柬埔寨进口泰国商品主要有机械、电器、燃油、建材、日用品、食品、化妆品等。② 为便利两国的旅游与货物运输，应付日益增加的通关人数。12月，柬埔寨与泰国政府同意开通4个新国际边关口岸（即柏威夏省安斯口岸、马德望省扑农基口岸、菩萨省特莫达口岸和奥多棉芷省祖国基口岸）。③

3. 柬越关系：全面友好合作关系继续向前发展

（1）高层政治互访频繁

2017年是柬越建交50周年，两国高层领导互访和庆祝活动显示了稳定和谐的两国关系。4月，柬埔寨首相洪森和来访的越南总理阮春福举行会谈，在两国建交50周年之际，双方分别对两国社会经济的发展以及政局的稳定表示祝贺。6月，柬埔寨国会主席韩桑林亲王率团出访越南；同月，洪森总理在5位副总理以及各部委领导、军队高级将领和各地方领导代表的陪同下出席了越南平阳省人民互动交流会，交流会由阮春福与洪森共同主持，柬越双方各阶层共800余人参加了见面会。7月，越南共产党中央委员会总书记阮富仲对柬埔寨王国进行国事访问，柬越双方领导人高度赞赏了两国的友好关系及良好发展势头。

（2）双边合作机制成效显著

除柬越双方高层互访频繁外，两国各部委和地方之间的双边合作机制发

---

① 《柬泰两国总理会晤成果丰硕》，〔柬〕《高棉日报》2017年9月10日。

② 《柬泰双边贸易额2017年逾61亿美元》，〔柬〕《高棉日报》2017年12月28日。

③ 《柬泰将开通4个新国际边关口岸》，〔柬〕《高棉日报》2017年12月13日。

挥着日益显著的作用。3 月，“柬埔寨和越南边境省份发展与合作第 9 次会议”在金边举行，柬埔寨外交与国际合作部部长巴速坤和越南副总理兼外交部部长范平明共同出席会议。双方一致同意，加快建设“典型边贸市场”，旨在促进双方贸易发展，改善两国边民生活。同时表示两国政府将努力加快勘界立碑工作，旨在进一步促进两国边境地区经济社会健康稳定发展。[①] 4 月，越南总理访柬期间双方达成多项协议。关于边境工作方面，柬越两国政府同意允许两国的边境委员会继续携手尽早处理和解决边境的问题；柬越双方签署了 4 件重要合作文件，涉及了研究建设高速公路、农业合作、越南援柬修建道路和建设戒毒所等；[②] 柬越两国总理共同出席了总造价 3600 万美元的柬越跨境友谊大桥通车仪式。洪森总理表示，柬越跨境友谊大桥的启用正好给两国正式建交 50 周年赠送了“大礼”，也体现了柬埔寨政府推出的政策，要把之前是战场的这里变成为“和平”、“友谊”和“合作”的柬越边境地区。[③] 7 月，越共中央总书记阮富仲访柬期间，与柬埔寨总理洪森共同出席双边 4 项合作文件的签署仪式。双方重申了维护南海和平、稳定与安全局势的重要性，认为一切争端应通过和平方式来解决。双方承诺将充分和有效落实《南海各方行为宣言》，尽早制定《南海行为准则》。[④] 8 月，柬越两国阵线在柬埔寨贡布省召开第五届柬越边界线建设国际会议。目前柬越两国已完成 84% 的边境勘界立碑工作。[⑤] 9 月，柬越两国司法部在越南西宁省联合举行第一次柬越边境省份司法会议，双方还签署了柬埔寨司法部和越南司法部之间的合作计划（2017～2018）、柬埔寨司法部王家司法培训学院和越南司法部司法学院之间的合作备忘录。

---

① 《柬越境合作会议在金边举行》，〔柬〕《高棉日报》2017 年 3 月 16 日。

② 《洪森总理在金边和平大厦与越南总理举行双边会谈》，Agence Kampuchea Press，2017 年 4 月 25 日。

③ 《柬－越建交 50 年跨境友谊大桥正式通车》，全球资源网，2017 年 4 月 24 日，http://xwzx.qqzyw.com/show－91765.html。

④ 《柬越两国发表联合声明　重申维护南海和平重要性》，〔柬〕《高棉日报》2017 年 3 月 16 日。

⑤ 《柬越边境勘界立碑工作完成八成》，〔柬〕《高棉日报》2017 年 8 月 16 日。

（3）经贸合作深化发展

据越南海关总局统计，2017 年越柬贸易额达 37.96 亿美元，同比增长 29.7%。其中出口额达 27.76 亿美元，同比增长 26.1%，进口额达 10.2 亿美元，同比增长 40.6%。[①] 2017 年越南对柬投资项目数量为 196 个，累计注册投资额达 29.4 亿美元，主要涉及农林渔业，越南是柬埔寨五大外商直接投资来源国之一。柬埔寨对越投资项目数量为 18 个，投资总额达 5812.5 万美元。[②] 柬越的友好合作关系、柬埔寨政府的优惠政策、两国地理位置相近等因素为两国加强贸易投资合作关系创造了便利条件。

4. 柬老关系：合作与冲突并存

（1）高层互访情况

应洪森总理邀请，老挝总理通伦 9 月 1 日到访金边，并与洪森总理举行 2 个多小时的边境问题会判，两国达成 4 点重要协议：第一，两国外交部长将在柬埔寨举行会谈，并联合签字向法国申请地图；第二，老挝方同意洪森致通伦函件提及的 4 个解决措施；第三，双方同意边境委员会实地解决屋达优地区的边境问题；第四，柬老两国总理将联合致函法国总统，以把 1∶10 万比例的地图转换为 1∶5 万比例的地图，便于两国进行边境勘界立碑工作。

（2）边境对峙与边境合作

2017 年最突出的边境冲突是 4 月大约 30 名老挝军人逾越边境，进入柬埔寨上丁省与老挝阿速坡省交界的屋阿莱与屋达优两地区，阻止柬埔寨在东北地区铺设道路。8 月 11 日，洪森发出最后通牒，要求老挝在 6 天内撤军。[③] 洪森指示柬埔寨部队准备武力向老挝军做出回应，并派出 2 个师的军队赴上丁省。[④] 为防止双方关系持续紧张与进一步恶化，洪森总理 8 月 12

---

① 《越南与柬埔寨海关合作》，越南人民军队报网，2018 年 3 月 20 日，http：//cn.qdnd.vn/cid－6158/7193/nid－548030.html。

② 《柬越承诺共同致力两国边境和睦》，〔柬〕《高棉日报》2018 年 5 月 18 日。

③ 《柬老撤军，两国边境战争危机解除》，《世界之声》，2017 年 8 月 13 日。

④ "Prime Ministers Gives Laos Troops 6 Days to Leave Border Area," *The Cambodia Daily*, Auguest 22, 2017, https: //www.cambodiadaily.com/news/prime－minister－gives－laos－troops－6－days－leave－border－area－133547.

日赴老会见老挝国家主席本扬·沃拉吉，商讨近来两国边界紧张局势。经过商讨，老挝同意撤军，洪森也指示柬埔寨王家军队从该地区撤回军营，老柬两国总理同意由两国外交部继续谈判，尽快解决两国剩余的边境问题。柬埔寨上丁省柬老边境地区归于平静。① 两国完成柬老全长540公里边境的464.5公里（占86%）的边境测量勘界工作，并且完成145个边界碑中的121个边界碑设立工作，剩余14%的边境测量勘界工作正在谈判中。② 11月，洪森总理与老挝总理通伦在菲律宾首都马尼拉出席第31届东盟峰会后举行会谈，并达成两国在存有争议的边界地区增设145个边界碑的共识。③

（二）“大国平衡”战略下积极发展与域外大国关系

1. 柬美关系：摩擦与合作并存

2017年，因柬埔寨国内政治事件特别是救国党主席金速卡被捕以及救国党的危机引发美国对柬埔寨“民主倒退”的批评，柬美政治关系趋于紧张。9月，美国驻柬埔寨大使馆发布声明表示美国将停止向柬埔寨外交部总局长及以上级别的官员和家属发放商务、旅行签证。洪森总理宣布停止与美国合作寻找美国士兵残骸，强烈回应美国暂停向部分柬埔寨外交官员发放签证的决定；11月，洪森总理回应美国参议员警告“不接受柬埔寨选举”时表示，不在意外国因救国党问题而不接受柬埔寨的选举。为了让被解散的救国党重新运作、释放前救国党主席金速卡，美国逐步对柬埔寨采取制裁措施，包括停止援助柬埔寨选举、限制签证及冻结柬埔寨官员在国外的财产等。柬埔寨政府则重申绝不让任何国家干涉柬埔寨内政，并不听任何国家的命令，柬美矛盾因柬内政持续发酵。随后柬埔寨政府通知终结由绰号“海蜂”（Seabees）的美国海军机动建筑营修建学校和医院的项目以及取消了原计划柬美第八次“吴哥哨兵”联合演习。但政治紧张局势并没有影响到柬美双边贸易。2017年柬埔寨24%的出口商品出口到美国，柬埔寨对美国的

---

① 《老挝军已从柬埔寨领土全部撤出》，〔柬〕《高棉日报》2017年8月13日。

② 《柬老两国总理会谈力促边境和平》，〔柬〕《高棉日报》2017年9月2日。

③ 《柬老政府将在争议区增设145个界碑》，〔柬〕《高棉日报》2017年11月13日。

商品出口额达36.4亿美元，比2016年增长近9%。[①]

2. 柬日关系：持续升温，双边关系再上新台阶

政治方面。2017年8月，洪森总理访问日本，与日本首相安倍晋三举行会谈，安倍晋三承诺继续向柬方提供巨额经济援助，并确认将为柬埔寨提供约2.4亿美元的无偿援助金。洪森希望日本对连接柬埔寨首都金边机场和金边市区间的轻轨项目投资8亿美元资金，而日本方面表示同意对该项目进行可行性研究。柬日双方还签署了包括水利工程、西哈努克港援建等在内的一系列协议。

经贸方面。截至2017年，日本在柬埔寨投资项目有130项，投资金额16亿美元，投资项目涉及银行、工业、农工业、服务业和基础设施。此外，2017年共有9个投资项目，涉及金额6300万美元，其中8个项目设于经济特区内，金额5900万美元。在金边经济特区共有100家公司，其中日本公司占60%。[②] 自1992年至2017年，日本已向柬埔寨提供总额为30多亿美元的无偿援助和总额为13多亿美元的优惠贷款。[③]

四 参与澜湄合作的进展

（一）成立全球湄公河研究中心，为澜湄合作提供智力支撑

2017年9月28日，全球湄公河研究中心及全球湄公河研究中心（柬埔寨中心）在金边成立。柬埔寨合作与和平研究所主席诺罗敦·西里武亲王，全球湄公河研究中心（中国中心）主任荣鹰以及老挝、缅甸、泰国、越南的知名智库代表出席了成立大会。成立全球湄公河研究中心是中方为增进澜湄合作而提出的重要倡议之一，并得到了各方积极响应。为落实这一倡议，充分发挥智库力量，集思广益，在中国外交部指导下，中国国际问题研究院

① 《2018年1月柬埔寨对美出口同增近三成》，〔柬〕《高棉日报》2018年3月24日。

② 《日本在柬埔寨投资130个项目》，〔柬〕《柬埔寨星洲日报》2018年2月23日。

③ 《日本与柬埔寨加强双边合作》，〔越〕《越通社》2018年4月9日。

联合相关单位率先于2017年9月19日组建全球湄公河研究中心（中国中心）。与此同时，柬埔寨、老挝、缅甸、泰国、越南等其他五个湄公河国家知名智库也会创办全球湄公河研究中心，从而构建澜湄合作智库交流与合作的平台，共同为澜湄合作更好更快发展贡献智慧。

（二）成立“澜湄合作柬埔寨国家秘书处”，助推澜湄合作可持续发展

2017年10月10日，“澜湄合作柬埔寨国家秘书处”在柬埔寨正式成立。“澜湄合作柬埔寨国家秘书处”揭牌，标志着澜湄合作诸多项目已经落地，合作机制日趋成熟，也象征了各国加强合作，推进澜湄合作可持续发展。该秘书处将协助柬埔寨与各澜湄合作机制国家的合作，以保障各项目执行工作的效力。柬埔寨外交与国际合作部部长布拉索昆表示，澜湄合作柬埔寨国家秘书处的成立“表明了柬埔寨政府和各有关部门积极推进澜湄合作的意志和决心，对促进澜湄合作机制发展有重要意义，柬方愿与各国共同培育‘平等相待、真诚互助、亲如一家’的‘澜湄文化’，携手努力推动澜湄合作健康成长，将六国友好关系不断推上新水平，为建设澜湄国家命运共同体做出应有的贡献”。①

（三）积极参与澜湄合作重要会议，共同规划澜湄合作未来方向

2017年9月，澜湄合作第六次外交联合工作组会在云南大理举行。柬埔寨外交与国际合作部国际合作总司副总司长辛维烈与中国外交部亚洲司副司长黄溪连共同主持会议，老挝、缅甸、泰国、越南外交部有关官员出席。各方就澜湄合作未来方向、第三次外长会筹备工作等进行了讨论，并达成了许多共识。10月，澜湄合作第五次高官会在云南昆明举行，会议由澜湄合作柬埔寨高官、柬政府顾问索西帕纳与中方代理高官、外交部亚洲司司长肖千与共同主持，老挝、缅甸、泰国、越南高官或高官代表与会。会议重点就

① 《澜湄合作柬埔寨国家秘书处成立》，〔柬〕《高棉日报》2017年10月10日。

澜湄合作进展、未来发展规划和下阶段系列重要会议筹备工作等交换意见。12月，柬埔寨外交与国际合作部部长布拉索昆出席在云南大理举行的澜湄合作第三次外长会，并与中国外交部部长王毅共同主持会议。布拉索昆充分肯定澜湄合作启动以来取得的令人瞩目成果和发展速度。[①] 会议宣布了“澜湄合作专项基金首批支持项目清单”，宣布建立“澜湄合作热线信息平台”，散发了“首次领导人和第二次外长会成果清单”。外长们祝贺互联互通、产能、跨境经济、水资源、农业和减贫六个优先领域联合工作组全部成立并投入运作，水资源合作中心、澜湄环境合作中心、全球湄公河研究中心成立。外长们同意建立六国国家秘书处协调机构间横向联系，加强六国国家秘书处协调机构同各优先领域联合工作组间的合作，推动澜湄合作不断向前发展。外长们一致认为，澜湄合作正从培育期进入成长期，各方要发扬“推土机”精神，加大投入，扎实工作，朝着《三亚宣言》确定的共同愿景迈进，为促进六国经济社会发展、增进人民福祉、缩小发展差距和支持东盟共同体建设发挥更大作用。

（四）积极推动澜湄合作机制框架下各项合作有序进行

2017年7月，柬埔寨代表参加澜湄合作跨境经济合作联合工作组首次会议，会议标志着澜湄合作框架下跨境经济合作联合工作组机制正式成立并实质性运作。与会各方一致同意在澜湄合作框架下推进落实“一带一路”相关倡议及经贸合作举措，就编制跨境经济合作规划、贸易促进、电子商务、经济技术合作、园区合作、区域贸易便利化等方面合作深入交换意见并达成广泛共识。会后，与会工作组组长共同签署了《澜湄合作跨境经济联合工作组首次会议纪要》，同时有关国家工作组组长还共同签署了《澜湄合作跨境经济合作联合工作组职责范围》。

7月13日，“2017年澜沧江－湄公河国家经济技术展览会”在柬埔寨

① 《澜沧江－湄公河合作第三次外长会联合新闻公报》，中华人民共和国外交部，2017年12月16日，https：//www. fmprc. gov. cn/web/ayxw/t1314308. shtml。

首都金边开幕，来自中国、柬埔寨等国130余家企业参展，寻求深化产能合作。此次展会由中国国际贸易促进委员会和柬埔寨商业部共同承办，参展企业涉及铁路、电力、通信、工程机械及建材等多个行业。展会对深化澜湄各国经贸交流，推动各国务实合作具有重要意义。本次展会是2016年12月澜湄合作第二次外长会议中方倡议项目，旨在增进中国和湄公河五国人民间的友谊，推动各国在农业、水利、基础设施、信息通信等领域合作取得务实成果。11月，2017澜湄次区域国家商品博览会暨澜湄合作滇池论坛在昆明开幕，吸引了来自澜湄6国政府、企业、媒体、学界等共700余人参与。12月21日，澜湄合作专项签约基金柬埔寨首批项目在柬埔寨外交部举行，柬埔寨获得澜湄合作专项基金731万美元，将用于16个项目，覆盖农业、旅游、电信、教育等方面。①

（五）参与域内多边会议，提升区域经济一体化水平

2017年9月，柬埔寨派代表参加在越南胡志明市召开的第三届伊洛瓦底江－湄公河－湄南河经济合作（ACMEC）旅游部长会议暨第四次柬老缅越（CLMV）旅游部长会议。ACMECS与CLMV各国部长高度评价各国的合作，推动旅游促进计划，扩大旅游市场和打造共同的旅游产品，认为各国之间的旅游合作活动应拥有行动性和效果性。其中，强调了旅游产品对接、旅游路线和旅游走廊对接、旅游推介和促进活动等的必要性。第四届伊洛瓦底江－湄公河－湄南河经济合作（ACMEC）旅游部长会于2018年在泰国举行。第五次柬老缅越（CLMV）旅游部长会议将于2019年举行。② 12月19日，柬老越发展三角区（CLV）副部长级会议在越南平福省召开，会议强调加强合作维护边境安全、合理解决边境安全的相关问题，尤其是打击偷渡、拐卖人口、贩卖毒品等非法活动，会议还就“至2030年柬老越三国经济对

---

① 《澜湄合作专项基金781万美元支持柬埔寨16个项目》，〔柬〕《高棉日报》2017年12月22。

② 《越南与ACMECS和CLMV各国加强合作，促进旅游业发展》，越南人民报网，http://cn.nhandan.org.vn。

接行动计划”达成了一致。会议就柬老越三国联合制定展开《2010～2020年柬老越发展三角区经济社会发展总体规划》的行动计划达成共识。①

结　语

围绕2017年柬埔寨第四届乡分区理事会选举以及2018年7月底的国会大选，洪森领导的人民党与反对党，尤其是救国党之间的党派斗争愈演愈烈，已趋白热化。柬埔寨政府顶住国内外压力，并依据《政党法》修正案、依据《非政府组织法》与《税务法》等国内法律法规，采取了一系列果断措施，解散了自上届国会大选以来使柬埔寨重新陷入内斗旋涡的最大反对党——救国党，逮捕了救国党主席金速卡，并且粉碎了以美国为首的西方国家干预柬埔寨政治的企图与野心。虽然流亡海外的前救国党领袖们在美国等西方国家的支持下成立“柬埔寨救国运动”，旨在恢复柬埔寨的政治局势，将对人民党政府产生极大的考验，但柬埔寨国内政局不太可能出现大的动荡。经济上，由于柬埔寨与主要贸易伙伴合作关系不断深化，趋于紧张的柬埔寨政局也不会对经济造成大的影响，柬埔寨经济仍将保持7%左右的年增长率。外交方面，柬埔寨政府将依然奉行独立、和平、永久中立和不结盟的外交政策，妥善处理好与周边国家、区域外大国以及国际社会的关系。在澜湄合作层面，柬埔寨积极主动参与澜湄合作的未来规划，将以在金边举行的澜湄合作第二次领导人会议为契机，与澜湄各国一道在协商一致、平等相待、相互协商和协调、自愿参与、共建、共享的基础上，尊重《联合国宪章》和国际法，在澜湄合作框架下助推各个领域的合作，努力推动本国经济与社会的发展。

---

① 《柬老越发展三角区副部长级会议在越南平福省召开》，越南人民报网，2017年12月20日，http：//cn. nhandan. org. vn。

B.11

2017年老挝形势及对澜沧江－湄公河合作的参与*

方芸　伊彤**

摘　要： 2017年，老挝人民民主共和国在老挝人民革命党的领导下，强化了政治建设和组织建设，政局稳定，经济稳步发展，人民生活水平不断提高。经济方面，老挝结合自身经济结构的特点，采取有效措施，大力规划并促进地方经济发展，取得了显著成果，成为该地区表现最为强劲的经济体之一。外交方面，老挝持续深入巩固和拓展与周边国家的关系，拓展与中国的全面合作关系，积极参与澜湄合作。

关键词： 老挝　社会　经济　澜湄合作

2017年以来，老挝的政党建设稳步推进，不断完善法律体系，优化组织结构，在治国理政方面成果显著。经济方面，老挝的发展势头稍有放缓，但老挝结合自身经济结构特点，采取有效措施，大力规划并促进地方经济的发展，取得了显著的成果。外交方面，老挝进一步巩固和加深老越特殊关系，大力发展和扩大与中国的全面合作关系，在与周边国家关系稳步发展的

* 本报告为云南省哲学社会科学规划课题“中老两国社会主义命运共同体建设构想和实施路径研究”（项目编号：ZD201706）的阶段性成果。

** 方芸，云南大学周边外交研究中心、国际关系研究院研究员；伊彤，云南大学国际关系研究院2017级研究生。

同时，不断拓宽视野，发展与俄罗斯、日本等国的关系，积极参与澜沧江－湄公河次区域合作，以促进老挝国家社会经济的发展。

一　完善法制体系，维护社会稳定

2017 年以来，老挝人民革命党不断完善政策，力抓贪污腐败问题，加强监管力度。为适应社会和国家发展需要，不断完善法制体系，优化机构功能，在促进全国经济发展及政治社会稳定方面发挥了重大作用。

（一）打击贪污腐败，树立政府形象

贪污腐败始终是一个影响老挝社会稳定和政治稳定的重要问题。近年来，老挝针对反腐和干部廉政建设投入了巨大的精力，如加强纪检工作、加强公务员财产申报进度、提高公务员待遇等种种举措相继出台，起到了一定的作用。但是也应该看到，老挝的贪污腐败现象依然普遍存在，老挝人民革命党和政府在这个问题上依然有很长的路要走。2017 年 9 月 28 日，来自老挝南部沙湾拿吉、占巴塞、沙拉湾、色功和阿苏坡五个省份的 50 名监察官员在占巴塞省一起参加了为期 3 天的反腐研讨会。本次会议的主要目的是更好地了解打击贪污腐败的法律架构、最佳做法和国际经验，旨在提高惩治官员贪污的知识和技能。2017 年，党中央秘书处通过做出反腐决议，加强了对腐败的预防和抑制措施，使那些担任政府要职的人员对其组织内的任何腐败行为负责。

（二）拓宽法律覆盖领域，完善法制体系

在过去的一年里，老挝法律委员会发布了各项新的关于司法、国防、公共安全和社会经济发展的法律。2017 年初，国民议会讨论了监测国家宪法和法律的执行情况，以及颁布次级法律文书和传播法律的问题。2 月 27 日，国民大会法律委员会会议在万象的国民议会办公室举行。会上指出，为了让广大的老挝公务人员和民众对政府法律文件有更广泛深入的理解，并且参与

到法律的严格实施中来，法律委员会和委员已经开始深入老挝各个省市开展民事诉讼法、刑事诉讼法、法律继承关系、侵权法等与民众利益息息相关的法律的宣传工作。在法律体系的完善方面，2017 年老挝新起草的法律包括电子信息保护、无线电频率、表演艺术以及公约和国际协定等多项各个领域的法律。同时，也包括各式各样的法律修正案，例如水和水资源法、统计法、电力法、公共安全法、刑法等。老挝的法律出台和修正充分结合自身特点，结合民众和社会需求，将法律更好地致力于保护国家和社会利益。5 月 3 日，国民议会第八届立法机关就首先通过了 2 项新法律和 12 项修正案。国会表示已经制订好计划，使新的法律和修正案更加充分地符合党的方针政策，回应社会经济发展需求的切实期望，并且具备一定的和国际环境相协调的能力。①

二　努力改善社会民生问题

在实现千年目标的现实背景下，老挝近年来发展势头强劲，然而人口问题、贫困问题和医疗卫生问题始终成为老挝社会经济发展的短板，改善社会民生问题是老挝迈向 2020 年新阶段的重中之重。为此，2017 年，老挝在上述问题方面做出了针对性的规划，并取得了一定的成果。

（一）改善生育和健康问题

2017 年 5 月 3 日，老挝国家妇女和儿童委员会与卫生部合作，在万象举行了第一次全国计划生育会议，强调了为经济繁荣而投资计划生育的重要性。老挝与国际组织积极合作，落实了多项改善妇女儿童福祉的重点投资项目，尤其在疫苗服务、新生儿及 5 周岁以下儿童的免费治疗服务以及计划生育和母乳喂养的咨询服务方面取得了不错的效果，计划生育有效降低了孕妇

① “NA Plan to Underline Making New Laws with New Quality,” Lao News Agency（KPL News）, May 3，2017，http：//kpl. gov. la/En/Detail. aspx？id＝24113.

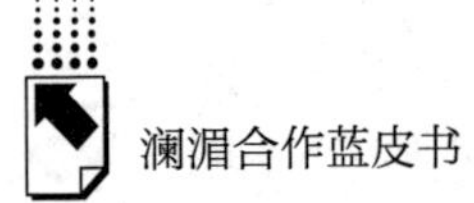

死亡率和新生儿死亡率。2017 年 9 月 27 日，老挝计划部、规划部和投资部于首都万象同联合国人口基金组织合作举办了一个改善国家人口和发展政策的研讨会。该会议在改善生育健康，降低婴幼儿死亡率，提高预期寿命和提高生活环境质量方面提出了 2018 ~ 2028 年的政策架构。不仅如此，研讨会上还提到了促进减少移民带来的负面影响，改善人口数据的获取和质量，并将人口数据纳入部门规划过程和国家发展战略。[①] 此外，人口营养问题与老挝的人口发展规划息息相关，作为老挝政府重视的 10 个优先事项之一，老挝就营养问题已批准多部门合作机制并拟定了定期改进计划。在老挝政府的努力下，母亲和儿童的营养状况得到显著改善，特别是 5 岁以下营养不良儿童数量近年来下降了十多个百分点。2017 年，老挝努力通过了一项美国资助的 370 万美元的旨在用于减少儿童发育障碍的发展项目，并于 2 月 3 日与救助儿童基金会签署了一份谅解备忘录。通过这一举措，组织成员与地方官员及社区密切合作，在沙湾拿吉和甘蒙省的六个地区开展了初步工作，积极改善地区居民家庭营养、解决水和生活环境等问题。在该项目中，工作人员对孕妇和 2 周岁以内的婴儿提供上门服务。另外该项目还与私营部门开展合作，旨在为 25 万居民提供公共厕所和香皂等物资，改善健康问题。[②] 老挝为人口健康问题做出的不懈努力，是老挝实现 2020 年目标和 2030 年可持续发展议程，以及推动实现老挝千年发展目标的必要环节。

（二）扶贫项目取得进展

2017 年，老挝政府在农村发展和减贫方面的支出超过 1.3 万亿基普，约合 1.6 亿美元。这些投资将重点集中在政府的 20 个扶贫发展区域，其中又分为 71 个地方政府重点区域以及 145 个重点安置区域，以进一步改善老挝人民的生计。为了保证政府投资的有效性和准确性，老挝政府采取了许多

---

① "National Population and Development Policy Discussed," Lao News Agency (KPL News), September 27, 2017, http://kpl.gov.la/En/Detail.aspx?id=28353.

② "Laos, US Cooperate to Reduce Malnutrition through A US $3.7 Million Project," Lao News Agency (KPL News), February 3, 2017, http://kpl.gov.la/En/Detail.aspx?id=21721.

监督措施，例如在农林业投资方面政府将以一种项目协调人的身份参与一定的行动计划管理。另外，老挝农村基础设施建设的价格单位将被严格把关，例如学校、医院、供水系统、电线、道路等，这样政府在新的建设项目中就不会被过度收费，提高了扶贫投资的利用效率。[①] 老挝总理通伦·西苏里在年末会议中进一步督促内阁成员和万象市长解决困难问题，以尽快实现2017年国家社会经济发展的目标，为2018年社会经济发展奠定坚实基础。同时继续致力于农村发展建设和扶贫方面的建设，更加重视和提高在边远地区的教育、卫生服务质量，加强基础设施建设，促进国家可持续发展。此外，通伦·西苏里还强调在扶贫项目中提高法治效力，改进中央部门和地方部门之间的合作机制，并辅之以监督、促进和检查职责履行情况的措施。[②]

（三）卫生条件得到优化

在老挝加快2020年目标计划的发展背景下，老挝的卫生环境正逐年改善、老挝卫生部计划在2030年让全国人民都享受到优质的卫生服务。该部门近年来在纯净水系统、厕所、食品安全和药品方面不断扩大全国性的服务，以确保一些和卫生相关的死亡率的降低，并取得了不错的成效。卫生部还重视改善卫生服务和促进卫生服务系统的完善，以确保人民的卫生环境体验。据世界卫生组织报告，老挝在改善妇女和儿童健康方面取得了重大进展，并有望实现千年发展目标。另外，老挝在卫生环境改善方面加强了国际合作力度。马霍索医院重建计划已经列入规划，2017年11月中旬，中国国家主席习近平在老挝访问时，表示中国将为该医院的重建提供资金7亿元人民币。该医院占地31000平方米，有600多张病床，[③] 旨在于国际标准的基

① “Govt to Invest Over 1.3 Trillion Kip in Poverty Reduction,” Lao News Agency (KPL News), February 27, 2017, http://kpl.gov.la/En/Detail.aspx?id=22411.

② “PM Urges Continued Addressing of Economic Difficulties,” Lao News Agency (KPL News), September 12, 2017, http://kpl.gov.la/En/Detail.aspx?id=27881.

③ “Reconstruction of Mahosot Hospital to Start in Late 2018,” Lao News Agency (KPL News), December 22, 2017, http://kpl.gov.la/En/Detail.aspx?id=30605.

础上，为更多病人提供标准的医疗服务。此外，若该院建成，老挝在内镜手术、心脏、高血压和癌症治疗技能方面会有一个质的提升，是老挝医疗迈向现代化的一个重要步骤。

三　经济发展基本平稳

2017 年，老挝在政治稳定和社会秩序得到维护的背景下，宏观经济增长基本稳定，成为该区域表现较为强劲的经济体之一。一方面，由于老挝经济政策的结构性调整，农业发展步伐放缓，而服务业和工业表现加强。另一方面，老挝的经济发展方式正在逐渐适应一种多元的节奏和步伐，在新技术产业、能源发展和水电项目等领域的表现越发活跃，为在 2020 年摆脱“最不发达国家”称号而稳步前进。

（一）经济增长保持良好势头

2017 年，在农业、制造业、电力和采矿行业的推动下老挝国内生产总值（GDP）增长了6.9%，人均 GDP 约为 2472 美元，增长了 6.83%。其中农业部门增长 2.78%，占 GDP 的 16.34%。工业增长 9.53%，占 GDP 的 30%。服务业增长 6.15%，占 GDP 的 42.08%。进口关税提高了 6.90%，相当于 GDP 的 11.53%。出口和进口总额达到 471 亿美元，其中出口额约为 237 亿美元，主要由电力、铜、矿石、农产品和工业产品驱动。而进口额在前 6 个月就达到了 233 亿美元。[①] 2018 年，老挝经济将持续增长，这得益于生产、电力销售、跨境项目推动下的工业增长以及服务业的优良表现。在工业方面，老挝经济学家预测，在中—老铁路建设项目和沙耶武里煤电厂工程推动下，工业部门的增长速度将迅速超过其他行业。服务业在批发、零售、

① “First 2 Quarters Record A Constant Economic Growth, Minister,” Lao News Agency（KPL News), September 11, 2017, http://kpl.gov.la/En/Detail.aspx? id = 27843.

酒店餐厅、金融服务和电信等行业的发展下预计增速可以达到8%。[①] 总的来说，2017年老挝的经济增长基本保持了良好势头。

（二）大力发展水电项目

2017年，老挝出台了一项规划，预计使水电站运营数量达到100座。2017年老挝水电站装机容量为28000兆瓦，到2020年，年发电量约为770亿千瓦时。2017年老挝拥有46个运行中的水电站，总装机容量6444兆瓦，年发电量约为350亿千瓦时；全国有54座水电站正在建设中预计2020年之前建成。年内老挝能源矿产部对电力发展计划的政策草案进行了积极的准备，就目前形势看，老挝全国有92%的家庭用上了电，而到2020年用电家庭的数量将提升到95%。在2005年，老挝只有9座水电站，装机容量为679兆瓦，年发电量约为32.36亿千瓦时，全国仅有45%的家庭用上了电。[②] 老挝之所以成为区域内近年来表现最为抢眼的经济体之一，水电项目是重要的推动力。另外，老挝水电项目的建设还将电力用于出口，老挝目前主要向泰国、柬埔寨和越南出售电力。泰国是其主要的出口市场，其购买量已经达到10000兆瓦，而越南每年购买约5000兆瓦的电力。此外，老挝还计划通过泰国和马来西亚电网向新加坡出口100兆瓦的电力，到2020年将向缅甸出口200兆瓦。[③] 2017年，老挝政府经济发展政策的一个重心就是大力发展电力工业，以确保它能够为国家的社会经济发展做出贡献，并促进外国对老挝水电行业的投资。基于老挝在水电开发方面的特殊优势，老挝政府的长远目标是把老挝建设成为“东盟的蓄电池”。

---

① “Laos Expected to Enjoy Economic Growth through 2018,” Lao News Agency（KPL News），April 6，2017，http：//kpl. gov. la/En/Detail. aspx？ id =23569.

② “Laos Expects to Have100 Hydropower Plants by 2020,” Lao News Agency（KPL News），July 6，2017，http：//kpl. gov. la/En/Detail. aspx？ id =25944.

③ “Laos Expects to Have100 Hydropower Plants by 2020,” Lao News Agency（KPL News），July 6，2017，http：//kpl. gov. la/En/Detail. aspx？ id =25944.

（三）新技术产业助推国家经济的发展

在当今的全球化时代，经济和贸易迅速发展，各国在科研、技术和人力资源开发等方面的投资急剧增加，在世界各商业市场展开新竞争的背景下，老挝为了积极适应时代的需求，已经开始大力引进和开发创新产品和新技术。其中 IT 系统和互联网在老挝已被用于现代化的加工业中。2017 年中旬，老挝与泰国积极合作，商讨 ONEMAP 系统的建设，该项目在管理和利用资源、保护森林及信息合作方面有着重大意义。老挝在卫星技术发展方面也保持着良好的势头，据老挝亚太地区卫星项目负责人介绍，价值 2.58 亿美元的老挝 SAT1 卫星项目将在 10 年内回本收益。老挝目前也正在从全球多个国家的卫星产业中获取经验，积极寻求卫星项目的突破口。此外，老挝位于“一带一路”沿线，卫星项目的发展将有助于“一带一路”建设，许多家中国公司已经开始在老挝进行相关投资。而对于老挝来说，由于技术的发展，对远程通信的需求在不断增加，为卫星产业服务创造了有利的市场条件。[①] 新技术产业的合作与发展还将有力助推能源经济的发展，在赛色塔综合开发区的第一个炼油厂的建设预计在 2018 年完成。该炼油厂占地 218677 平方米，造价 1.79 亿美元，涉及三座主要建筑，16 个储油罐，总蓄量 8000 万升，预计年生产量为 80 万吨。该厂建成后将成为该国最大的工业企业之一，并供应老挝约 60% 的燃料。从老挝每年进口 130 万升石油的形势看，该炼油厂的意义非常重大。[②] 老挝和新加坡在老挝赛色塔开发区的太阳能发电合作项目也处于积极进展之中，该项目投资超过 6000 亿基普，约合 745.87 亿美元。该项目占地 120 公顷，预计发电力为 45 兆瓦。该项目的实施能促进环境友好型经济的可持续发展，并有助于改善当地居民的生活条件。

① “Lao Sat 1 Expected to Break even in 10 Years,” Lao News Agency (KPL News), November 22, 2017, http://kpl.gov.la/En/Detail.aspx?id=29864.

② “First Oil Refinery Expected to Be Completed Next Year,” Lao News Agency (KPL News), Auguest 2, 2017, http://kpl.gov.la/En/Detail.aspx?id=26764.

四　外交方面的主要进展

截至2017年，老挝已经和140个国家建立了外交关系，吸引了大量的投资和游客，变“陆锁国”为“陆联国”战略稳步推进。老挝在继续坚持巩固和维护老越特殊关系，与中国的全面合作关系不断深化的同时，与东盟国家、日本、俄罗斯等国家的关系也在稳步发展。

（一）老越关系

2017年，老挝和越南的互动更加频繁，深化了特殊友谊和全方位合作。在老挝和越南建交55周年和《友好合作条约》签署40周年之际，两国政府都致力于有效落实2017年合作计划，双方在政治、外交、国防、国际安全、经济和社会文化领域的双边关系得到加强。教育合作是双边合作的亮点之一，目前有超过14000名老挝学生在越南学习。在投资伙伴关系方面，越南的公司向老挝的400多个项目投入了近37亿美元。① 据了解，老挝和越南将合作修建一个石油管道，连接越南汉拉港和老挝甘蒙省，该项目投资3亿～5亿美元，全长约290公里，② 项目一旦落实将大大促进越南和老挝之间的贸易往来和老挝能源经济的发展。在工商业方面，两国已经签署了双边合作检查和联合评估执行的谅解备忘录。近年来，老挝出口到越南的产品主要有农产品、矿石和其他产品，两国的双边贸易额已经超过8.2亿美元，老挝对越南的出口额超过3.45亿美元，越南对老挝的出口额约为4.78亿美元。③ 老挝和越南在立法机构的合作方面不断加强，两国的最高立法委员会通过合作会议，同意加强协调，密切合作，在全球和地区论坛上相互支持，

① “Vietnam Affirms Ties with Laos at Inter-Gov't Committee Meeting,” Lao News Agency（KPL News），February 9，2017，http：//kpl. gov. la/En/Detail. aspx? id =21897.

② “Laos，Vietnam Discuss Building an Oil Depot and Pipelines，” Lao News Agency（KPL News），March 3，2017，http：//kpl. gov. la/En/Detail. aspx? id =22664.

③ “Laos-Vietnam Trade Reaches US $ 823 Million，” Lao News Agency（KPL News），July 3，2017，http：//kpl. gov. la/En/Detail. aspx? id =25829.

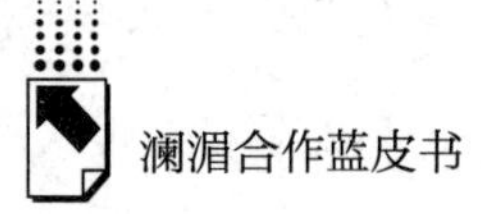

在世界和地区发展日益复杂的背景下，参与次区域合作机制。两国议会将协调推进老挝议会建设，持续巩固双边特殊关系。老挝和越南在劳工服务方面开展合作，在发展老挝工人技能、提高其职业能力和国际认可标准以及保护工人利益方面，越南给予了老挝积极的帮助，每年向大约100名劳动和社会福利部的工作人员提供密集的职业培训。作为回应，老挝外交部向越南社会福利部官员提供了奖学金，在老挝国立大学学习老挝语。在科技合作方面，越南和老挝的第四届科学技术合作会议在越南举行，会议上，双方拟定了2017～2019年的重点合作方向，越南积极帮助老挝在科技发展基金方面进行运作，协助老挝完成科技基础设施建设，提高老挝应对辐射的安全技术能力。双方将促进相关投资活动和技术转让，并在知识产权领域进行合作。双方还开展了各项科技人员的培训项目合作。近年来，两国政府加强了在医疗和健康检查方面的现有卫生合作，旨在开展更加多元化和有效的活动来巩固两国的特殊团结。双方在医学教育、培训、检查和治疗方面的合作得到了两国领导人的一致认可。此外，两国正准备签署一项卫生合作协议，以促进边境口岸的医疗检疫，开启“一站式”模式。据统计，老挝边境的11个越南医疗机构和卫生中心接待了数以千计的老挝患者。[①] 2017两国频繁举行庆祝两国建交55周年和《友好条约》签订的纪念活动，双方在各个层次派了近300个代表团进行相互访问，同时在落实已签署的协议和合作方案方面继续巩固合作，从而使两国关系达到一个新的高度。

（二）老中关系

老挝和中国的全面合作关系在不断深化，老挝是中国提出的“一带一路”倡议的积极合作伙伴，2017年以来与中国的贸易额不断增长，两国的经济互补性不断增强。2017年前9个月，双边贸易额同比增长25.1%，达到21亿美元。老挝现在是中国的第二大贸易伙伴，截至9月，中国在老挝的累计对外投

---

① “Laos, Vietnam Enhance Health Cooperation,” Lao News Agency (KPL News), June 27, 2017, http://kpl.gov.la/En/Detail.aspx? id=25696.

资额达到了631亿美元。[①] 中国的企业在老挝发展比较顺利。1998年进入老挝市场的华为已经开设了一家子公司，有200多名员工，其中70%是当地居民。20年前进入老挝的摩托车公司宏鑫工业，占中国在老挝市场份额的30%。[②] 老挝丰富的资源优势和稳定的政治局势使双方的合作空间十分广阔。中国南方航空公司于11月29日正式开通从中国广州飞往老挝万象的航班，促进了两国的投资、贸易和文化交流。在2017年，老中举行了多次两国建交55周年的活动，其中包括12月启动的老中铁路建设项目。双方还就澜湄合作交换了意见，并就共同关心的其他地区和国际上的问题交换了意见。[③] 2017年5月，老挝主席本扬·沃拉吉到访中国，习近平总书记呼吁加强与老挝的合作，为两国关系创造更美好的未来，共同推动“一带一路”建设。两国在多个领域达成一致共识，老中两国是一个具有战略意义的命运共同体，双方在两党合作、协调发展战略、经济、教育、技术等领域的合作上升空间巨大。[④] 在大力促进亚洲互联互通和经济增长方面有着共同的目标。2017年11月，中国国家主席习近平对老挝进行了国事访问，进一步强调长期合作与高水平的相互信任、互利共赢，做“好邻居、好朋友、好同志、好伙伴”，打造高战略意义和牢不可破的命运共同体。两国还进一步交流了国家社会经济发展以及各具特色的社会主义道路的发展经验，老挝同意加快融入“一带一路”倡议，加快自身从“陆锁国”到“陆联国”的转变。双方同意继续努力，建设一条由中国云南延伸到老挝的老中经济走廊。[⑤] 此外，双方同意继续加快推进合作项目，中方同意继续向老挝提供大量援助，扩大双方在文化、教育、科技等领域的合作，加强两国群众组织之间的交流。

---

① “Chinese Firms Eye Laos Opportunities,” Lao News Agency（KPL News）, November 21, 2017, http://kpl.gov.la/En/Detail.aspx?id=29833.

② “Chinese Firms Eye Laos Opportunities,” Lao News Agency（KPL News）, November 21, 2017, http://kpl.gov.la/En/Detail.aspx?id=29833.

③ “Laos, China Enhance Cooperation on Foreign Affairs,” Lao News Agency（KPL News）, February 24, 2017, http://kpl.gov.la/En/Detail.aspx?id=22336.

④ “Laos and China's Top Leaders Appreciate Strengthened Cooperation,” Lao News Agency（KPL News）, May 17, 2017, http://kpl.gov.la/En/Detail.aspx?id=24519.

⑤ “Chiense President Xi Jinping Wraps up State Visit to Lao PDR,” Lao News Agency（KPL News）, November 15, 2017, http://kpl.gov.la/En/Detail.aspx?id=29671.

（三）老泰关系

老挝和泰国在过去几年里，在各个领域的发展方面都保持着广泛而密切的合作。老挝和泰国计划在 2017 ~ 2021 年将双边贸易和投资量增加一倍。在 2016 年，两国之间的双边贸易和投资额达到 58 亿美元，[①] 是在东盟成员国贸易伙伴中最多的。老挝向泰国主要出口农产品、电力和矿产。老挝从泰国主要进口燃料、电器和其他消费品。此外，老挝和泰国还签署了双边中小企业能力建设的合作备忘录。[②] 泰国帮助老挝的中小企业增强运营能力，进一步扩大两国中小企业在贸易、投资和服务等领域的业务往来，最大限度地提升了两国中小企业的互利互惠。在促进贸易互惠的同时，两国同意在共同利益的基础上加强现有的自然资源和环境保护双边合作。老挝和泰国的在污染控制、水资源管理、气候变化适应能力和可持续发展等领域开展合作，双边关系进展平稳。

（四）老柬关系

老挝与柬埔寨在 2017 年进一步强化双边关系。双方强调了在过去几年里的传统合作，并对两国的边境划界工作的进展给予肯定。双方同意强化边境安全合作，联合打击一切形式的走私、毒品、人口贩卖等跨国犯罪行为，维护两国的边境安全。2017 年，老挝方面希望进一步加强与柬埔寨在农业、旅游、服务、贸易和工业方面的合作。柬埔寨方面希望在老挝南部地区和柬埔寨东北部地区的水电、铁路、经贸领域加强与老挝的合作。两国的边境桥梁修建工程正在稳步推进，该桥高达 145 米，有 78 公里长。连接老挝和柬埔寨的桥梁建设，将扩大两国在通信、贸易和旅游方面的合作。

---

① “Bilateral Lao-Thai Trade Set to Double,” Lao News Agency (KPL News), June 8, 2017, http://kpl.gov.la/En/Detail.aspx?id=25180.

② “Laos, Thailand to Strengthen Cooperation on SMEs,” Lao News Agency (KPL News), May 25, 2017, http://kpl.gov.la/En/Detail.aspx?id=24750.

五　参与澜湄次区域合作情况

2017年，老挝积极参与澜沧江－湄公河合作，在多个领域与次区域国家积极协调合作，与此同时，老挝积极推动旅游国际化建设和中老铁路项目建设，取得了积极进展。

（一）加强与湄公河流域国家的多边合作

2017年4月26日和27日，湄公河委员会4个成员国（柬埔寨、老挝、泰国和越南）的高级官员在老挝琅勃拉邦参加了第四十五次湄公河委员会联合会议。讨论湄公河区域合作的关键问题及行动。会上指出，次区域的一些项目合作目前存在着洪水、干旱、气候变化，可能的主流发展项目以及这些发展项目带来的跨界影响等问题。而这些障碍也将逐渐被各类沿线国家的合作机制所克服。① 此外，老挝、柬埔寨和越南于6月25日在河内签署了2017～2020年三边合作协议。旨在进一步加强三方之间的联系，为建立以人为本的东盟共同体做出贡献。三方合作注重经济发展和交通运输互联互通，确保社会利益和环境保护相结合，引导沿线地区共同落实协调和相互支持。此外，三国承诺在各国之间积极建立友谊和相互理解，促进地区和全球和平稳定，并在尊重国际法和彼此独立和主权的基础上，通过和平手段解决争端。各国在边境合作方面也将会加强交流。此外，来自柬埔寨、老挝、中国、缅甸、泰国的记者组织参加了在北京举行的澜湄媒体峰会，老挝方面表示已经在媒体方面做好准备将峰会成果转化为现实。老挝将成为澜湄合作媒体峰会的东道主，下一届媒体峰会将在2018年底举行。②

① "Mekong River Commission Joint Committee Deliberates on Key Issues," Lao News Agency（KPL News）, April 28, 2017, http://kpl.gov.la/En/Detail.aspx? id = 24028.

② "Media Plays Key Role in Development in Lancang-Mekong Countries, An Official," Lao News Agency（KPL News）, December 25, 2017, http://kpl.gov.la/En/Detail.aspx? id = 30639.

（二）加强次区域旅游合作

旅游业是老挝最重要、发展最快的行业之一，占国内生产总值的14%。老挝旅游业收入为6.88亿美元，为全国创造了50万个就业岗位和12%的劳动力。近年来，老挝不再把自己作为一个单一的旅游目的地去建设，而是与泰国、柬埔寨、缅甸和越南等周边国家开展合作，积极融入次区域旅游一体化建设。2017年2月15日，柬埔寨、老挝、缅甸和越南（CLMV）的旅游官员在万象举行会议，讨论了在CLMV国家开发区域旅游产品的问题，旨在为国家、私营企业或国际组织建立一个旅游信息交流网络，以确保老挝旅游业融入地区旅游市场。老挝方面正通过国际合作，不断加强其国家品牌和旅游营销能力。此外，在5月3日到4日在万象举行的柬埔寨、老挝、缅甸、越南和泰国（CLMV+T）旅游区域战略研讨会中，各国就旅游业的问题深入交换了意见，同意加强公共和私营部门之间的有效合作，为旅游业的发展提供可持续性和系统性。在7月举行的CLMV旅游部长级会议中，更是以“四个国家一个目的地”为主题，进一步强调了CLMV国家之间合作的重要性，以开发旅游产品联合包装，强化旅游开发能力建设。①

（三）中老铁路项目

中老铁路项目总投资68亿美元，老挝政府持有30%的股份，中国政府持有70%的股份，该工程预计2021年完工。铁路一旦建成，将在老中之间的旅客和货物运输中发挥重要作用，大大促进老中之间的投资、贸易和旅游。目前该铁路建设已经取得积极进展，尤其是在隧道施工、桥梁、道路和主要车站建设方面。目前各施工队正在积极克服一些土地征用问题和山脉隧道的大量开凿所遇到的困难。目前铁路项目已经完成了

① “CLMV + T Discuss Cooperation Strategies for Tourism Promotion,” Lao News Agency（KPL News），May 3，2017，http：//kpl.gov.la/En/Detail.aspx？id = 24114.

31.35%，已修建铁路长度约为130公里。该项目将涉及167座桥梁，总长度61.81公里，有75条总长度为197.83公里的隧道，最长的隧道中老友谊隧道长约9.5公里。2018年，四家公司联手为老中铁路项目提供通信技术系统。这四家公司分别是老中铁路公司、老挝电信、老挝亚太和华为。信息通信技术投资370万美元，该系统将在未来五年内，在414.6公里的老中铁路建设项目中提供互联网服务和移动电话信号，进一步优化建设环境。

（四）积极参与澜湄合作会议

2017年10月28日，“澜沧江－湄公河合作”第五次高官会议在云南昆明举行，老挝高官参与了此次会议，会议重点就澜湄合作进展、未来发展规划和下阶段系列重要会议的筹备工作交换意见。老挝及其他澜湄五国代表共同祝贺中国十九大的召开，高度评价了澜湄合作重要意义和合作进展，盛赞了中方发挥的积极的领导作用，表示愿同中方继续密切合作，共同推动澜湄合作取得更大发展，为缩小地区发展差距，促进本地区发展繁荣做出新的贡献。[①] 在之后的12月15日，老挝外长沙伦赛参加了在云南大理举行的“澜湄合作”第三次外长会议。在会上，外长们就澜湄合作的发展深入讨论，落实成果，明确方向，达成了广泛共识。“3+5”框架为澜湄合作指明了前进的方向，澜湄合作在短短一年多时间里取得了丰硕的成果，展现了蓬勃生机与活力，凸显了六国对加强合作的坚定承诺。值得一提的是，首次领导人会议确定的45个项目和第二次外长会议中中方提出的13个倡议中，大多取得了实质性进展。六国均成立了澜湄合作国家秘书处或协调机构，规划各个领域工作。澜湄合作专项基金首批项目申报和审批程序也取得了进展。在澜湄合作未来展望中，老挝外长沙伦赛与其他外长一致就《澜湄合作五年行动计划（2018～2022)》原则达成一致，他们认为澜湄合作正从培育期进入

---

① “The 5th Lancang-Mekong Cooperation Senior Officials' Meeting Held Successfully,” 中华人民共和国外交部，2017年10月30日，http：//www.fmprc.gov.cn/mfa_ eng/wjb_ 663304/zzjg_ 663340/yzs_ 663350/gjlb_ 663354/2727_ 663458/2729_ 663462/t1506508.shtml.

成长期，各国需要加大投入，发挥积极作用，打造澜湄合作新文化。在“3+5”合作框架基础上，加深合作，探索新领域，与“一带一路”倡议和东盟发展规划积极对接。秉持开放包容精神，与其他次区域机制相互促进，协调发展，共同繁荣。①

① “Joint Press Communiqué of the Third Lancang-Mekong Cooperation (LMC) Foreign Ministers' Meeting,” 中华人民共和国外交部，2017 年 12 月 15 日，http：//www.fmprc.gov.cn/mfa_eng/wjb_663304/zzjg_663340/yzs_663350/gjlb_663354/2727_663458/2728_663460/t1520022.shtml.

B.12
2017年缅甸形势及其对澜沧江－湄公河合作的参与

孟姿君*

摘　要： 2017年是杜昂山素季及其领导的民盟政府执掌缅甸政权的第二年。民盟政府对内完善各项制度，加强反腐力度；在民族和解问题上，召开了21世纪彬龙大会第2次会议；在经济社会发展上，完善投资管理机制和法律法规，以加强出口和吸引劳动密集型投资，取得了一定成果。由于罗兴亚人问题导致缅甸若开邦局势紧张，并面临较大的国际压力。民盟政府高度重视对华关系，积极响应中国政府提出的“一带一路”倡议和中缅经济走廊倡议，同时积极参加澜沧江－湄公河和GMS等地区合作机制。

关键词： 缅甸形势　政治　经济　澜湄合作

一　政局总体稳定，但也面临挑战

（一）重视执政能力建设

2017年是民盟政府上台执政的第二年，缅甸国内政局总体较为稳定，

* 孟姿君，云南大学周边外交研究中心、缅甸研究院助教，硕士。

民盟政府的执政以保持国内局势稳定为目标，重点关注公务员能力素质和政府部门的反腐工作。1月2日，缅甸副总统吴敏绥在出席国家公务员基础培训班开班仪式时指出，要实现政治经济改革的成功需要改革管理方式，公务员队伍的精神和能力与改革法律和旧方法同样重要。领导人和执政党会变化，但保障管理机制正常运转的是公务员队伍。① 因此，根据总统和国家顾问的指示，将对国家公务员进行管理能力的培训。7月10日，缅甸政府宣布启动为期4年的国家公务员改革计划。杜昂山素季表示，国家公务员需要尽职尽责，在执行公职时要秉持公平公正、明确责任的态度。国家公务员改革计划是在联合国的发展计划署帮助下制订的计划，包括公务员管理新模式、执行现代化人力资源管理制度、提升公务员的领导能力、公务员领域的公开透明和负责任等内容。②

11月24日，民盟政府宣布重组反腐委员会，由前宣传部部长吴昂基任委员会主席，吴昂基曾经在军队和政府工作超过50年，他表示，缅甸的国际腐败印象指数正逐年降低，清廉程度排名已经从2014年的第156位上升至2016年的第136位，这意味着政府部门腐败程度在一定程度上得到了遏制。③ 3月30日，国家顾问杜昂山素季发表民盟执政一周年讲话时提出，“与人民同甘共苦”，希望民众能给政府力量，政府将与民众一起，共同推动缅甸向前发展。④

（二）谨慎维持与军方的关系

鉴于缅甸特殊的政治环境，军队在国家政治生活中保持着重要且广泛的

① 《副总统吴敏绥为公务员学院揭牌》，《缅甸新光报》（缅文版）2017年1月3日，http://www.moi.gov.mm/npe/mal/?q=content/2-Jan-17。

② 《缅甸发布公务员改革计划》，《甸新光报》（缅文版）2017年7月11日，http://www.moi.gov.mm/npe/mal/?q=content/11-Jul-17。

③ 《缅甸重组反腐委员会》，《缅甸新光报》（缅文版）2017年11月25日，http://www.moi.gov.mm/npe/mal/?q=content/25-Nov-17。

④ 《国家顾问杜昂山素季发表民盟执政一周年讲话》，《缅甸镜报》2017年3月31日，http://www.myanmar.com/newspaper/kyaymon/index.html。

影响，民盟政府也十分小心地维系着与军方的关系，尽量与军方保持沟通与协作。1月4日，缅甸独立69周年纪念活动上，总统吴廷觉在讲话中首次公开引用缅军一直强调的“联邦统一，民族团结，主权巩固”三大任务，并向6名国防军士兵和9名牺牲士兵的父母授予了荣誉称号。国家顾问杜昂山素季和国防军总司令敏昂莱大将出席了仪式。① 5月28日，民盟、政府及军队在仰光民盟总部举行了首次三方会谈，会议的主题为“团结是国家与世界的主题”。② 7月9日，仰光省省长吴漂敏登发表了“缅甸并没有行政和军权分离的体制”“国防军总司令只是司级干部”等言论，引起军方的不满和抗议。7月13日，吴漂敏登向国防军总司令发送道歉信，对其不当言论表达歉意。7月14日，民盟发表声明称，民盟已对吴漂敏登进行严厉警告。③

此外，民盟政府为了庆祝缅历新年和迎接21世纪彬龙大会的召开，分别于4月和5月两次实施大赦，缅历新年前夕有1883名囚犯提前获释放。5月23日，总统又特赦了186名本国囚犯，赦免驱逐了73名外国囚犯。④

（三）面临多重挑战

2017年，民盟政府也面临着来自各方的挑战和压力。在民意支持方面，民盟的号召力有所下降。4月1日，缅甸联邦议会和地方议会举行了补选，包括民盟在内的24个政党和无党派的95人参加补选，竞争人民院9个、民族院3个、省邦议会7个空缺席位。最终，民盟获得9个席位、掸邦各民族民主同盟获得6个席位、巩发党获得2个席位、若开民族党获得1个席位、

① 《缅总统吴廷觉发表庆祝缅甸独立69周年讲话》，《缅甸新光报》（缅文版）2017年1月5日，http://www.moi.gov.mm/npe/mal/?q=content/5－Jan－17。

② 《党军政三方会谈在仰光民盟总部举行》，《缅甸新光报》（缅文版）2017年5月30日，http://www.moi.gov.mm/npe/mal/?q=content/30－May－17。

③ 《仰光省行政长官关于军队的言论引发军方不满》，《缅甸7天新闻》（缅文版）2017年7月10日、12日、13日、14日、15日，http://www.7daydaily.com/。

④ 《总统吴廷觉签发大赦令，庆祝彬龙大会第2次会议召开》，缅甸总统府官网，2017年5月24日，http://www.president－office.gov.mm/。

各民族民主党（克耶邦）获得 1 个席位。[①] 虽然民盟还是最大赢家，但在民族地区的选举，民盟代表败于当地民族政党派出的候选人，这表明在民族地区，民盟的影响力和号召力有所下降。除选举投票外，在非缅族地区，民众对民盟的不满也通过其他形式表现出来。3 月 14 日，缅甸议会通过决议，将连接孟邦首府毛淡棉和羌宋的跨江大桥命名为“昂山将军大桥”，此事引起了孟邦民众的不满和强烈反对，组织了近千人的抗议示威活动。分析人士指出，这次桥梁命名争议直接导致了民盟在当地补选的失败，而这些表明了各民族争取自主权利的意愿。7 月 15 日，若开民族党主席埃貌向媒体表达了对民盟政府的不满，认为民盟政府行政能力低下，与省邦政府以及地方政党缺乏合作。吴埃貌强调，民盟政府难以管控若开邦局势，解决问题的能力不如吴登盛政府，对于民众的声音也不置可否。[②] 针对民盟高层的一些言论，缅甸民主党等 12 个党派指控杜昂山素季等人违宪。他们认为杜昂山素季等担任国家公职的民盟高层在公开场合号召民众投票给民盟，违反了 2008 年宪法相关条款关于政党成员出任公职后，不得参与政党的活动的规定。

在民盟内部管理方面，增设、重组一些部门。2 月 20 日，孟邦行政长官吴明明吴辞职，成为民盟执政 10 个月以来首个请辞的地方行政长官。吴明明吴是因为被控违法，遭到党内调查而提出辞职的。1 月，缅甸政府宣布设立联邦部长级别的国家安全顾问一职，由资深外交官、前驻菲律宾、驻欧盟大使吴当吞任国家安全顾问，其职责是从战略角度研究国内外安全形势，为总统和政府提出咨政建议。6 月 5 日，建设部常秘吴觉林升任副部长，吴觉温任计划与财政部部长。6 月 12 日，缅甸政府宣布重组投资管理委员会，由计划与财政部部长吴觉温任主席，商务部部长吴丹敏任副主席。7 月 31 日，缅甸央行副行长吴瑟昂调任计划与财政部副部长。8 月 1 日，缅甸总统

① 《缅甸举行 2017 年议会补选》，《缅甸镜报》2017 年 4 月 2 日、3 日，http：//www.myanmar.com/newspaper/kyaymon/index.html。

② 《若开民族党批评民盟政府能力不足》，缅甸在线，2017 年 7 月 16 日，http：//news.myanmarol.com/。

签发命令，批准电力与能源部部长吴培欣通辞职，暂由现任建设部部长吴温凯兼任。9月27日，吴梭昂被任命为社会福利与救济安置部副部长。11月23日，缅甸总统府下令组建联邦政府办公室和国际合作部两个联邦部长级单位，任命吴当吞为联邦政府办公室主任，任命吴觉丁为国际合作部部长。国际合作部将分担一部分外交部的工作，代表外交部和杜昂山素季出席一些次要的国际活动。通过增设部门，任命副部长等措施，有助于民盟政府改善行政部门管理人才紧缺的状况，并分担杜昂山素季的工作负担。

在社会管控方面，面临更多的抗议。缅甸媒体界对多名记者和社会人士因言论不当被捕提出抗议。缅甸国内对《电信法》第66条的争议不断，不少团体举行游行表达不满，要求修改或撤销此条款。缅甸宣传部部长佩敏表示，现政府执政一年多以来，依照《电信法》第66条（d）款起诉的案件共有61起，其中9起与媒体有关。外界指责称，军方利用过时的《电信法》相关条款，对言论自由进行限制。缅甸国内极端佛教势力也对民盟政府表示不满。7月16日，极端佛教组织“马巴达”领导人维拉督在社交媒体上发布视频，对国家僧侣委员会要求该组织在全国范围内撤除分部、停止活动的指示表达不满。他声称“马巴达”是保卫种族和宗教的组织，是佛教的堡垒，不会执行僧侣委员会的要求。维拉督还表示，民盟政府没有能力管理国家经济，没有能力实现民族和解，也无力保卫种族宗教，与吴登盛政府相差巨大，应该下台。① 随后，一些维拉督的追随者以“爱国组织”的名义，在仰光、曼德勒、东枝等举行游行示威，打出了“反对压迫民族和宗教的政府”“反对言行不一、不遵守承诺的政府”“反对不能维护国家利益的政府”等标语，要求政府下台。8月3日，缅甸宗教与文化部发表声明，将示威定性为非法活动，相关地方政府对示威活动进行了清理。②

此外，2017年1月29日，民盟法律事务顾问吴哥尼在仰光国际机场遇刺身亡。民盟中央秘书处发表声明谴责该事件是恐怖主义暗杀，企图破坏国

① 《“马巴达”领导人维拉督要求民盟下台》，《缅甸7天新闻》（缅文版）2017年7月17日，http：//www.7daydaily.com/。

② 《仰光、曼德勒等地部分僧侣示威反对民盟政府》，BBC缅甸新闻网，2017年8月6日。

家安定。吴哥尼是缅甸最高法院的律师，同时也是一名穆斯林，精通缅甸宪法，是法律界公认的宪法权威，他一直致力于推动修改宪法。[①] 因此，外界分析认为他的死亡可能与军方有关。缅甸警方随后逮捕了作案凶手。2 月 25 日，缅甸内政部部长觉瑞中将和警察总监梭温少将共同举行新闻发布会，就吴哥尼案件侦破进展进行说明，觉瑞中将表示，案件属于私人仇杀，是种族主义的极端行为。

二　民族和解艰难推进，若开局势不容乐观

（一）21世纪彬龙大会召开第二次会议

民盟政府上台后基本按照前政府的和解方案和框架推进国内和平进程，例如将联邦和平大会命名为 21 世纪彬龙大会，以满足民族组织对平等、协商、分权的彬龙精神的要求。同时民盟政府强调和解对话的全面参与，坚持邀请所有民族武装组织参加大会。2017 年 1 月 2 日，民族和解与和平中心成立仪式在内比都举行，杜昂山素季出席仪式并发表讲话指出，国内和平和民族和解不是一个组织可以做的，也不是一部分组织可以做的，而是需要全国人民共同团结努力。坚信民族和解及和平进程会成功。[②]

21 世纪彬龙大会第 2 次会议于 2017 年 5 月 24 日至 29 日在内比都召开，来自缅政府、军队、政党、社会团体及各民族组织的 1400 多名代表出席会议。本次会议有两个成果引人关注。一是缅北 7 支民地武组织受邀参会，实现了大会的全面包容。佤联军、克钦独立军、掸东同盟军、果敢同盟军、德昂民族解放军、若开军、北掸邦军等 7 支民地武于 2017 年 2 月共同组建了“联邦政治谈判协商委员会”。政府和军方一开始拒绝承认“联邦政治谈判

① 《缅民盟法律事务顾问遭刺杀身亡》，《缅甸新光报》（缅文版）2017 年 1 月 31 日，http：//www. moi. gov. mm/npe/mal/？ q = content/31 – Jan – 17。

② 《杜昂山素季出席民族和解与和平中心（NRPC）成立仪式》，《缅甸新光报》（缅文版）2017 年 1 月 2 日，http：//www. moi. gov. mm/npe/mal/？ q = content/2 – Jan – 17。

协商委员会”的地位，双方立场分歧严重。在21世纪彬龙大会第2次会议召开前一天，当局改口允许他们派代表出席，实现了杜昂山素季和21世纪彬龙大会所倡导的“全面包容”理念，是缅甸民族和解进程开启以来的首次，意义重大。而且在会议期间，杜昂山素季还分别会见了这7支组织的代表，双方举行了友好的交流。二是会议中，签署《全国停火协议》的8支组织与来自政府、军队、政党的代表一起，对政治、经济、社会、安全、土地与自然等5个领域的37项议题进行讨论并达成共识，随后各方代表共同签署联邦协议，将这37项共识写入文件，作为未来永久和平协议的一部分，这些共识虽然没有涉敏感议题，但部分内容可以成为日后修宪的法理依据，有利于各民族政治、经济和社会权利诉求主张。因此，杜昂山素季在闭幕式致辞上表示，“今天签署的协议是实现民族和解、国家和平、建设民主联邦制征程上的重要里程碑”。①

2017年10月15日，缅甸举行《全国停火协议》签署两周年纪念。总统吴廷觉、国家顾问杜昂山素季、国防军总司令敏昂莱大将等人悉数出席。杜昂山素季呼吁未签署停火协议的民族组织都加入协商签字的进程中来。②

（二）政府军与部分民族武装的冲突仍在持续

在缅甸北部地区，政府军与克钦独立军、果敢同盟军、德昂民族解放军、北掸邦军，在缅甸的西北部，政府军与若开军等民族武装组织的冲突持续不断。2017年3月6日，果敢同盟军武装人员对缅甸北部老街县城、杨龙寨口岸等地发动突然袭击，造成驻扎当地的缅军警人员和平民30余人死伤。冲突导致大量边民进入我国境内避难。此外，政府军与克钦独立军在2017年内大小交火400余次，平均每天交火超过1次。为了缓和局势，10

① 《缅甸21世纪彬龙大会第2次会议在内比都第二国际会议中心（MICC-Ⅱ）闭幕》，《缅甸新光报》（缅文版）2017年5月30日，http://www.moi.gov.mm/npe/mal/? q=content/30－May－17。

② 《缅甸政府举行全国停火协议签署两周年庆祝》，《缅甸新光报》（缅文版）2017年10月16日，http://www.moi.gov.mm/npe/mal/? q=content/16－Oct－17。

月10日，缅甸政府和平委员会代表赴佤邦和勐拉地区，与佤联军和掸东同盟军负责人会面。缅甸和平委员会负责人称，他们将与佤邦联合党进行会谈，通过双方的接触和交流，了解对方的想法和态度，争取达成共识，共同推进民族和解进程。

（三）罗兴亚问题持续发酵，国内和平形势不容乐观

2017年8月25日，逾千名罗兴亚人有组织地持械攻击若开邦孟都地区警局、哨所、军营等目标，同时还残杀非罗兴亚平民、烧毁民居。缅甸政府指责“若开罗兴亚救世军”策划实施了这些暴恐袭击，据官方统计，截至9月5日，若开邦共发生97起暴力袭击，造成13名军警、2名政府职员、21名平民死亡，22人受伤，59个村庄被纵火、6800余座房屋被毁，至少有371名暴恐分子被击毙。9月10日，“若开罗兴亚救世军”单方面宣布停火，但缅甸政府予以拒绝，表示不会与极端恐怖组织妥协。从袭击规模和伤亡情况来看，这是近三十年来若开邦规模最大的一次暴力恐怖袭击。

西方媒体指出，袭击发生后，先后有近60万罗兴亚难民涌入孟加拉境内。事发后第一周就有30多万民众逃亡。其中2.6万名孟都本地原住民被当局疏散到其他地区临时安置，31万居住在缅境内的“罗兴亚人”人越过边境，涌入孟加拉国避难。突如其来的难民潮，给缅孟两国政府的救助和应对造成困难。一些国际组织指责称，缅甸当局借打击暴恐分子，趁机在缅孟边境实施针对罗兴亚人的种族清洗，加剧了难民危机。西方国家和人权组织还指责杜昂山素季未能阻止甚至纵容践踏人权的行为，应为此事负责。2017年9月28日，联合国安理会8年来首次召开公开会议讨论缅甸议题，对若开邦局势表示高度关注。

2017年9月19日，杜昂山素季就若开局势发表公开讲话，谴责一切侵犯人权和暴力的行为，声明政府将努力恢复整个国家的和平、稳定和法治。同时反驳国际社会的指责称，军警“没有进行清除行动”，外界关于难民人数的报道不实。杜昂山素季承诺，会在当地局势平稳后，继续实施对若开邦全体民众的人道援助行动和经济社会发展规划，包括启动对当地穆斯林的身

份核查程序，并采取措施促进各宗教团体、社区间的和谐与和平。[①] 10月12日，杜昂山素季再次发表公开讲话，宣布针对若开邦的重建和发展建立新机制。[②] 10月17日，缅甸宣布成立若开人道主义援助、安置和发展计划委员会，杜昂山素季担任主席。[③] 12月8日，民盟政府又组建了若开重建顾问委员会，由来自国内外的专家组成，负责对政府的若开重建政策和执行提供咨询建议与监督。

三 经济发展不如预期，民生改善任重道远

（一）采取多项措施推动经济发展

民盟政府上台后，通过重组“国家经济协调委员会”“缅甸投资委员会”“经济特区管理委员会”等管理机构和部门，修订、新制定《缅甸投资法》《缅甸公司法》等法律法规，重视农业、旅游业发展，加快国有企业改革，加大对私营中小型企业的扶持力度等，希望积极推动国内经济发展。根据2017年4月颁布的2017/2018财年经济发展计划，民盟政府将本财年GDP增长率目标定为7%。提出将农业占GDP的比重降至23.8%，工业和服务业产值占比提升至36%和40%的目标。此外，还计划实现联邦财政收入16.7万亿缅元，支出20.9万亿缅元的预算。在贸易领域，计划实现外贸额增长7%的目标。民盟政府希望通过鼓励出口，减少进出口贸易壁垒，改革海陆关税法规，努力加入东盟海关过境系统和世贸组织贸易便利协议等，推动经济发展。

---

① 《杜昂山素季就若开暴力事件发表公开讲话》，《缅甸新光报》（缅文版）2017年9月20日，http：//www. moi. gov. mm/npe/mal/？q = content/20 – Sep – 17。

② 《杜昂山素季公布若开邦北部重建计划》，《缅甸新光报》（缅文版）2017年10月13日，http：//www. moi. gov. mm/npe/mal/？q = content/13 – Oct – 17。

③ 《缅政府成立“若开邦人道主义帮助、安置与发展项目委员会”》，《缅甸新光报》（缅文版）2017年10月18日，http：//www. moi. gov. mm/npe/mal/？q = content/18 – Oct – 17。

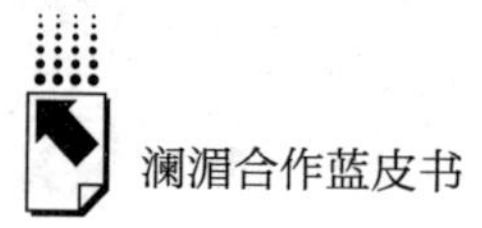

（二）贸易投资稳中有升

2017/2018 财年，缅甸贸易计划目标为290 亿美元，截至2017 年底，已达241 亿美元，同比增长 14%。其中，一般贸易总额为 182 亿美元，边贸总额为59 亿美元，同比均有较大增长。缅甸贸易主要出口产品有农产品、矿产、木材和工业加工成品，进口商品主要是日用品和原材料。缅甸商务部表示，贸易额的增长主要是因为农产品以及成衣的出口量大幅增长。其中，农产品中，大米的出口量增长明显，大米出口达到260 万吨，为独立以来之最。政府通过扩展销售市场、在国内建立农业服务中心，让优质绿色的缅甸农产品进入更广阔的国际市场。同时，随着缅甸国内纺织业的不断发展，越来越多的国际企业进入缅甸投资建厂，政府抓住机遇，大力发展纺织业。2017 年 12 月，缅甸还举办了国际纺织品展览会。2017 年，外国在缅投资额总共是 47. 17 美元，主要投资领域为运输与通信，达到总投资额的 33%；其次是生产业，达到总投资额的 24%。民盟政府上台后重新制定并颁布了《投资法》，放宽了外国企业的合作经营条款，允许 35% 的外资融入国民企业当中，并将其当作国民企业看待，这样既能吸引外资融入，也能获得外国的先进技术。此外，在缅甸设立分行的外国银行，也获得了更多的经营权，以便提高出口方面的业务。根据世界银行发布的 2017 年营商环境排名，缅甸营商便利度排在 190 个国家的第 171 位。[①] 缅甸副总统吴敏绥表示，政府计划用 3 年的时间将缅甸营商便利排名提升至全球前 100 位。虽然缅甸若开邦发生了恐怖袭击，但缅甸投资委员会秘书长吴昂奈乌表示，相关事件短期内不会影响外商投资，但从长期来看，西方企业家考虑各方因素，可能会延缓入缅投资计划。同时，若开邦受恐袭影响，基础设施损毁严重，重建需要时间，未来 3 ~4 年内，政府不会批复进入若开邦北部地区投资的申请。

---

① 《缅甸在 2018 年全球营商环境报告中排第 171 位》，《缅甸 7 天新闻》（缅文版）2017 年 11 月 6 日，http：//www. 7daydaily. com/。

（三）经济发展面临多重制约

根据缅甸央行数据显示，2017/2018 财年，GDP 增长实际为 5.9%，通货膨胀率则达 4.7%。全年美元兑缅币汇率平均 1 美元兑 1300 缅币。为了减轻投资者压力、抑制物价上涨，2017 年 4 月，缅甸央行宣布将采取符合市场的存贷款利率。通胀率虽较 2016 年有下降，但民众的生活质量改善并不明显。据统计，2017 年内，缅甸消费价格指数（CPI）达到 135.7，食品、烟、酒、卫生、交通行业等涨幅明显。为了消减通胀的负面影响，回应民众增加工资收入的要求，11 月，缅甸最低工资设定委员会宣布将修订最低工资标准。国际货币基金组织发布的报告称，政治改革缓慢、经济项目审批拖延、生产力下降、自然灾害等原因、导致缅甸经济增速放缓，并未达到年初制定的目标。此外，缅甸面临严重的电力短缺，导致部分工厂开工不足，外商投资却步，为了缓解供电压力，民盟政府尝试在仰光、曼德勒等大中城市和工业园区附近规划发电站，采用燃气、太阳能、风能等清洁能源，水力发电则由于面临国内民意的质疑和压力，民盟政府仍然难以下定决心。

四　对外交往成效显著，周边关系有所改善

（一）中缅关系稳步推进

在高层交往方面，2017 年，缅甸总统、国家顾问、议会领导等先后访问中国。其中，4 月 6 日至 11 日，缅甸总统吴廷觉访华，中缅两国签署了教育、卫生和体育合作协议。在中国期间，吴廷觉总统还出席了中国外文出版社编译出版的《敏杜温的中国缘》一书中缅双语版的首发式，敏杜温是吴廷觉总统的父亲，缅甸著名作家，曾将中国古代、近代和现代文学作品翻译成缅文介绍给缅甸读者，此书反映了中缅两国文化交流的悠久历史，也是

对当代中缅友好关系的一个写照。① 5月14日，缅甸国家顾问杜昂山素季访华并出席了在北京雁栖湖举办的“一带一路”国际合作高峰论坛圆桌峰会。9月，缅甸联邦议会人民院主席吴温敏率团赴中国访问，中国全国政协主席俞正声在北京会见了吴温敏。12月1日，缅甸国家顾问杜昂山素季赴北京出席中国共产党与世界政党高层对话会，中国国家主席习近平会见了杜昂山素季，这也是杜昂山素季年内第2次，民盟政府执政以来第3次访华，体现了民盟政府对中缅关系的重视。与此同时，中国党和政府高层也多次访问缅甸。8月3日，中共中央对外联络部部长宋涛访问缅甸。6月2日，中国中央军委联合参谋部参谋长房峰辉访问缅甸，杜昂山素季在会见房峰辉时表示，缅方高度重视并积极响应“一带一路”倡议，希望与中方加强深化各领域合作，并称赞中方为21世纪彬龙会议召开发挥的积极作用，希望共同维护好边境地区的和平稳定。② 11月19日，中国外长王毅访问缅甸，在会见缅甸总统吴廷觉和国家顾问杜昂山素季的时候，提出了共建中缅“人字形”经济走廊的建议，并向缅方建议稳妥解决若开邦问题，得到了缅甸领导人的高度赞赏。③

两国全方位交流合作也不断深入发展。2017年1月12日，中国商务部副部长高燕与缅甸计划财政部副部长貌貌温在京共同主持召开中缅经济、贸易和技术联委会第四次会议，就落实两国领导人共识、加强在对接两国发展战略、边境贸易、基础设施建设、能源、跨境经济合作区、金融、农牧业、替代种植、对缅援助、区域经济一体化等各领域务实合作深入交换意见，达成了广泛共识。高燕表示，“中方愿与缅方一道认真落实好两国领导人达成的共识，加强两国经济社会发展战略对接，在平等互利基础上继续开展多种形式的经贸合作，鼓励中方企业扩大对缅贸易投资规

① 《缅甸总统吴廷觉访华》，《缅甸镜报》2017年4月7日、8日、9日、10日、11日、12日，http://www.myanmar.com/newspaper/kyaymon/index.html。

② 《杜昂山素季会见中共中央军委联合参谋部参谋长》，《缅甸镜报》2017年6月3日，http://www.myanmar.com/newspaper/kyaymon/index.html。

③ 《杜昂山素季会见中国外交部部长王毅》，《缅甸新光报》（缅文版）2017年11月20日，http://www.moi.gov.mm/npe/mal/?q=content/20-Nov-17。

模，增加进口缅甸有竞争力的产品；加强在基础设施、农业、能源、交通、工业园区、能力建设等领域的合作；发挥中方援款作用，重点向缅民生领域倾斜；积极稳妥推进重点大项目合作，使两国人民切实受益”。貌貌温感谢中方长期以来对缅经济社会发展给予的支持和帮助，表示“缅方愿与中方一道，共同落实好两国领导人达成的合作共识，在符合双方利益的前提下，推进两国互利务实合作。缅方愿积极研究与中方开展发展战略对接，共同维护两国边贸健康有序发展，推进落实中方对缅援助”。[①] 中国佛教协会代表团于4月前往缅甸进行友好访问。中国向缅甸提供了一批医疗物资，帮助缅甸政府对抗流感疫情。2017年6月，来自缅甸15个运动项目国家队的264人分批抵达中国进行训练，备战第29届东南亚运动会。中方还将派遣9人教练组赴缅甸短期执教20天，同时提供击剑、游泳、射箭等13个运动项目的部分配套训练器材。[②] 12月17日，中国政府向缅甸民族和解与和平中心捐款50万美元，以支持缅甸民族和解进程。缅甸和平委员会主席丁苗温代表缅方接受了捐款，并表示感谢中国一贯的支持与帮助。[③] 12月23日，杜昂山素季出席了以其母亲名字命名的中缅友好医院暨杜庆芝医院移交启动仪式。

（二）与周边国家交往进一步密切

与东盟成员国关系方面。2017年2月2日，泰国副总理颂奇访问缅甸。2月3日，应柬埔寨国王诺罗敦·西哈莫尼邀请，缅甸总统吴廷觉携夫人抵达柬埔寨首都金边进行国事访问，吴廷觉参观了柬埔寨独立碑，凭吊了已故国王诺罗敦·西哈努克。吴廷觉总统访柬期间与柬埔寨洪森首相会晤时一致同意加强旅游合作，进行语言与文学交流。两国还签署了避免双重征税协定

---

① 商务部新闻办公室：《中缅经贸联委会第四次会议在京召开》，中华人民共和国商务部，2017年1月25日，http://www.mofcom.gov.cn/article/ae/ai/201701/20170102501365.shtml。

② 《中国为缅甸15个运动项目的国家队提供训练援助》，《缅甸镜报》2017年6月5日，http://www.myanmar.com/newspaper/kyaymon/index.html。

③ 《中方向缅甸民族和解与和平中心捐款50万美元》，《缅甸镜报》2017年12月18日，http://www.myanmar.com/newspaper/kyaymon/index.html。

等协议。[①] 3月5日，应越南国防部部长吴春历的邀请，缅甸国防军总司令敏昂莱访问越南。3月6日，敏昂莱分别与越南国防部部长和国会主席举行会谈。双方讨论了两国在政治、经济、社会和国防等各个领域进行全面合作，加强两军培训、体育和医疗合作等事宜。3月8日，缅甸国防军总司令敏昂莱访问柬埔寨。敏昂莱会见柬埔寨王家军总司令波尔沙伦，就加强军方领导人互访、两军培训、举行运动友谊赛、派遣军队文艺团组和加强国防领域合作等事宜进行了讨论。3月19日，应吴廷觉总统邀请，菲律宾总统杜特尔特抵达缅甸首都内比都，对缅甸进行友好访问。总统吴廷觉与国家顾问杜昂山素季分别会见了杜特尔特。4月29日，国家顾问杜昂山素季赴菲律宾马尼拉出席东盟峰会，在参会期间，杜昂山素季分别会见了印尼总统与文莱苏丹。8月24日，越南共产党中央委员会总书记阮富仲访问缅甸。缅越双方就促进两国议会与政府之间的关系与合作交换了意见。随后双方签署了《经济与贸易合作谅解备忘录》越南文化体育与旅游部和缅甸宗教与文化部2017~2020年阶段合作计划《越南财政部与缅甸计划财政部的海关问题相互协助与合作协议》《缅越教育合作及文凭相互承认协议》。两国发表联合声明称，将建立“全面合作伙伴关系”。[②] 10月7日，杜昂山素季应邀出席文莱苏丹登基50周年庆典。

与周边国家关系方面。2017年2月3日，缅国防军总司令敏昂莱大将与率团访缅的韩国陆军司令会面，双方就两军关系、高层互访、军事培训、联合反恐等方面进行讨论。5月29日，印度陆军参谋长访问缅甸，双方就维护两国边境地区稳定、加强两国军事交流等事宜交换了意见。7月7日，敏昂莱访问印度并分别会见印度总理莫迪和印度国防部部长贾伊特利。7月28日，缅甸—孟加拉国海军会议在内比都举行。9月5日，印度总理莫迪访问缅甸。两国领导人就实现两国全方位合作交换了意见，还签署了关于电

---

① 《总统吴廷觉访柬》，《缅甸新光报》（缅文版）2017年2月5日，http：//www. moi. gov. mm/npe/mal/？q = content/5 – Feb – 17。

② 《越共中央总书记阮富仲访问缅甸》，《缅甸新光报》（缅文版）2017年8月24日、25日，http：//www. moi. gov. mm/npe/mal/？q = content/24 – Aug – 17。

力、信息技术、文化和医药卫生等多个领域的合作谅解备忘录。11 月 23 日，缅甸内政部部长觉丁瑞与孟加拉国外交部部长阿里签署了罗兴亚难民遣返谅解备忘录，双方将在两个月内启动孟加拉境内的罗兴亚难民遣返缅甸的程序。12 月 10 日，缅甸国防军总司令敏昂莱访问尼泊尔并会见尼泊尔军队总参谋长切特里。

（三）继续拓展与西方国家关系

2017 年 3 月 1 日，缅日两国在内比都签署了贷款协议。日本将向缅甸提供1250.21 亿日元的贷款，用于缅甸 6 个项目的发展。3 月 21 日，美国海军运输船抵达仰光迪洛瓦国际码头，进行为期 5 天的友好访问。4 月 23 日至 29 日，国防军总司令敏昂莱赴德国、奥地利访问。5 月 1 日起，国家顾问杜昂山素季开始欧洲之行，先后访问比利时、意大利、英国，并出席了梵蒂冈与缅甸正式建交仪式。杜昂山素季还被授予“伦敦市自由奖”，以表彰其通过非暴力方式成功地在缅甸争取和平独立民主。① 5 月 5 日，缅甸与法国签署向法国出口、与法国科技合作和投资的谅解备忘录。根据谅解备忘录，法国将提供更便利的准入和技术援助、投资，以帮助缅甸市场进入法国。6 月 6 日，杜昂山素季赴加拿大访问。6 月 8 日，缅欧经济论坛在内比都举行，吴敏绥副总统、副议长、各部部长、欧盟大使、欧洲代表及其他专家出席了本次论坛。论坛就促进贸易关系、探索发展模式、和平稳定的作用、联邦民主制度等议题进行了讨论。6 月 12 日，杜昂山素季赴瑞典访问，并在瑞典议会发表演讲。6 月 18 日，国防军总司令敏昂莱访问俄罗斯，在与俄罗斯国防部长会晤时，双方就促进两国军事和安全合作等达成共识。6 月 22 日，缅甸国家顾问杜昂山素季和美国新任国务卿蒂勒森通了电话。这是特朗普就职 5 个月以来，缅美两国政要间的首次通话。蒂勒森强调美国会兑现对东南亚国家所做出的承诺，还与杜昂山素季就边境安全及所面临的挑

① 《杜昂山素季被授予伦敦市最高奖》，《缅甸新光报》（缅文版）2017 年 5 月 9 日，http：//www. moi. gov. mm/npe/mal/？ q = content/9 – May – 17。

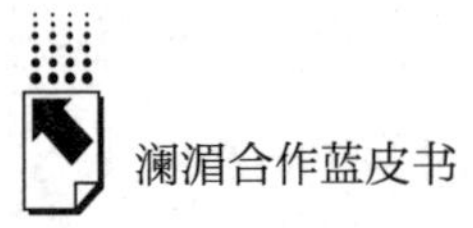

战进行了沟通。[①] 8 月 3 日，国防军总司令敏昂莱访问日本，与日方讨论了加强两军合作，缅军派遣学员到日本进行学习等情况。9 月 20 日，缅甸副总统吴亨利班提优在美国纽约出席第 72 届联合国大会，并于 21 日发表了演讲，阐述了缅甸政府对若干问题的立场。

五　参与澜湄合作和 GMS 合作机制情况

（一）积极参与相关会议

2017 年 3 月 1 日，首届中缅旅游合作论坛在内比都第二缅甸国际会议中心开幕，就中缅两国跨境旅游合作、澜沧江 – 湄公河沿岸城市旅游合作等议题进行了讨论。中国国家旅游局副局长杜江、缅甸饭店与旅游部部长吴翁貌、内比都市市长苗昂博士、中国云南省副省长陈舜、中国驻缅甸大使洪亮等出席开幕式并致辞。吴翁貌表示，要保持旅游业发展的势头，让所有国民能够分享旅游业所带来的红利。缅甸决定同云南省旅游发展委员会共同成立澜沧江 – 湄公河旅游城市联盟，构建辐射东南亚、南亚的旅游次区域合作机制。[②]

12 月 15 日，澜沧江 – 湄公河合作第三次外长会在云南大理举行。中国外交部部长王毅、柬埔寨国务兼外交国际合作部大臣布拉索昆、泰国外交部部长敦·帕马威纳、老挝外交部部长沙伦赛、缅甸国际合作部部长吴觉丁、越南副总理兼外长范平明出席本次会议。会议由王毅与布拉索昆共同主持。会议回顾了澜湄合作进展，对下一步工作作出规划，并为 2018 年 1 月在柬埔寨金边举行的澜沧江 – 湄公河合作峰会作准备。外长们就《澜湄合作五年行动计划（2018 ~2022）》原则达成一致，将提交第二次领导人会议审议

---

① 《美国务卿与杜昂山素季通话》，《缅甸新光报》（缅文版）2017 年 6 月 30 日，http：//www. moi. gov. mm/npe/mal/? q = content/30 – Jun – 17。

② 《首届中缅旅游合作论坛在内比都开幕》，缅甸十一新闻，2017 年 3 月 2 日，http：//news – eleven. com/。

通过。此外，为支持湄公河沿岸国家中小型企业的发展，中国为澜湄合作专项基金提供3亿美元。吴觉丁在会见中国外长王毅时表示，云南在澜湄合作中可以扮演重要角色。他认为，云南地理位置非常重要，和所有湄公河沿岸国家共享一江水，也共享发展的机遇和未来。云南和流域国家已经开展了多项经济合作，缅甸有许多商品出口到云南，澜湄国家对云南来说也是巨大的市场，云南可以作为中国与各国合作发展的重要门户。①

来自澜湄六国34家主流媒体围绕“澜湄命运共同体，媒体合作新时代”的主题，就如何加强媒体交流，助力澜湄合作进行了深入探讨。

（二）扩大各领域合作

旅游业方面，缅甸有意向与包括中国在内的澜湄国家加强旅游合作。缅甸总统吴廷觉访问柬埔寨期间，与柬方讨论了在蒲甘—暹粒结为姐妹城市的基础上加强两国间的旅游合作，重新恢复蒲甘—暹粒直航的事宜。

禁毒等非传统安全领域的合作是“澜湄合作”机制的重点。2017年11月8日，第十五届中缅禁毒合作双边会议在云南省昆明市召开。中国国家禁毒委员会常务副秘书长、公安部禁毒局局长梁云，缅甸中央肃毒委员会联席秘书兼禁毒局局长敏昂分别率团出席会议。“敏昂充分肯定中缅禁毒年度双边会议机制发挥的重要作用，高度评价15年来中缅禁毒合作取得的丰硕成果，对中方给予的设备援助和执法培训表示衷心感谢”。他表示，“缅方将一如既往高度重视中缅禁毒合作，把中国置于缅甸禁毒国际合作优先位置，希望双方进一步加大禁毒合作力度，遏制本地区制贩毒活动”。②

跨境经济合作区建设方面，缅甸商务部表示，为了进一步促进中缅边境贸易，中方已向缅方提出建议，建设中国瑞丽－缅甸木姐跨境经济合作区，双方将会尽快合作开展跨合区的可行性研究，编制跨合区的实施方案和建设

① 《澜沧江－湄公河合作第三次外长会在云南大理落下帷幕》，《缅甸镜报》2017年12月17日，http：//www.myanmar.com/newspaper/kyaymon/index.html。

② 孙凡：《第十五届中缅禁毒合作双边会议在云南昆明举行》，中国禁毒网，2017年11月9日，http：//www.nncc626.com/2017－11/09/c_129736961.htm。

规划。此外，中缅双方还将在加快边境贸易区的物流、快速通关、边贸货币结算等方面进行合作。

（三）推进互联互通

随着中缅友好关系稳步发展，各领域合作不断深化，尤其在“一带一路”倡议、澜湄合作机制、孟中印缅经济走廊等方面达成共识，两国设施联通不断取得成果。中国企业参与的曼德勒—木姐高速公路项目、仰光—曼德勒高速公路升级项目、曼德勒—密支那公路升级改造项目、毛淡棉—丹老—高登公路改扩建项目等，都取得了阶段性成果。

（四）加强安全合作

2017 年，缅甸继续参与中缅老泰四国湄公河联合巡逻执法行动，加大对湄公河流域突出治安问题的整治力度。缅方分别通过中缅交界水域、老缅交界水域联巡，与中老两国的指挥官和联络官协商行动，加大联合巡逻执法力度，严厉打击湄公河流域涉恐、走私、偷渡、贩毒、贩枪、拐卖人口等跨境违法犯罪活动。中方执法艇还进驻班相果联络点与老方共同开展船艇训练，联合老缅方加强在金三角等重点敏感水域开展联合巡逻执法，加强联合执法力度，全力做好湄公河流域安保工作。

（五）与澜湄合作成员国继续保持友好交往

与泰国的关系。2017 年 2 月 2 日，缅甸总统吴廷觉与国家顾问杜昂山素季在内比都会见泰国副总理颂奇，双方就两国边境地区发展中小型手工业、加强对边境基础设施和经济投资等事项进行交流。9 月 18 日，泰国皇家军总司令素拉蓬·素瓦纳阿德访问缅甸并会见缅甸国防军总司令敏昂莱。

与越南的关系。2017 年 3 月 5 日，应越南国防部部长吴春历的邀请，缅甸国防军总司令敏昂莱访问越南。3 月 6 日，敏昂莱分别与越南国防部部长和国会主席举行会谈。双方讨论了两国在政治、经济、社会和国防等各个领域进行全面合作，加强两军培训、体育和医疗合作等事宜。8 月 24 日至

27 日，越南共产党中央委员会总书记阮富仲访问缅甸，双方就两国关系交换了意见，并就经济、文化、教育等方面的合作达成了共识。缅越两国发表联合声明称，双方一致同意，将缅越关系提高到新的层级，建立“全面合作伙伴关系（CCP）”。双方一致同意深化双方关系，拓展各渠道的合作，包括党际关系、议会间关系、政府间关系和民间往来。CCP 旨在促进和深化既有的双边合作机制，实现两国合作的新型机会，在符合国际法和国际准则的基础上，相互尊重各自法律、独立、主权和领土完整。阮富仲还出席了越缅合资的缅甸国际电信公司新办公室剪彩仪式。①

与柬埔寨的关系。2017 年 2 月 3 日，缅甸总统吴廷觉携夫人抵达柬埔寨首都金边进行国事访问。双方就进一步增进两国友好关系，加强两国合作，两国签署避免双重征税协定等事宜进行了讨论。3 月 8 日，缅甸国防军总司令敏昂莱访问柬埔寨，会见了柬埔寨王家军总司令波尔沙伦。就加强军方领导人互访、两军培训、举行运动友谊赛、派遣军队文艺团组和加强国防领域合作等事宜进行了讨论。②

结　语

2017 年，缅甸民盟政府较好地完成了国内政治、经济和社会管理方面的任务，但在民族和解问题上进展缓慢，而罗兴亚人问题的恶化也对民盟政府的危机公关和管理能力提出了考验。在经济上，缅甸保持一定的增长速度，但国内营商环境还需要进一步改善。在落实中缅两国“一带一路”倡议和中缅经济走廊倡议过程中，缅方还需要进一步采取实质措施，加速相关倡议和项目的落地。对于缅甸而言，应积极利用澜沧江－湄公河和 GMS 等地区合作机制，将本国发展战略与相关合作机制、倡议对接，从而有效地借力实现自身的转型发展。

---

① 《越共中央总书记阮富仲访问缅甸》，《缅甸新光报》（缅文版）2017 年 8 月 24 日、25 日，http：//www.moi.gov.mm/npe/mal/？q=content/24－Aug－17。

② 《总统吴廷觉访柬》，《缅甸新光报》（缅文版）2017 年 2 月 5 日，http：//www.moi.gov.mm/npe/mal/？q=content/5－Feb－17。

B.13

2017年泰国形势及对澜沧江－湄公河合作的参与

邹春萌　何青青　王 闯*

摘　要：　2017年，泰国国内政治形势较前缓和，但仍存在一些不确定的因素。新任国王玛哈·哇集拉隆功签署的新宪法草案提升了军方对政治的影响力，招致了国内一些反对声音。巴育军政府将大选屡屡推迟，也引起了国内的质疑。在经济上，2017年泰国经济持续转暖，对外贸易和投资以及旅游业均有不同程度的增长。外交方面，泰国与西方国家以及周边国家保持密切往来，对外关系稳步发展。此外，泰国也积极参与澜湄合作，推动次区域合作取得新进展。

关键词：　泰国　政治　经济　澜湄合作

2017年4月，玛哈·哇集拉隆功国王举行仪式正式颁布新宪法。新宪法草案的许多条款都为军方能够继续把握权力核心创造条件，防范他信集团和大党势力在大选中取胜。但是军政府允诺的大选依然遥遥无期，泰国政局依然存在变数。2017年泰国经济持续向好，对外贸易和外商直接投资增长明显，旅游业随着政局的稳定和服务质量的提高呈现稳步增长的势头。外交方面，中泰高层交流频繁，中泰传统友谊得到加强；泰国与美国的关系进一

---

* 邹春萌，云南大学周边外交研究中心、国际关系研究院东南亚研究所研究员、博士；何青青，云南大学国际关系研究院2017级硕士研究生；王闯，河北大学学生处讲师。

步好转，总理巴育对美国进行了国事访问，实现了泰国总理级领导人12年来对美国的首次正式访问。2017年，泰国继续积极参与澜湄合作，在基础设施、农业和水资源开发、旅游业等领域的合作取得新进展。

一 政治形势有所缓和但仍存在不确定性因素

2017年，泰国经历了国王的更迭，虽然大选日期一再被推迟，但是随着军政府对英拉和他信政治集团的打压，以及对其他政治团体的威慑，军政府的政治影响力不断增强，泰国政治保持了稳定局面。不过，随着军人对政治影响力和控制力的提升，泰国陷入军人统治的风险逐渐增加。

（一）国王签署新宪法草案，军方对政治影响力增加

2017年4月，泰国国王玛哈·哇集拉隆功在曼谷律实宫签署新宪法草案，正式颁布泰国自1932年实施君主立宪以来的第20部宪法。这部宪法已于2016年8月经全民公投通过，现获王室批准后，泰国军政府起草委员会将着手草拟《基本法》。根据宪法规定，下议院500名议员中，350名由人民直选产生，150名由各政党通过所获选票比例推举。另外，新宪法规定上议院人数增至250人，全部由军方“全国维持和平委员会”任命，其中6个席位分别由武装部队最高司令、海陆空三军司令、国家警察总监及国防部次长等6人自动担任。上议院有权与下议院一起决定总理人选，具有控制、监视、进谏政府的权力，有通过和废除法律的权力，有权推动总理的弹劾。[①] 泰国军方表示，希望借这部新宪法，平息持续了10年的政治动荡局面。但这部宪法最大的争议点在于“全国维持和平委员会”委任上议院成员，后者再任命总理，这意味着民选政治人物受到严格的控制，政党的发展进一步受到限制，而军人对政治的影响力将得到极大的增强，泰国陷入军人政治的风险在不断增加。

① 中国商务部：《对外投资合作国别（地区）指南：泰国》，2017。

（二）大选时间一再推迟，国内质疑军方为掌权铺路

军方于2014年发动政变掌握大权后，曾一再承诺会尽快举行大选，但都没有兑现承诺。2014年军政府刚上台时，巴育政府宣布将会在2015年举行大选，之后却多次以新宪法草案尚未通过以及国家安全为由推迟大选时间。2016年，军政府又称大选将于2017年末举行。到了2017年2月，由于新任国王拉玛十世——玛哈·哇集拉隆功对新宪法提出修改建议，使得新宪法没有如期颁布，副总理随即宣布将大选延期到2018年2月举行。到了2018年10月，总理巴育又宣布大选延迟到2018年11月举行。但是，根据2018年2月泰国国会颁布的新选举法案，原定于2018年11月举行的大选将延后至2019年初。总理巴育表示，他因为需要更多时间筹备选举才做此决定。

大选时间的不断推迟，国内反对者认为军方是在争取时间，为确保军方赢得大选继续掌权做准备。从军政府一些具体的活动可以印证这一点。自2017年8月起，总理巴育陆续下乡走访泰国六府，“似乎开始展开类似竞选拉票的活动”。此外，巴育政府还宣布推出总值高达680亿泰铢的基础设施建设计划，投资铁路、高速公路建设，修复被洪灾破坏的基础设施，以及改善公共设施发展旅游业。此举被认为，巴育政府的目的在于“振兴东北地区的经济发展，笼络当地民心”。①

（三）英拉流亡海外，他信集团政治影响力削弱

2017年9月，泰国最高法院对“大米收购案”进行宣判，前总理英拉渎职、纵容腐败等罪名成立，依法判处其五年有期徒刑，且没有缓刑。当天，最高法院还对英拉任职期间政府官员、商人涉嫌倒卖大米进行宣判，有26人被判刑，其中时任商业部部长汶颂被判42年监禁。最高法院原定于8

---

① 《数度推迟，2018年泰国大选能否如期举行?》，凤凰网，2017年10月11日，http://wemedia.ifeng.com/32843980/wemedia.shtml。

月就对此案进行宣判的，但英拉以身体不适为由没有出庭，法庭随即发出逮捕令，随后英拉被证实已逃往国外。

由于最高法院对“大米收购案”的最终宣判及英拉被迫流亡海外，他信政治集团失去了最重要的代理人，遭受到近年来最严重的打击，他信势力有可能从此远离泰国。其主要影响体现在以下三个方面。第一，巴育军政府极大地打压了最强的政治对手，巩固了军政府的地位，增强了政治合法性；第二，军政府对政治的控制力不断增强，对其他政治团体产生了“挤压”效应，其他政治团体的发展会受到诸多限制，有利于军政府赢得未来大选；第三，他信集团暂离泰国也避免了新一轮的街头政治，在一定程度上有利于泰国政局的稳定。因此，尽管泰国官方声称要把英拉引渡回国，但实际上并没有付诸行动。英拉滞留国外，是对军政府最有利的选择，这也意味着西那瓦家族在泰国的影响力将逐步削弱。

二 经济保持平稳增长

得益于居民消费需求旺盛，特别是对汽车消费需求的提高，以及对外贸易和旅游业的持续推动，2017 年泰国经济稳步增长。外商直接投资的大幅增长也是2017 年泰国经济增长的重要推动力。总的来看，2017 年泰国经济形势优于上一年。

（一）经济增长提速

根据泰国国家经济和社会发展委员会公布的数据，2017 年全年，泰国GDP 增长3.9%，较2016 年的3.3%有所提高，是五年来增长步伐最快的一年。其中，第一季度增长 3.3%，第二季度增长 3.8%，第三季度增长4.3%，第四季度增长4.0%。

居民消费增长是推动经济走强的主要因素之一，特别是汽车销售市场呈现一片利好形势。2017 年全年，泰国汽车销售量累计达87.1 万辆，超过85 万辆的预期目标，较2016 年同比增长13.4%；2017 年12 月的单月汽车销售量创下过去4年最高纪录，达3.9万辆，比11月增长33.58%。

除了居民消费需求旺盛外，国内居民投资热情高涨。据相关统计数据显示，2017年，泰国新注册公司共计74517家，较2016年增加16%，创年度注册公司数量最多纪录。2017年12月，企业发展厅受理申请登记营业执照一共达6305家公司，较2016年同期增加43%。新注册公司中房地产公司最多，其次是金店和房屋建筑公司，总注册资金为1469.8400亿泰铢。①

泰国旅游业对经济增长的贡献也不容忽视。随着泰国政局的稳定以及国家旅游营销策略的推动，2017年泰国旅游业表现强劲。2017年全年，泰国共接待外国游客达3538万人次，2016年年增长了8.8%；境外游客为泰国创造外汇收入超过1.82万亿泰铢（537.46亿美元），较2016年增长11.66%。② 中国是泰国第一大旅游客源国，该年中国旅泰游客量超过980万人次，较2016年同期增长11.97%，为泰国带来超过5200亿泰铢（约合153.75亿美元）的外汇收入，较2016年同期增长15.78%；仅在12月入境的中国大陆游客就有81.5万人次，较2016年同期增长52.3%。

此外，2017年，泰国失业人数有所下降。据泰国统计办事处公布的数据显示，2017年全国失业人数为36.4万人，占全国劳动人口的1%，较2016年同期减少了6.1万人。失业人口中，从未工作的人口有21.4万人；拥有工作经验的失业人口则有15万人。失业人数的下降意味着居民收入的增加，不仅提升了消费能力，也降低了政府的财政负担，有利于经济的进一步增长。同时，泰国通货膨胀水平依然保持低位。2017年全年泰国通货膨胀率年比上升0.66%，主要来自非食品及饮料类别的商品及服务、燃油、汽车、教育、调味料，以及与旅游及建筑业相关的商品和服务；而食品及饮料类产品的物价滑落。③

---

① 《2017年泰国7.45万家公司申请经营》，中华人民共和国驻清迈总领事馆经济商务室，2018年1月26日，http://chiangmai.mofcom.gov.cn/article/jmxw/201801/20180102704863.shtml。

② 《2017泰国旅游业持续增长　中国游客贡献最大》，央广网，2018年1月18日 https://baijiahao.baidu.com/s?id=1589885946305348689&wfr=spider&for=pc。

③ 《2017年12月泰国通货膨胀率年增0.78%》，中国商务部，2018年1月8日，http://www.mofcom.gov.cn/article/i/jyjl/j/201801/20180102695425.shtml。

（二）进出口贸易表现良好

受发达经济体经济增长势头良好，新兴市场和发展中经济体增速企稳回升的多重影响，2017年泰国进出口贸易持续增长。据泰国海关统计，2017年泰国货物进出口贸易额为4605.1亿美元，比上年增长12.5%。其中，出口2359.3亿美元，增长10.4%，创下6年来历史最高纪录；进口2245.8亿美元，增长14.7%。[①] 贸易顺差113.6亿美元，虽然下降36.5%，但总的贸易情况表现良好。农业和农产品连续14个月保持扩展，平均涨幅为6.6%，尤其是大米出口表现极佳。2017年，泰国出口总价值约51亿美元的大米，共计1148万吨，较去年增长15.88%，创历史最高纪录。2017年，泰国出口汽车数量累计114万辆，比2016年增长了4.11%；而2017年国内汽车产量累计为198.8万辆，超过了既定生产180万辆的目标，比2016年增长2.28%。[②]

从国别上看，中国是泰国的最大贸易伙伴。据泰国海关统计，2017年泰国与中国进出口贸易为741.4亿美元，增长12.6%。其中，泰国对中国出口294.1亿美元，增长24.7%，占泰国出口总额的12.5%；自中国进口447.3亿美元，增长5.9%，占泰国进口总额的19.9%。除中国之外，日本和美国是泰国的另外两大贸易伙伴。2017年泰国向两国出口额分别为220.7亿美元和265.2亿美元，增长率分别为8.1%和9%，两国合计占泰国出口总额的20.6%；同时，泰国自两国分别进口323.9亿美元和150.2亿美元，分别增长4.9%和23.9%，分别占泰国进口总额的14.4%和6.7%。美国是泰国最大的贸易顺差来源国，2017年顺差额为115亿美元，下降5.8%。中国香港是泰国的第二大顺差来源地，对中国香港的贸易顺差为93.3亿美元，

---

① 《2017年泰国货物贸易及中泰双边贸易概况》，中国商务部，2018年1月26日，https://countryreport.mofcom.gov.cn/record/view.asp?news_id=58187。

② 《泰国2017年泰国汽车总产量198.8万辆》，中华人民共和国驻清迈总领事馆经济商务室，2018年1月26日，http://chiangmai.mofcom.gov.cn/article/jmxw/201801/20180102704859.shtm。

下降4.7%。泰国的贸易逆差主要来自中国和日本，2017年逆差额分别为153.3亿美元和103.2亿美元（具体见表1）。

表1　2017年泰国与主要贸易伙伴进出口额

出口国家和地区	金额(百万美元)	增长率(%)	占比(%)	进口国家和地区	金额(百万美元)	增长率(%)	占比(%)
总　值	235931	10.4	100	总　值	224576	14.7	100
中　国	29405	24.7	12.5	中　国	44734	5.9	19.9
美　国	26518	9	11.2	日　本	32390	4.9	14.4
日　本	22069	8.1	9.4	美　国	15023	23.9	6.7
中国香港	12274	7.7	5.2	马来西亚	11781	7.5	5.3
越　南	11605	24.3	4.9	中国台湾	8230	14.7	3.7
澳大利亚	10491	2.5	4.5	韩　国	8084	10.5	3.6
马来西亚	10318	8.1	4.4	新加坡	7996	22.1	3.6
印度尼西亚	8806	9.7	3.7	阿联酋	7677	23.9	3.4
新加坡	8171	1.6	3.5	印度尼西亚	7410	15.5	3.3
菲律宾	6935	9.2	2.9	瑞　士	7275	75.5	3.2
印　度	6467	26.3	2.7	沙特阿拉伯	6175	26.3	2.8
柬埔寨	5279	14.6	2.2	德　国	6140	4	2.7
德　国	4910	10	2.1	越　南	5020	12.8	2.2

数据来源：中华人民共和国商务部，https://countryreport.mofcom.gov.cn/record/qikanlist.asp?。

从贸易结构上看，2017年泰国出口总额排名前5位的商品分别是机电产品；运输设备；塑料橡胶；食品、饮料、烟草；贵金属及制品。这几类产品出口额分别为742.72亿美元、315.22亿美元、288.40亿美元、183.96亿美元和128.25亿美元。除了贵金属及制品比2016年下降了9.7%外，机电产品；运输设备；塑料橡胶；食品、饮料、烟草分别较2016年同期增长11.0%、5.4%、22.5%、6.5%。同年，泰国进口商品排名前5位的有机电产品；矿产品；贱金属及制品；化工产品；贵金属及制品，进口额分别为696.84亿美元、316.42亿美元、284.53亿美元、185.54亿美元、152.60亿美元，较2016年分别增长7.6%、25.8%、15.2%、14.5%、76%（具体见表2）。

表2　2017 年泰国主要进出口商品

出口商品	金额(百万美元)	占比(%)	增长率(%)	进口商品	金额(百万美元)	占比(%)	增长率(%)
机电产品	74272	31.5	11.0	机电产品	69684	31.0	7.6
运输设备	31522	13.4	5.4	矿产品	31642	14.1	25.8
塑料、橡胶	28840	12.2	22.5	贱金属及制品	28453	12.7	15.2
食品、饮料、烟草	18396	7.8	6.5	化工产品	18554	8.3	14.5
贵金属及制品	12825	5.4	-9.7	贵金属及制品	15260	6.8	76.0
化工产品	10964	4.7	14.3	运输设备	15000	6.7	13.5
贱金属及制品	10879	4.6	14.2	塑料、橡胶	11257	5.0	10.0
植物产品	10792	4.6	16.5	光学、钟表、医疗设备	6305	2.8	1.5
矿产品	9195	3.9	26.7	食品、饮料、烟草	5063	2.3	6.5
纺织品及原料	6799	2.9	4.2	纺织品及原料	4743	2.1	4.7
光学、钟表、医疗产品	6242	2.7	6.6	植物产品	4716	2.1	-3.0
活动物、动物产品	3407	1.4	5.3	活动物、动物产品	4242	1.9	18.7
木及木制品	2873	1.2	17.2	纤维素浆;纸张	2702	1.2	7.9
家具、玩具、杂项制品	2632	1.1	0.7	陶瓷,玻璃	1973	0.9	2.6
陶瓷,玻璃	2014	0.9	9.8	家具、玩具、杂项制品	1805	0.8	7.9

数据来源：中华人民共和国商务部，https：//countryreport. mofcom. gov. cn/asian. asp？p_ coun = % CC% A9% B9% FA。

（三）外来投资增加

2017 年，为了推进“泰国 4.0”和东部经济走廊建设的实施，泰国巴育政府对投资的相关法律进行了修订，制定了更具吸引力的投资优惠政策，以吸引外资赴泰投资；同时加大基础设施建设，改善投资的硬件环境。根据泰国投资促进委员会发布的《投资项目申请指南 2017》，在泰国投资发展科技革新业，如生物技术、纳米技术、先进材料、数字技术等产业，享受的优惠政策包括：免征企业所得税 10 年，额度无上限；新机械免征进口税；用于研发、相关测试以及生产出口产品的原材料免征进口税1年。在地区的投资优惠政策中，在东部经济走廊投资的企业，对于战略性的投资项目，免征企业所得税可长达15年，同时可申请研发和人力资源开发优惠权益；对其他产业的投资可额外减半征收企业所得税5年。

2017年，泰国吸引外资达6419.78亿泰铢（约合200.6亿美元），较2016年增长22%，超出原定的6000亿泰铢的引资目标。泰国外资中的61%（约3921.42亿泰铢）集中在政府确立的十大高附加值产业，其中，新一代汽车制造、智能电子、高端旅游与医疗旅游、农业与生物技术、食品深加工等5大原有优势产业吸引外资2410.55亿泰铢；工业机器人、航空与物流、生物能源与生物化工、数字经济、医疗中心等5大未来产业吸引外资1510.87亿泰铢。位于泰国东部沿海的差春骚、春武里和罗勇三府的经济区，即政府力推的“东部经济走廊”是获得投资最高的地区，占投资总额的46%。①

从外资来源上看，2017年泰国前五大外资来源国分别为日本、新加坡、中国、美国、荷兰，投资总额分别为1330.02亿泰铢、403.66亿泰铢、275.14亿泰铢、200.22亿泰铢、158.42亿泰铢。

三　对外关系稳定发展

2017年以来，中泰高层交流频繁，中泰传统友谊得到加强；泰国与美国关系进一步改善，总理巴育实现了对美国的国事访问。同时，泰国与日本保持密切的经贸合作关系，与马来西亚、缅甸、老挝和柬埔寨四国的关系也平稳发展。

（一）中泰全面战略合作伙伴关系稳步推进

2017年中泰两国高层互访频繁。7月24日，外交部部长王毅在曼谷与

① 《泰国2017年投资超预期，今年有望增长12%》，搜狐财经，2018年1月23日，http://www.sohu.com/a/218432577_369842。

泰国外长敦·帕马威奈举行会谈。王毅表示，无论国际国内形势如何，中泰关系始终保持稳定性战略。王毅重提“一带一路”建设对中泰合作的作用性，希望双方加强“一带一路”倡议与东盟发展战略对接，尽早完成“区域全面经济伙伴关系”谈判，打造升级版中国－东盟战略合作伙伴关系。泰国外长敦表示，积极支持“一带一路”倡议，希望该倡议能与东盟共同体建设有效对接，支持深化东盟—中国合作，加快“区域全面经济伙伴关系”倡议。9 月 4 日，国家主席习近平在厦门会见来华出席新兴市场国家与发展中国家对话会的泰国总理巴育。习近平表示，“中方赞赏泰方积极参与‘一带一路’建设合作，愿同泰方一道，落实好《共同推进“一带一路”建设谅解备忘录》和未来五年《战略性合作共同行动计划》，加强投资、铁路和互联网金融、数字经济、电子商务等领域合作，扩大人员往来，密切旅游和地方交流，加强执法安全特别是反恐合作”。“双方要深化在联合国、亚洲合作对话、亚太经合组织等多边框架内的协调和配合，为维护地区和世界和平、稳定、发展作出积极贡献”。[①] 泰国总理巴育表示，泰方愿同中方保持高层交往，深化双边和多边合作，巩固政治互信，扩大经贸往来，促进相互投资，加强教育、基础设施等领域合作；泰国支持并愿积极参与中国提出的“一带一路”倡议、澜湄合作等促进区域共同发展的重要主张。12 月 15 日，外交部部长王毅在云南大理出席澜沧江－湄公河合作第三次外长会时，会见了泰国外长敦。王毅表示，中方愿与泰方共同努力推动新时期中泰关系取得更大的发展，加强“一带一路”倡议同“泰国 4.0”“东部经济走廊”等发展战略对接，推动中泰铁路项目顺利实施。泰国外长敦表示，泰中双边关系牢固，泰中铁路是“一带一路”建设的延伸，期待铁路的早日建成。12 月 21 日，泰国总理巴育出席开工仪式并致辞，国务院总理李克强致信祝贺中泰铁路合作项目一期工程开工。

中国是泰国第一大贸易伙伴，2017 年中泰双边贸易进一步发展，总额达

① 《习近平会见泰国总理巴育》，中华人民共和国外交部，2017 年 9 月 4 日，http://www.fmprc.gov.cn/web/wjdt_674879/gjldrhd_674881/t1489762.shtml。

741.4亿美元，较2016年增长12.6%。塑料、橡胶和机电产品是泰国对中国出口的前两大商品，2017年出口额分别为86.6亿美元和66.4亿美元，分别增长37.1%和16.3%，占泰国对中国出口总额的比重分别为29.5%和22.6%。植物产品和化工产品是泰国出口中国的第三和第四大类商品，出口额分别为29.1亿美元和20.9亿美元，分别增长8%和27.2%。泰国对中国出口的第五和第六大类商品是化学、钟表、医疗设备和木及木制品，分别出口17.4亿美元和16.5亿美元，分别增长3.6%和21.9%。在进口产品上，泰国主要从中国进口机电产品。2017年进口机电产品208.7亿美元，较2016年增长4%，占泰国自中国进口总额的46.7%。贱金属及制品、化工产品、塑料、橡胶分别为进口的第二、第三和第四大类产品，进口额分别为69.4亿美元、41.8亿美元、24.7亿美元。纺织品及原料、运输设备为泰国从中国进口的第五和第六大类商品，进口额分别为18.3亿美元和16.9亿美元，分别增长1.3%和19.1%。①

（二）美泰关系持续好转，泰日保持紧密关系

2017年4月30日，美国总统特朗普曾与泰国总理巴育通电话，强调美泰共同的工作目标为长期双边合作，并就双边关系及朝鲜威胁等地区安全问题进行了讨论。8月8日，美国国务卿蒂勒森出访泰国，与泰国总理巴育举行了会晤。10月，泰国总理巴育对美国进行正式访问。美国时间10月2日，美国总统特朗普在白宫与泰国总理巴育进行了政务会谈。这是泰国总理级领导人12年来对美国进行的首次正式国事访问。在会谈中，巴育表达了特朗普提出的“美国优先”政策与“泰国4.0”政策不谋而合的看法，双方还就朝鲜问题等区域和平稳定问题交换了意见。在贸易投资方面，巴育希望美国给予更多支持和提供政策上的便利，并愿意更加开放泰国农产品市场。特朗普则表示希望能够削减美国对泰国的贸易逆差。会后，在巴育和特朗普的共同见证下，泰国PTTGC American LLC公司与美国俄亥俄Jobsohio

① 《2017年全年泰国货物贸易与中泰双边贸易概况》，正点国际，2018年4月9日，http://www.qqfx.com.cn/news/120375.html。

公司签订了合作备忘录，以共同研究、计划和执行提高民生水准的计划。这次访问是美泰两国关系持续好转的重要标志。

泰国与日本保持着长期的友好关系。2017 年 3 月 5 日，日本天皇夫妇在对越南进行访问后，抵达曼谷对泰国进行吊唁访问。日本天皇夫妇在泰国王宫向前国王普密蓬的祭坛献花并留言，随后与新国王玛哈·哇集拉隆功进行会见。6 月，泰国副总理颂奇率泰国经济部委领导团成员访问日本，目的是进一步促进两国在各个经济领域的合作。颂奇邀请日本投资泰国的“东部经济走廊”，双方共同签署了经济合作备忘录。9 月，日本经贸代表团对泰国进行了为期三天的访问。副总理颂奇与日本经济产业大臣世耕弘成（Hiroshige Seko）及日本企业家举行会晤。颂奇表示，希望未来泰国商业部和工业部能继续保持与日本经济产业省的沟通和交流，同时也希望日本加强与柬、老、缅、越四国、大湄公河次区域国家以及整个东盟国家的沟通，作为东南亚的经济和金融中心的泰国，愿意成为日本与邻国的桥梁以及日本进入东盟市场的大门。在交通运输方面，除了已经取得重大进展的泰日高铁曼谷—清迈线项目外，颂奇还邀请日本投资东西走廊铁路项目以实现越老泰缅四国的连接并延伸至印度，真正实现各国间的互联互通。日方则表示将助力泰国进入 4.0 时代，加快落实东部经济走廊项目合作项目，并向泰方提出关于产业联结概念，这是促成日本工业改革的重要因素。[①] 同时，颂奇还表示，希望日本贸易振兴机构能帮助泰国发展互联网、机器人和自动化系统。此次会谈取得显著成果，双方共签订 7 份合作协议。9 月，日本海上自卫队访问了泰国，两国举行了联合演习。

泰国与美国、日本经贸关系密切。2017 年美、日两国分别是泰国第二大和第三大贸易伙伴国，日泰和美泰双边贸易额分别达 544.59 亿美元和 415.41 亿美元。[②]

---

① 《日本经贸代表团对泰国进行为期三天的访问，期间签署七份协议》，中华人民共和国驻泰王国大使馆经济商务参赞处，2017 年 9 月 14 日，http://th.mofcom.gov.cn/article/jmxw/201709/20170902644062.shtml。

② 《2017 年全年泰国货物贸易与中泰双边贸易概况》，正点国际，2018 年 4 月 9 日，http://www.qqfx.com.cn/news/120375.html。

（三）与缅甸、马来西亚、柬埔寨、老挝等邻国关系保持稳定

2017 年 2 月 3 ~4 日，泰国副总理颂奇率团与缅方进行会谈，商讨深化边境合作。7 月，泰国向缅甸提供 1.33 亿美元的贷款，两国约定年利率为 0.1%，还款期限 30 年，宽限期为 10 年，并就此重启长期搁置的缅甸土瓦经济特区项目。该项目早在好几年前因当地民众反对及项目融资问题而陷入困境，此次泰国向缅甸提供贷款，表明泰国希望与缅甸加强沟通，进一步密切双边经济往来。8 月 30 日，泰国总理巴育会晤缅甸三军总司令敏昂莱上将，就军事交流及边境问题展开磋商。11 月 8 日，泰国总理接见新任缅甸驻泰国大使。巴育表示，即将到来的 2018 年是泰缅建交 70 周年，泰方将加强与缅甸经贸投资合作。12 月 16 日，缅甸民族联合联邦委员会（UNFC）的政治协商代表团副主席乃昂玛诶（Nai Aung Ma Nge）率团到访泰国清迈进行非正式会谈。

2017 年泰国与马来西亚在军事和商贸方面开展合作。4 月 4 ~8 日，泰国海军与马来西亚海军、马来西亚海域执法署（MMEA）和海警联合举行海上军事演习，项目包括两国海军协同行动，搜查违禁物品、毒品，打击恐怖分子和海盗，以及援救海上难民等。泰国的普吉皇家号和近岸巡逻艇 113 号参与演习。这次军事演习旨在促进两国海军友好合作关系和提高海军力量在两国之间海域展开联合行动的协调能力。4 月 29 日，马来西亚最高统帅宾拉乍访问泰国，与泰国军事最高统帅素拉蓬展开会谈，重要话题包括军事演练和教育、边境安全合作，双方强调将维持友好关系，增加互访。8 月 3 日，泰国、马来西亚和印度尼西亚三国的高级官员在曼谷会面，为应对橡胶价格下滑的趋势展开讨论。

2017 年 5 月 23 ~25 日，泰国副总理颂奇率团访问老挝，双方为共同推动五年经济发展规划进行会晤。此次出访官员包括泰国商业部部长、工业部部长、交通部部长、能源部部长、旅游和体育部部长，泰国政府在边境贸易、财务、投资和旅游方面的机构代表，还有约 30 位泰国商人及中小企业主组成的贸易团队。25 日，副总理颂奇出席“老泰战略合作伙伴论坛”并

作重要讲话，表示愿与老挝在内的CLMV（柬埔寨、老挝、缅甸、越南）国家努力实现区域内经济共同发展。

据泰国商务部数据显示，2017年，泰国与马来西亚、缅甸、老挝、柬埔寨四国的进出口贸易额分别为219.06亿美元、67.84亿美元、51.70亿美元和48.53亿美元，其中与马来西亚的双边贸易处于逆差，逆差额为12.58亿美元，与缅甸、老挝和柬埔寨的双边贸易均处于顺差，顺差额分别是18.34亿美元、7.30亿美元和30.43亿美元（详见表3）。在边境贸易上，泰国与马、缅、老、柬四国的边境贸易保持增长。2017年1～10月，泰国边境贸易出口总额为5410亿泰铢，同比增幅8.8%，其中对四国的出口额按比例排名依次为马来西亚、老挝、缅甸和柬埔寨，所占比例分别是48.6%、19.4%、16.7%和15.3%，与2016年同期相比，对马来西亚和缅甸的出口额分别提高24.3%和0.6%，但对老挝和柬埔寨的出口额分别减少5.5%和2.5%。2017年1～10月，泰国边境贸易进口总额为3532亿泰铢，较2016年同期略增长4.7%，从四国的进口额按比例排名依次为马来西亚、老挝、缅甸和柬埔寨，所占比例分别是59.3%、17.6%、17.4%和5.7%，与2016年同期相比，除从缅甸的进口额降低6.7%外，从马来西亚、老挝和柬埔寨的进口额分别增长4.4%、15.9%和15.9%。①

表3　2017年泰国与马老柬缅四国贸易情况

单位：亿美元

	出口	增长率(%)	进口	增长率(%)	贸易总额	增长率(%)	贸易差额
马来西亚	103.24	7.60	115.82	7.3	219.06	7.4	-12.58
老　　挝	29.5	-1.1	22.20	18.2	51.70	-11.9	7.30
柬 埔 寨	39.48	13.7	9.05	-3.3	48.53	-2.1	30.43
缅　　甸	43.09	3.2	24.75	5.1	67.84	3.9	18.34

数据来源：泰国商务部，http：//www2. ops3. moc. go. th/。

① 《2017年1～10月泰国边贸持续增长》，中华人民共和国驻清迈总领事馆经济商务室，2018年1月15日，http：//chiangmai. mofcom. gov. cn/article/jmxw/201801/20180102698893. shtml。

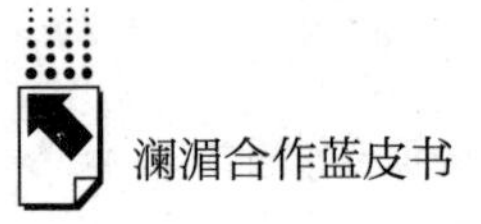

四 参与澜湄合作的进展

澜湄合作是澜沧江－湄公河流域六国自主创立的首个次区域合作机制，2017年是开展澜湄合作的第二个年头。泰国政府十分重视澜湄合作，认为澜湄合作具有很大的发展潜力，可有效促进次区域可持续发展，减小发展差距；泰国通过对澜湄合作的参与，可以助推“泰国4.0”战略和“东部经济走廊”计划的实施。2017年泰国政府积极参与澜湄合作的各项事务，并于2017年5月2日，成立澜湄合作临时国家秘书处。

（一）积极参与澜湄合作会议

2017年2月27日，泰国派代表参加了在北京召开的澜沧江－湄公河水资源合作联合工作组第一次会议，会议审议通过了《澜湄水资源联合工作组概念文件》，泰国和其他国家的代表成立“澜湄水资源合作五年行动计划”起草小组、申报澜湄合作专项基金，会议最后通过了《2017年澜湄水资源合作工作计划》。7月26日，泰国派代表出席澜湄合作跨境经济合作联合工作组第一次会议，并签署了《会议纪要》《工作组职责范围》。9月11日，泰国农业部门代表出席了在广西南宁举行的澜沧江－湄公河合作农业联合工作组第一次会议，并就《澜湄合作农业联合工作组概念文件》《澜湄农业合作计划（2017～2018年）》等交流了意见。

7月13日，泰国工商会领导人出席在柬埔寨举行的澜沧江－湄公河国家经济技术展览会。此次展览会是为了落实第二届澜湄合作外长会议的重要共识，也是为2018年举行澜湄领导人峰会做铺垫。泰国多家企业出席该展览会，以寻求更多的产能经济合作。9月29日，泰国外交部官员出席在云南大理举行的澜沧江－湄公河合作第六次外交联合工作组会议，泰国和其他各方回顾了澜湄合作首次领导人会议和第二次外长会成果落实进展，就澜湄合作未来方向、第三次外长会筹备工作等进行了讨论，达成了许多共识。12月15日，泰国外长敦出席澜湄合作第三次外长会议。会议发表了澜湄合作第三次外长会联合新闻公报，宣布澜湄合作专项基金首批支持项目清单，宣布建立澜湄合作热线信息平台，散发首次领导人会议和第二次外长会成果落实清单。[①]

（二）促进交通基础设施合作

2017 年 4 月 24 日，泰国交通部在孔敬举行交通基础设施建设远景规划（2015～2022）研讨会，邀请了老挝、柬埔寨、中国等驻泰领事及其他官员出席。泰国交通部长阿空做了题为“联通东北部、共创美好生活”的主旨演讲，他提出泰国交通远景规划将使泰国东北部与次区域国家实现互联互通。7 月，泰国政府宣布批准中泰铁路第一段的建设。9 月，泰国交通部在确认泰国“东部经济走廊”基础设施建设构架的同时，表示将不断完善泰国公路、高速公路、铁路网络无缝连接，以促进区域内其他国家基础设施建设交流和合作。同时，泰国正在试图将清盛港打造为互联互通的国际港和物流中心，以承接来自次区域各国的货物。

（三）致力于水资源和农业领域合作

泰国致力于与次区域国家进行更多的水资源和农业合作，积极支持澜湄水资源合作中心、环境合作中心和全球湄公河研究中心的成立和运行，以促进澜湄水资源管理的提升。2017 年，澜湄农业合作进入正式运转阶段。随着澜湄合作农业联合工作组第一次会议的顺利召开，泰国与次区域各国加快推动澜湄农业合作，分别指定了合作联系人。中国农业部为此申请了 1378 万元的澜湄合作专项基金，用于支持农业合作项目，重点推动实施四个早期收获项目，内容涉及渔业、水稻、果蔬、豆类等。泰国更为注重农民能力建设，倾向于通过 PPP 模式开展农民能力建设合作。

（四）推进旅游合作

旅游业是泰国的支柱产业，泰国政府一直希望与次区域国家加强旅游合

① 《澜沧江－湄公河合作第三次外长会举行》，中华人民共和国外交部，2017 年 12 月 15 日，http：//www. fmprc. gov. cn/web/wjbzhd/t1519912. shtml。

作，吸引更多的国际游客到泰国旅游，为经济增长创造更多的价值。2017年2月3日，为挖掘湄公河旅游资源、激发区域旅游发展潜力，泰国旅游局与缅甸旅游联盟签署旅游合作谅解备忘录。6月14～16日，泰国在清迈举行主题为“呈现独特的旅游体验”的旅游交易会，此次交易会吸引了次区域国家在内的64个国家的旅游商参会。在活动现场，除了展示泰国各地的风土人情，来自泰国、老挝、柬埔寨、缅甸、越南等国的旅游部门官员还就如何加强大湄公河次区域国家的旅游合作展开探讨。[①] 当前中国是泰国最大的旅游客源国，针对中国游客，泰国尝试开发一些新颖的旅游项目。11月18日，泰国国家旅游局与中国旅行社总社有限公司在昆明签署旅游合作谅解备忘录，旨在深度挖掘中国赴泰旅游优质客源。

（五）推动东西经济走廊建设与澜湄合作的对接

东西经济走廊包括两条陆路通道，即从缅甸的毛淡棉经泰国的北碧府到曼谷再到廉差邦港的通道，从缅甸的土瓦经泰国的夜速县到莫拉限府，再穿过老挝到越南岘港的通道。作为东西经济走廊的中间节点，泰国正试图通过推动“东部经济走廊”建设实现与澜湄合作的对接。2016年泰国就通过了东西经济走廊总体投资规划发展议案，拟投资3万亿泰铢建设贯穿东西的大交通线路，连接素旺那普、廊曼和乌达抛3大机场，构筑水路、铁路、公路和航空的大交通网络，实现泰国与缅甸、老挝等周边国家的互联互通，促进次区域东西物联网的形成。2017年7月，泰国以对缅提供1.33亿美元贷款为契机而重启缅甸土瓦经济特区项目，加快连接缅甸土瓦港口的通道建设。

① 《2017年旅游交易会在清迈举行》，搜狐网，2017年6月16日，http://www.sohu.com/a/149394867_630337。

B.14

2017年越南形势及其对澜沧江－湄公河合作的参与*

毕世鸿　屈 婕　张 珣**

摘　要： 2017年越南继续完善国内法律体系，不断加强党风廉政建设，完善社会主义市场经济体制，充分肯定民营经济在国民经济中所扮演的重要角色。2017年，越南宏观经济稳定，政府超额完成国会提出的全部13项目标，财政收入及主要经济指标表现良好。外交方面，越南在APEC会议中成功吸引了各经济体的关注，积极开展双边和澜湄合作等多边外交，效果显著。

关键词： 越南　法治　经济　澜湄合作

2017年，越南国会共审议通过18项法案，以进一步推动社会主义法治建设，完善社会主义市场经济体制，促进人权保障和反腐败、反浪费斗争等。2017年也是越南近年来第一次完成或超额完成国会提出的全部13项目

* 本报告系作者主持的2017年度教育部哲学社会科学研究重大课题攻关项目"'一带一路'背景下中国特色周边外交理论与实践创新研究"（17JZD035）和国家社科基金特别委托项目（16@ZH009）的阶段性研究成果，且是"云南大学2018年度边疆治理与地缘政治学科（群）特区高端科研成果培育项目"（Z2018－04）、"云南省高校国际政治经济学理论与次区域合作科技创新团队"和云南省高校新型智库"西南周边环境与周边外交"建设项目的部分研究成果。

** 毕世鸿，云南大学周边外交研究中心、国际关系研究院、"一带一路"研究院教授；屈婕，云南大学国际关系研究院硕士研究生；张珣，云南大学国际关系研究院硕士研究生。

标之年，通胀率保持在合理区间，主要经济目标均圆满完成。在外交方面，越南高度重视周边外交，努力在东盟内发挥积极作用，加强与社会主义国家的联系，同时继续加强大国外交，与周边国家关系稳步发展。

一　法治和党风廉政建设取得新突破

（一）国会出台具有突破性的重要法律文件

2017 年，越南国会共审议通过 18 项法案，以进一步推进 2013 年《宪法》落到实处，完善社会主义市场经济体制，维护国防安全、政治经济秩序和社会治安，促进人权保障和反腐败、反浪费斗争等。其中，有关科技、规划、公债管理、公共资产管理等领域的多项法律具有突破性意义。此外，为了提高各项法案的质量，2017 年越南国会先后审议通过《规划法》、《反腐败法》（修正案）、《诉讼法》（修正案）。国会常务委员会首次延长议程，就部分法律草案开展讨论。这是国会的一大努力，彰显了国会对立法工作的谨慎仔细和负责任精神。

6 月 12 日，第十四届国会第三次会议以 88. 19% 的赞成率表决通过《外贸管理法》（草案），[①] 6 月 19 日，表决通过《技术转让法》（修正案）、《水利法》和《旅游法》（修正案）。[②] 6 月 20 日，越南第十四届国会表决通过《国家赔偿责任法》（修正案）和《法律援助法》（修正案）。[③] 7 月 12 日，国家主席签发主席令，正式公布《外贸管理法》、《中小型企业扶持

① ［越南］《越南国会通过〈外贸管理法〉草案》，越南通讯社，2017 年 6 月 13 日，https：//zh. vietnamplus. vn/越南国会通过外贸管理法草案/66413. vnp。

② ［越南］《第十四届国会第三次会议通过〈技术转让法〉等三项法律》，越南通讯社，2017 年 6 月 19 日，https：//zh. vietnamplus. vn/第十四届国会第三次会议通过技术转让法等三项法律/66672. vnp。

③ ［越南］《越南第十四届国会第三次会议通过〈国家赔偿责任法〉和〈法律援助法〉》，越南通讯社，2017 年 6 月 20 日，https：//zh. vietnamplus. vn/越南第十四届国会第三次会议通过国家赔偿责任法和法律援助法/66690. vnp。

法》、《技术转让法》、《旅游法》、《水利法》和《铁路法》6项法律。[①] 8月14日，国会常务委员会就《森林保护与发展法》（修正案）和《渔业法》（修正案）中若干存在异议的问题进行讨论。[②] 9月13日，国会常务委员会各成员对《环境保护税法》修改补充法案提出意见。[③] 通过各项法律的修正、讨论，进一步促进了越南社会主义法制化进程。

2017年，越南国会还通过了诸多重要决议。其中包括给国家经济、社会发展事业产生巨大影响的政策，诸如《关于北南高速公路以东部分路段建设项目投资主张的决定（2017~2020年）》、《关于龙城国际航空港的征地、补偿及安置项目的可行性研究报告的决议》、《关于金融机构不良贷款处置的决议》及《关于试行胡志明市特殊机制与政策的决议》等。

6月15日，为了贯彻落实《越南祖国阵线法》精神，国会常务委员会、中央政府及越南祖国阵线中央委员会主席团举行联席决议签字仪式，确定越南祖国阵线的社会监督及参政议政形式。这是具有重要意义的重要法律文件，进一步落实有关越南祖国阵线的社会监督及参政议政形式的规定，从而发挥人民群众当家做主的权利、智慧与创新精神，凝聚社会共识，集中精力建设与捍卫祖国等。[④]

（二）加强反腐工作，维护党政廉洁

2017年，越共进一步加强了党内反腐工作，扩大了反腐的对象，明确

---

① 〔越南〕《国家主席签发主席令正式对外公布6项法律》，越南通讯社，2017年7月12日，网址：https：//zh. vietnamplus. vn/国家主席签发主席令—正式对外公布6项法律/67541. vnp。

② 〔越南〕《国会常委会就〈森林保护与发展法〉（修正案）和〈渔业法〉（修正案）中若干存在异议的问题进行讨论》，越南通讯社，2017年8月14日，https：//zh. vietnamplus. vn/国会常委会就《森林保护与发展法》（修正案）和〈渔业法〉（修正案）中若干存在异议的问题进行讨论/68978. vnp。

③ 〔越南〕《国会常委会对〈环境保护税法〉修改补充法案提出意见》，越南通讯社，2017年9月14日，https：//zh. vietnamplus. vn/国会常委会对环境保护税法》修改补充法案提出意见/70241. vnp。

④ 〔越南〕《越通社评选2017年越南十大新闻事件》，越南通讯社，2017年12月24日，https：//zh. vietnamplus. vn/越通社评选2017年越南十大新闻事件/74586. vnp。

了反腐目标，完善了反腐措施，反腐工作取得明显效果。仅 2017 年上半年，各级检查委员会已对出现违法违规行为的 855 个组织和 3500 名党员进行检查。其中，中央检查委员会已对 9 个组织和 15 名党员进行检查，提议中央委员会、政治局、书记处对一个党组织和 6 名党员进行纪律处分。各级党委和党支部已对 87 个党组织和 6000 多名党员进行纪律处分，分别同比增长 61% 和 16%，各级检查委员会已对 1600 多名党员进行纪律处分，主要涉及党员干部缺乏责任心，领导干部放松自我管理以及对国家土壤、资源、矿产、金融、基建的管理等违规内容。[①] 此外，中央反腐败指导委员会第 12 次会议表明腐败初步受到遏制，越南逐步把反腐败斗争扩大到非国有部门。而越共十二届四中全会决议则具体指出了堕落现象的表现，明确了反腐目标、观点、措施和更有效组织实施的方式。[②] 进而国会常务委员会第十四次会议也表示需提高贪污腐败案件调查和审理质量。[③]

越南政府反腐工作的目标是，遏制并逐步消除腐败和浪费，从而保障政治稳定、经济社会发展；树立人民的信心；建设纯洁强大的党和国家；建设守纪廉正的干部和公务员队伍；把反腐败和反浪费工作与建党整党及发扬民主等工作有机结合起来。

（三）充分肯定民营经济在国民经济中的重要角色

6 月 3 日，越共中央总书记阮富仲签发 10 号决定，同意推动民营经济发展成为社会主义市场经济的重要动力。革新 30 年后，越南私营经济首次被肯定为“社会主义定向市场经济体制的重要动力”。该决议落实后，将促进 50 万家私人企业的可持续发展，鼓舞数百万知识型劳动者的创新创业精

① 〔越南〕《大力开展纪检监察工作－严厉打击贪污腐败行为》，越南通讯社，2017 年 7 月 12 日，https：//zh. vietnamplus. vn/大力开展纪检监察工作－严厉打击贪污腐败行为/67551. vnp。

② 〔越南〕《反腐败是越南全党全民的决心》，越南通讯社，2017 年 8 月 12 日，https：//zh. vietnamplus. vn/反腐败是越南全党全民的决心/68910. vnp。

③ 〔越南〕《越南外交部发言人：越南坚决打击腐败行为》，越南通讯社，2017 年 9 月 21 日，https：//zh. vietnamplus. vn/越南外交部发言人：越南坚决打击腐败行为/70547. vnp。

神。10 月 3 日，越南政府发布关于履行上述决定的行动计划的 98 号决议。据此，政府决定取消所有壁垒和偏见，为民营经济健康发展创造便利，力争到 2020 年使企业数量至少提升为 100 万家，在 2025 年前增加至 150 万家，2030 年前至少为 200 万家，并使民营经济对 GDP 的贡献率分别达到 50%、55% 和 60% ~65%。①

二　经济社会实现稳步发展

2017 年是越南近年来第一次完成或超额完成国会提出的全部 13 项目标之年，宏观经济稳定，通胀率保持在合理区间，财政收入及主要经济目标均圆满完成。在经济增长方式逐渐转变的格局之下，从减少资源开发，向加工制造业、高科技农业转变，适应气候变化带来的影响，同时发展服务业和旅游业。

（一）超额完成经济发展目标

2017 年，越南 GDP 已达到 2200 亿美元，跻身世界经济体 50 强。② 经过多年砥砺奋进，越南完成及超额完成 13 个既定经济社会发展指标。其中，GDP 增幅达 6.81%，超额完成国会 6.7% 的既定目标，2017 年有望成为越南新增长周期的开端，这是近十年年度 GDP 增长仅为 6% 左右之后 GDP 取得更高且更可持续增长的速度之年。③ GDP 增幅逐季提升（第一、二、三及四季度分别增长 5.15%、6.28%、7.46%、7.65%）。与此同时，越南宏观经济继续保持稳定、通胀率得以控制、出口猛增及贸易顺差额超过 27 亿美元，工业区生产明显复苏，全年新成立企业 12 万家，成为经济增长的重要

① 〔越南〕《越通社评选 2017 年越南十大新闻事件》，越南通讯社，2017 年 12 月 24 日，https：//zh. vietnamplus. vn/越通社评选 2017 年越南十大新闻事件/74586. vnp。

② 〔越南〕《越南大力改善投资环境》，越南通讯社，2017 年 10 月 31 日。

③ 〔越南〕《越南经济步入新的增长阶段》，越南通讯社，2018 年 2 月 21 日，https：//zh. vietnamplus. vn/越南经济步入新的增长阶段/76882. vnp。

助推力。[①]

2017 年，越南在投资、出口和消费等方面保持均匀增长，不仅达到和超出 2017 年全年计划的 13 项目标，而且还是越南一系列宏观经济指数达到最高水平的第一年。2017 年，越南首次国家外汇储备达 467 亿美元，创历史新高。公债占 GDP 的比例初步发生扭转，与 2016 年相比略有下降。[②] 同年，越南接待国际游客达 1300 万人次。这些成果为越南实现可持续发展和完成越共十二大决议所确定的目标创造了有利条件。

（二）进出口贸易增长强劲

在国际贸易方面，2017 年越南克服了不少困难，进出口额取得了较大增长，正式突破 4248.7 亿美元大关，创下新纪录。在 2001 年，越南进出口总额仅为 300 亿美元，而到 2017 年该数字激增至 4248.7 亿美元。其中，外资企业出口额为 2658.5 亿美元，同比增长 23.2%，占全国出口总额的 65.6%。自越南加入世贸组织以来，越南进出口额已经增加了三倍。[③]

2017 年，越南出口额约达 2137.7 亿美元，同比增长 21.7%，创历史新高。其中，内资企业的出口额达 585.3 亿美元，同比增长 16.2%；外资企业的出口额达 1552.4 亿美元，同比增长 23%；加工工业品的出口额占出口总额近 80.2%，同比增长 22.4%。出口额超过 100 亿美元的加工工业品包括各类电话及其零配件，电脑、电子产品及其零部件，纺织品和服装，鞋类，机械以及设备、工具和其他零配件。上述五类商品出口额达 1280 亿美元，占加工工业品出口总额的 73.5%。2017 年越南农产品出口活动较为活跃，农产品出口额达 363 亿多美元、农业总产值增长 3%。越南农产品进入了美国、日本、韩国、新西兰、澳大利亚等苛刻市场。蔬果出口保持良好增

① 《2017 年越南十大经济事件》，中越交流圈，2018 年 1 月 14 日，https：//mp. weixin. qq. com/s/SUJFGfpSWN - riKigqI6s5Q。

② 〔越南〕《2017 年越南经济亮点回眸》，越南人民军队网，2018 年 2 月 15 日，http：//cn. qdnd. vn/cid - 6158/7193/nid - 547050. html。

③ 《2017 年越南十大经济事件》，中越交流圈，2018 年 1 月 14 日，https：//mp. weixin. qq. com/s/SUJFGfpSWN - riKigqI6s5Q。

长势头，出口额远远超过大米、橡胶、茶叶、腰果等主要商品。此外，水产品出口也呈现良好态势。[①] 2017 年，越南进口额约达 2111 亿美元，同比增长 20.8%。其中，内资企业进口额达 847 亿美元，同比增长 17%；外资企业进口额达 1264 亿美元，同比增长 23.4%。

多年来，越南出口商品的共同之处就是主要为原矿产及一些原农产品或者加工及组装并依赖于进口原材料的加工工业品。辅助工业发展缓慢，尚未生产出达标的产品，难以顺利融入出口企业的产品及其零配件供应链。[②]

（三）吸引外资工作取得新成效

2017 年，越南吸引外资额近 360 亿美元，同比增长近 45%，创九年来的新高。该数字较 4 年前增加了近一倍（2014 年引资额 200 亿美元）。到位资金近 175 亿美元，同比增长 10.8%。截至 2017 年 12 月 20 日，全越南共有 2591 个获投资许可证共有的新项目，协议资金总额为 212.7 亿美元，同比增长 42.3%。此外，越南增资项目 1188 个，增资总额近 84.1 亿美元，同比增长 49.2%。越南境外投资商购买股份 5002 次，总价值为 61.9 亿美元，同比增长 45.1%。

外资大幅度增加的“大功臣”为一系列 10 亿美元以上的重大项目。具体为：2 号宜山 BOT 火力发电厂投资兴建项目，由日企注资，投资额为 27.9 亿美元，装机容量达 1200MW；1 号云风 BOT 火力发电厂，投资者也是日本企业，注册投资额为 25.8 亿美元，装机容量达 1320MW；1 号南定 BOT 火力发电厂项目，由新加坡企业投资，投资总额 20.7 亿美元，装机容量达 1109.4MW。与此同时，韩国三星集团——越南最大的投资商仍稳居外商投资企业排行榜首位，该集团在北宁省投资兴建三星显示器项目，2017 年追加投资 25 亿美元，并在坚江省投资 12.7 亿美元兴建 B 区－O Mon 燃气

① 《出口成为 2017 年越南经济的亮点》，搜狐网，2018 年 2 月 16 日，http://www.sohu.com/a/222978961_662833。

② 《回顾 2017 年：越南经济画卷上的亮点》，《广宁报》2018 年 1 月 8 日，http://chinese.baoquangninh.com.vn/chinese/news/201801/2017－2370191/。

管道项目等其他项目。这些项目投资总额占越南吸引外资总额的40%。[①]

境外投资商共对越南19个领域进行了投资。其中加工制造业是最吸引境外投资商目光的领域。该领域外商投资总额为158.7亿美元，占外商对越投资总额的44.2%。其次是电力生产及分配领域，投资总额达83.7亿美元，占全越南FDI总额的23.3%。位居第三是房地产领域，其外商投资总额达30.5亿美元，占外商对越投资总额的8.5%。[②]

（四）完善基础设施建设，城市化快速发展

2017年，越南经济增长率达6.7%。经济增长为建筑企业创造了更多机会。目前，越南共有772个城市，城市化率达36.6%，城市规模日益扩大，使基础设施建设与扩建升级需求也增加。同时，基础设施项目增加，为建筑业带来了巨额订单，有助于推动房地产市场的发展。国际金融组织（IFC）认定，这将成为促进建筑和房地产领域蓬勃发展的巨大动力。十年来，建筑业的平均增长率达12%。预计到2020年房地产产业规模可达140亿美元。[③]

在交通基础设施建设领域，越南第十四届国会第四次会议以83.1%的赞成率通过关于北南高速公路以东部分路段建设项目（2017~2020年）的决议。根据该决议，将在北南高速公路以东的南定、河静、广治、承天顺化、庆和、同奈、前江及永隆等途经13个省市投资兴建部分路段。该项目的投资额为118万亿越南盾，路段全长654公里。该项目将为推动经济发展、提高竞争力注入新动力。另外，国会通过了一项重要交通项目，即总投资额高达23万亿越南盾的龙城国际航空港项目。[④]

---

① 《2017年越南十大经济事件》，中越交流圈，2018年1月14日，https://mp.weixin.qq.com/s/SUJFGfpSWN-riKigqI6s5Q。

② 《2017年越南吸引FDI达358.8亿美元》，越南网，2017年12月27日，https://mp.weixin.qq.com/s/6_BqsfN3Y2RFRUyV9LUCHg。

③ 〔越南〕《越南房地产市场前景乐观　预计2020年产业规模达140亿美元》，越南通讯社，2018年2月16日，https://zh.vietnamplus.vn/越南房地产市场前景乐观—预计2020年产业规模达140亿美元/76750.vnp。

④ 《2017年越南十大经济事件》，中越交流圈，2018年1月14日，https://mp.weixin.qq.com/s/SUJFGfpSWN-riKigqI6s5Q。

三　全方位外交助推越南提升国际地位

越南2017年的外交主题是积极主动地创造有利的环境以促进国家发展、融入国际社会。2017年，越南与各个重要伙伴的关系持续深入发展，尤其是成功主办了APEC峰会。2018年的主要任务是继续维持和平稳定的环境，并借助更多的外部资源促进可持续发展。[①] 可以说，2017年越南外交取得的成就为越南实现经济和社会稳步发展做出了贡献，有助于实现越南共产党第十二次全国代表大会所提出的各项战略目标。[②]

（一）全面发展与大国的关系，深化务实合作

1. 越美关系

2017年，越南政府总理阮春福访问美国以及特朗普总统在任期第一年内访问越南是两国关系中的重要事件。在越南政府总理阮春福于5月对美国进行的正式访问期间，双方发表了《越南社会主义共和国和美利坚合众国关于推进全面伙伴关系的联合声明》，承诺加强经济、安全、环境卫生等方面的合作。[③]

在经贸合作方面，美国已成为越南的重要贸易伙伴之一。美国对越南出口年均增长率达77%。美国在对越南投资的112个国家和地区中位居第八，投资项目达815个。2017年3月，双方重启《双边贸易与投资框架协议》技术会议。[④] 2017年越南与美国总贸易额为520亿美元，对美国出口商品额

① 《越南希望进一步融入国际社会》，越南时局与评论，2018年1月16日，https：//mp. weixin. qq. com/s/Pzec2UpWC_ biB0zoIA9olg。

② 《2017年越南外交新成果》，越南时局与评论，2018年1月8日，https：//mp. weixin. qq. com/s/iysIFZyr0jgks3DfTlWTSQ。

③ 〔越南〕《越南与美国发表关于推进全面伙伴关系的联合声明》，越南通讯社，2017年6月1日，https：//zh. vietnamplus. vn/越南与美国发表关于推进全面伙伴关系的联合声明/65936. vnp。

④ 〔越南〕《越南对美国的贸易顺差额约达270亿美元》，越南通讯社，2017年10月3日，http：//cn. nhandan. com. vn/economic/item/5667301－越南对美国的贸易顺差额约达270亿美元. html。

为75亿美元，对美国进口商品额为445亿美元。[①] 11月美国总统特朗普访越期间，双方同意通过贸易与投资框架协定（TIFA）深化双边贸易投资关系，两国签署了总额达120亿美元的经贸合作协议。在人员交流方面，赴美就读的越南留学生共有3.1万多名，在东盟国家排名第一。在多边合作方面，越美在解决航行安全、南海问题，巩固东盟核心地位和作用，开展落实东盟—美国战略伙伴关系等事务中的沟通不断加深。[②] 在军事合作方面，7月，美国海军战斗舰和救援舰抵达庆和省金兰国际港，参加了越美海军联合举行的第八次交流活动。[③] 双方一致认为《越美防务合作行动计划（2018～2020年）》有助于深化安全合作。

2. 越俄关系

2017年，越俄两国双边合作进一步加强，其中经贸合作格外活跃。同年，俄罗斯在对越投资的116个国家和地区中位居第23位，俄罗斯对越投资项目118个，注册投资总额达11亿美元，主要集中于能源、矿业、加工制造业、金融等领域。双方力争在2020年前将两国双边贸易额提升至100亿美元。石油仍是两国贸易关系中的优先合作领域。越俄油汽联营公司（Vietsopetro）正开采的原油产量占越南原油总产量的三分之一，俄罗斯将继续向越南提供液化气、燃料、天然气等产品。双方同意密切配合以推进《越南与欧亚经济联盟自由贸易协定》落到实处，进而扩大两国经贸、投资与合作关系。[④]

政治外交方面，6月底，越南国家主席陈大光正式访问俄罗斯。这是越共十二大后陈大光首次对俄罗斯进行正式访问，以巩固和加强双边关系，推动双边多领域合作。[⑤] 两国领导人共同出席两国相关合作文件签字

---

① European Union, "Trade in goods with Vietnam," European Commission, April 16, 2018.

② 〔越南〕《阮春福总理即将访美　将越美关系推向新高度》，越南通讯社，2017年5月28日，https://zh.vietnamplus.vn阮春福总理即将访美　将越美关系推向新高度/65768.vnp。

③ 〔越南〕《越美海军举行第八次交流活动》，越南通讯社，2017年7月5日，https://zh.vietnamplus.vn/越美海军举行第八次交流活动/67272.vnp。

④ 〔越南〕《越南国家主席陈大光开始对俄罗斯进行正式访问》，越南通讯社，2017年6月28日，https://zh.vietnamplus.vn/越南国家主席陈大光开始对俄罗斯进行正式访问/67024.vnp。

⑤ 〔越南〕《深化越俄全面战略伙伴关系》，越南通讯社，2017年6月29日，https://zh.vietnamplus.vn/深化越俄全面战略伙伴关系/67028.vnp。

仪式，包括越俄关于优先投资项目的专项工作组工作准则、越南科技部与俄罗斯国家原子能公司（Rosatom）关于在越建设核科学与技术中心、越南科技翰林院与俄罗斯联邦宇宙局（Roscosmos）在航天航空领域的合作协议（2017～2022年阶段）、越南国家银行与俄罗斯金融监控局在反洗钱领域的合作协议、越南通讯社与俄罗斯卫星通讯社（Sputnik）合作协议、两国国库间的技术合作谅解备忘录、两国铁路公司的合作协议等。①

3. 越日关系

在政治方面，两国关系在相同的战略利益基础上得以巩固与加强，高层互访与接触日益频繁。1月16～17日，日本首相安倍晋三对越南进行正式访问。双方决定继续加强互信并推动经贸投资、官方开发援助、农业、教育培训、应对气候变化、劳动、防务等领域的合作关系进一步发展。② 2月28日至3月5日，日本天皇明仁和皇后首次对越南进行国事访问，越南强调此访将成为越南与日本友好合作关系史上的重要里程碑。③ 目前，两国仍然维持2007年的越日合作委员会、2010年的关于外交国防安全的越日战略伙伴对话、2012年的越日副部长级防务政策对话、2013年的副部长级安全对话等对话机制。

在经济方面，日本是越南重要经济伙伴之一，也是承认越南市场经济地位的西方七国集团首个成员。与此同时，日本是越南第一大官方发展援助国，占越南接受国外官方开发援助（ODA）资金的30%；日本是越南第二大外资来源国，日本对越南投资总额为420多亿美元，占越南

① 〔越南〕《越南国家主席陈大光与俄罗斯总统普京举行会谈》，越南通讯社，2017年6月30日，https：//zh. vietnamplus. vn/越南国家主席陈大光与俄罗斯总统普京举行会谈/67085. vnp。

② 〔越南〕《日本首相安倍今日对越南进行正式访问》，越南通讯社，2017年1月16日，https：//日本首相安倍今日对越南进行正式访问/60615. vnp。

③ 〔越南〕《越南国家主席陈大光与夫人主持国宴　欢迎日本天皇明仁和皇后访越》，越南通讯社，2017年3月1日，https：//越南国家主席陈大光与夫人主持国宴　欢迎日本天皇明仁和皇后访越/62352. vnp。

引资总额的15%。[①] 双方签署了《关于相互鼓励和保护投资协定》、《越南与日本经济伙伴协定》（VJEPA），为促进两国经贸交往创造法律框架。[②]

在安全方面，5月，日本海上保安厅（JCG）宣布派遣“越后”（Echigo）号巡逻船赴越南参加联合反海盗训练。近年来，越南海警同日本海上保安厅开展了多项活动。根据日本国际协力机构（JICA）的计划，越南部分海警人员已赴日接受业务培训，以提高海上执法能力。[③] 2017年，日本共为越南12名军官进行培训，同该国防卫省有关机构配合，测试迪奥辛处理技术。双方还在海上搜寻救难领域开展合作，促进海上执法力量交流，等等。[④]

4. 越印关系

2017年，越南和印度隆重纪念两国关系的两个重要里程碑，即两国建交45周年和建立战略伙伴关系10周年。在贸易方面，印度现为越南10大贸易伙伴之一。越南是印度在东盟的第4大伙伴。双边贸易额年均增长16%，目前为50亿美元。两国领导人提出2020年双边贸易额翻3倍，达150亿美元的目标。在投资方面，越南是印资企业的投资热土，共有130个项目。印方加强对基础设施、信息技术、机械制造、工业区建设、高科技农业等印度具有优势和越南有需求的领域投资，为两国投资商营造便利环境；促进能源、医疗卫生、文化和民间交流等领域的合作关系。[⑤] 国防安全合作被两国领导人确定为双边关系的战略支柱，双方制定了2015～2020年阶段双边防务合作详细路线图，以在传统安全、反恐、打击高科技犯罪，加强网

① 〔越南〕《越日两国关系正处于史上发展最好的阶段》，越南通讯社，2017年2月27日，https：//zh. vietnamplus. vn越日两国关系正处于史上发展最好的阶段/62242. vnp。

② 〔越南〕《越南政府总理阮春福访日：加强越日纵深战略伙伴关系》，越南通讯社，2017年6月3日，https：//zh. vietnamplus. vn/越南政府总理阮春福访日：加强越日纵深战略伙伴关系/66024. vnp。

③ 〔越南〕《日本协助越南提高海警能力》，越南通讯社，2017年5月23日，https：//日本协助越南提高海警能力/65587. vnp。

④ 〔越南〕《越南与日本加强防务合作》，越南通讯社，2017年6月6日，https：//越南与日本加强防务合作/66134. vnp。

⑤ 〔越南〕《越南与印度一致同意加大双边合作力度》，越南通讯社，2017年11月14日，https：//越南与印度一致同意加大双边合作力度/72940. vnp。

络安全，交流联合国维和行动经验等领域开展紧密协调。[①] 双方一致同意继续有效落实包括《越南与印度国防关系共同愿景声明（2015～2020 年）》在内的高层领导人所达成的各项协议与共识。[②]

5. 越韩关系

2017 年韩国是越南最大的外国投资来源地，投资项目为 5500 个，为约 70 万名劳动者创造了就业机会。两国力争 2020 年双边贸易额达 1000 亿美元。旅游也是越韩双边合作取得良好结果的领域，韩越双向游客高达 180 万人次。友好交流活动经常举行。两国共有 40 多个省市正在有效开展教育培训、新农村建设等多个领域的合作活动。自韩越建交 25 年来，越韩两国合作关系日益紧密并取得了良好结果，这为两国人民带来实实在在的发展机会和利益。[③]

（二）推进周边外交和多边外交

1. 与东盟的关系

12 月 19～20 日，越南维和中心同加拿大和韩国驻越大使馆在首都河内联合举行题为“发挥东盟地区论坛成员国在联合提升维和能力和加强与联合国的伙伴关系方面的作用”研讨会。越南凭借本国实力和争取尤其是东盟地区论坛成员国等其他国家的帮助大力提升参与维和行动的能力素质。越南希望以东盟地区论坛成员国的身份提出加强该地区各维和中心间的沟通和协作的倡议，同时分享经验和提供咨询。越方还再次强调为联合国维和行动贡献力量的承诺。[④]

---

① 〔越南〕《越印关系：合作共谋发展》，越南通讯社，2017 年 3 月 23 日，https：//zh. vietnamplus. vn/越印关系：合作共谋发展/63203. vnp。

② 〔越南〕《印度参谋长委员会主席苏尼尔·兰巴对越南进行正式友好访问》，越南通讯社，2017 年 10 月 4 日，https：//zh. vietnamplus. vn/印度参谋长委员会主席苏尼尔·兰巴对越南进行正式友好访问/71032. vnp.

③ 〔越南〕《越南与韩国：成功合作的 25 年》，越南通讯社，2017 年 12 月 22 日，https：//zh. vietnamplus. vn/越南与韩国：成功合作的 25 年/74530. vnp。

④ 〔越南〕《提升东盟地区论坛成员国参与联合国维和行动的能力素质》，越南通讯社，2017 年 12 月 20 日，https：//zh. vietnamplus. vn/提升东盟地区论坛成员国参与联合国维和行动的能力素质/74440. vnp。

12月16日，越南外交部和柬埔寨外交国际合作部、东盟各国驻柬大使馆在金边联合举行“东盟家庭日”活动，庆祝东盟建立50周年。菲律宾驻柬埔寨大使克里斯托弗·蒙特罗（Cristopher Montero）表示，一年来，东盟各国本着“同一个愿景、同一个身份、同一个共同体”精神为东盟共同体建设做出不懈努力。“东盟家庭日”是一项具有切实意义的活动，旨在增强东盟各国之间的互相了解和团结友谊。①

2. 与欧盟的关系

9月，越南与欧盟完成了《欧盟－越南自由贸易协定》（EVFTA）生效实施前的最后法律手续，该协定将于2019年实施。通过越欧自贸协定，企业对欧服装纺织品享受关税优惠。根据越欧自贸协定的安排，协定双方将取消超过99%的税目关税。欧盟将最终取消自越南进口的产品数千个税目的关税。同时，一旦协议生效，越南将取消65%的欧洲出口产品关税，降税过渡期为10年。②

欧盟是越南第二大出口市场，商品出口额达125亿美元，增长率达到11.8%，主要产品包括：纺织品服装、鞋类、农林水产品、电脑等。越南对欧盟出口370亿欧元，增长率达到11.7%，越南从欧盟进口主要产品包括机械设备、用具、药品、奶及奶制品等。③ 目前，欧盟是越南第四大贸易伙伴。

越南高度评价欧盟，继续承诺同东盟加强合作关系。越南希望欧盟继续为促进东盟区域合作做出积极贡献，从而有助于促进地区合作与发展以及维护地区的和平、稳定与安全。越南将同东亚峰会其他成员在计划扩大东亚峰会成员国的基础上，考虑邀请欧盟参加东亚峰会的建议。④

① 〔越南〕《东盟家庭日活动在柬埔寨热闹举行》，越南通讯社，2017年12月18日，https：//zh. vietnamplus. vn/东盟家庭日活动在柬埔寨热闹举行/74324. vnp。

② 《中国企业紧抓越南－欧盟自贸协定机遇扩大对越投资》，中华人民共和国商务部，2017年9月13日，http：//www. mofcom. gov. cn/article/i/jyjl/j/201709/20170902643405. shtml。

③ 〔越南〕《越南与欧盟贸易额呈现良好增长趋势》，越南通讯社，2017年6月14日，https：//zh. vietnamplus. vn/越南与欧盟贸易额呈现良好增长趋势/66473. vnp。

④ 〔越南〕《越南支持东盟与欧盟强化伙伴关系》，越南通讯社，2017年11月30日，https：//zh. vietnamplus. vn/越南支持东盟与欧盟强化伙伴关系/73640. vnp。

3. 举办 APEC 领导人会议

2017 年，APEC 领导人会议在世界和地区局势十分复杂多变的背景下在越南举行，越南以此为契机努力加强与重要伙伴之间的关系，中国国家主席习近平、美国总统特朗普、智利总统米歇尔·巴切莱特、加拿大总理贾斯廷·特鲁多等国家领导人对越南进行访问。会议期间，作为东道国，越南成功协调各成员的不同意见，就 APEC 重要议题和区域互联互通达成共识，促使 APEC 继续保持合作势头以及贸易、投资自由化的核心价值观。在由越南主持起草的《打造全新动力，开创共享未来的岘港宣言》中，APEC 领导人承诺“走向亚太地区自由开放的贸易投资”和“支持本着规则、自由、公平、开放、透明和普惠等的基础上的多边贸易体系”。在 APEC 领导人会议期间，越南与日本共同主持参加《跨太平洋伙伴关系协议》（TPP）的 11 个经济体的经济部长会议，一致同意将 TPP 名称改为《全面先进的跨太平洋伙伴关系协定》（CPTPP）。其中最重要的是，参加 CPTPP 的成员一致同意保持 TPP 的内容，但允许各成员暂时推迟履行部分义务。[①] 同时，越南与各个经济体签署了 121 个合作协议，其价值逾 200 亿美元，这给越南企业融入亚太地区经济合作进程提供了诸多重要机遇。[②]

四　深化澜湄合作并加强与澜湄国家的关系

（一）中越全面战略合作伙伴关系稳固发展

越南与中国进一步推进全面战略合作伙伴关系的发展，在经济、政治、防务等方面进一步深化合作。1 月 12～15 日，越南共产党中央委员会总书

① 〔越南〕《2017 年 APEC 会议是越南融入世界经济的新里程碑》，越南通讯社，2017 年 12 月 5 日，网址：https：//zh. vietnamplus. vn/2017 年 apec 会议是越南融入世界经济的新里程碑/73811. vnp。

② 《2017 年越南十大经济事件》，中越交流圈，2018 年 1 月 14 日，https：//mp. weixin. qq. com/s/SUJFGfpSWN－riKigql6s5Q。

记阮富仲对中国进行正式访问，此访成为越中关系史上新的里程碑。① 5月11～15日，越南国家主席陈大光对中国进行国事访问，并出席"一带一路"国际合作高峰论坛，表示越南欢迎有助于促进地区互联互通和经济交流对接的"一带一路"倡议并愿同各国合作研究展开带来共同利益的项目，为成功实现可持续发展目标做出贡献。②

11月10～13日，中国国家主席习近平对越南进行国事访问并出席APEC第25次领导人会议。双方发表了联合声明，声明中包含越南欢迎和支持开展"一带一路"倡议，旨在推动互利合作，加强各国经济和地区的互联互通，双方愿一道落实好所签署关于"一带一路"与"两廊一圈"对接的合作文件，尽早确定优先合作领域、重点合作方向和具体合作项目。同时双方同意继续推进农业、水资源、环境、科技、交通运输等领域的合作。扩大文化、新闻媒体、卫生、民间交流等领域的合作等内容。③

在党际交流方面，11月26日至12月3日，越共中央书记处书记潘廷镯率领越南共产党代表团对中国进行工作访问并出席中国共产党与世界政党高层对话会。④ 在防务合作方面，2017年在越南莱州省和中国云南省举行的第四次越中边境国防友好交流活动圆满结束。此外，双方边境合作也是一大亮点，为增强双方互信和务实合作做出了贡献。⑤ 中国海军同越南海军12

---

① 〔越南〕《越中双边合作指导委员会第十次会议在北京举行》，越南通讯社，2017年4月18日，https：//越中双边合作指导委员会第十次会议在北京举行/64213.vnp。

② 〔越南〕《陈大光主席出席"一带一路"论坛领导人圆桌峰会》，越南通讯社，2017年5月15日，https：//zh.vietnamplus.vn/陈大光主席出席"一带一路"论坛领导人圆桌峰会/65284.vnp。

③ 〔越南〕《越中联合声明（全文）》，越南通讯社，2017年11月13日，https：//zh.vietnamplus.vn/越中联合声明（全文）/72913.vn。

④ 〔越南〕《越南共产党代表团赴华出席中国共产党与世界政党高层对话会》，越南通讯社，2017年12月2日，https：//zh.vietnamplus.vn/越南共产党代表团赴华出席中国共产党与世界政党高层对话会/73710.vnp。

⑤ 〔越南〕《防务合作有助于推动越中关系平稳健康可持续发展》，越南通讯社，2017年9月25日，https：//zh.vietnamplus.vn防务合作有助于推动越中关系平稳健康可持续发展/70677.vnp。

月上旬在北部湾海域进行了第23次联合巡逻。[①]

在经济合作领域，两国贸易额不断增长。2017年，中越双边贸易额达938亿美元，其中越南对华出口353亿美元，同比增长60.6%，位居美国、欧盟之后；自华进口585亿美元，同比增长16.9%，进口额稳居进口来源地首位。中国连续多年成为越南最大贸易伙伴，越南也日益成为中国的重要伙伴。[②] 9月，越南政府常务副总理张和平出席第14届中国－东盟博览会暨中国－东盟商务与投资峰会。越南120家企业参加本届博览会，是东盟各国参加本届博览会设有展区面积最大的国家，展示了农产品、食品、鞋类、消费品、日用品、木器、手工艺品等优势产品。[③]

（二）越缅确立全面合作伙伴关系

2017年，越南与缅甸将两国关系提升为全面合作伙伴关系；越南共产党与缅甸各大政党的关系不断得到巩固和发展；两国防务合作取得长足进步；双边贸易额同比增长了51%；越南从对缅甸投资的49个国家和地区当中的第十大投资来源地上升为第七大投资来源地；在缅甸投资的越南企业由110家提升至196家；许多越南品牌成功打入缅甸超市和连锁店，越南企业广泛参与新兴合作领域。[④] 8月24～26日，越南共产党中央委员会总书记阮富仲对缅甸进行国事访问。这是越共中央总书记时隔20年再次访缅，标志着两国关系的新里程碑，为推动越缅两国在各个领域的合作关系不断

---

① 〔越南〕《越中海军即将在北部湾海域进行第23次联合巡逻》，越南通讯社，2017年12月1日，https：//zh. vietnamplus. vn/越中海军即将在北部湾海域进行第23次联合巡逻/73684. vnp。

② 〔越南〕《陈大光主席访华进一步深化越中两党、两国的合作》，越南通讯社，2017年5月9日，https：//zh. vietnamplus. vn 陈大光主席访华进一步深化越中两党、两国的合作/65050. vnp。

③ 〔越南〕《张和平副总理出席中国－东盟博览会暨商务与投资峰会》，越南通讯社，2017年9月11日，https：//zh. vietnamplus. vn/张和平副总理出席中国－东盟博览会暨商务与投资峰会/70113. vnp。

④ 〔越南〕《越缅关系不断得到巩固与发展》，越南通讯社，2018年2月10日，https：//zh. vietnamplus. vn/越缅关系不断得到巩固与发展/76570. vnp。

向前发展注入新动力。在农业合作方面，双方继续促进越南农业与农村发展部和缅甸农业与水利部之间的农业合作与水稻种植计划的开展工作。另外，两国在电信、信息技术、交通运输、能源、石油、金融银行等领域的合作项目正在得到有效开展。① 在安全防务方面，在 2011 年签署的防务合作协议基础上，两国军队已开展各级代表团互访、青年军官交流、越南语和缅甸语培训等多项合作内容；同时加强边境、非法移民、打击走私等方面的管理工作。②

（三）越泰关系进一步巩固

越泰两国关系进一步巩固发展，在科技、经济、安全等事务上全面加强合作。安全防务方面，2 月 22 日，泰国总理巴育·占奥差（Prayut Chan-ocha）会见了对泰国进行正式访问的中央军委副书记、国防部部长吴春历大将及越南高级军事代表团。双方认为，为了继续有效开展双边所签署的协议，未来双方应继续加强代表团互访，配合举行副部长级国防政策对话，设立两国国防部之间的热线电话，促进双边海上执法力量的合作，等等。③ 8 月 17 ~ 19 日，越南政府总理阮春福对泰国进行正式访问，双方发表了关于加强越泰战略伙伴关系的联合声明。两国签署了有关科技创新、经济贸易、邮政电信与信息技术、金融银行、热电站建设、炼油、风能等多领域的合作协议和备忘录。在经贸合作方面，双方同意加大合作力度，实现 2020 年双向贸易额达 200 亿美元的目标。④

---

① 〔越南〕《阮富仲总书记访问缅甸：构建越缅关系发展新框架》，越南通讯社，2017 年 8 月 24 日，https：//zh. vietnamplus. vn/阮富仲总书记访问缅甸：构建越缅关系发展新框架/69403. vnp。

② 〔越南〕《进一步推动越缅两国防务合作》，越南通讯社，2017 年 3 月 6 日，https：//zh. vietnamplus. vn/进一步推动越缅两国防务合作/62502. vnp。

③ 〔越南〕《越南与泰国加强防务合作　助推两国战略伙伴关系》，越南通讯社，2017 年 2 月 22 日，https：//zh. vietnamplus. vn/越南与泰国加强防务合作　助推两国战略伙伴关系/62073. vnp。

④ 〔越南〕《越泰发表联合声明　加强两国战略伙伴关系》，越南通讯社，2017 年 8 月 19 日，https：//zh. vietnamplus. vn/越泰发表联合声明　加强两国战略伙伴关系/69181. vnp。

（四）越老特殊关系不断深化

近年来，越老传统友谊、特殊团结和全面合作关系不断向前发展，两国合作机制，尤其是高层合作机制得到有效巩固加强。两国政治互信不断加深，国防安全在训练、培训等领域的务实合作得以推进。4 月 26 日，在老挝首都万象，越南政府总理阮春福与老挝总理通伦举行会谈。之后一同出席两国系列合作文件的签署仪式。双边签署的合作文件有《越南政府与老挝政府培训合作议定书》《老挝财政部与越南财政部合作协议》《越南电力集团与老挝企业关于色贡热电厂发电力经营备忘录》等。①

在安全与法律合作方面，3 月 15 ~ 17 日，由越南国防部副部长潘文江中将率领的越南人民军高级军事代表团对老挝进行正式访问。这是潘文江担任国防部副部长后首次出访国外，并选择了老挝，体现了越南对发展越老关系的高度重视。② 两国已完成越老国界界碑增密和维修改造项目，成功签署《越老国界界碑和边界线议定书》《越老边境口岸管理制度协定》，同时加快推进关于解决边境地区自由移民和无证婚姻等问题的政府间协议。

在经贸合作方面，2017 年越南与老挝的双边贸易额达 8. 92 亿美元，同比增长 8. 5%。出口方面，2017 年越南对老挝的商品出口额达 5. 24 亿美元。进口方面，2017 年越南对老挝的商品进口额达 3. 68 亿美元。③ 此外，教育培训是两国合作关系中的优先领域，两国还在医疗、农业和农村发展、交通运输、旅游等领域保持密切合作关系。在双边和次区域合作框架内，两国不断促进交通运输互联互通项目。④

---

① 〔越南〕《阮春福总理正式访问老挝　双边签署一系列合作文件》，越南通讯社，2017 年 4 月 27 日，https：//zh. vietnamplus. vn/阮春福总理正式访问老挝　双边签署一系列合作文件/64571. vnp。

② 〔越南〕《越南与老挝加强防务合作》，越南通讯社，2017 年 3 月 15 日，https：//zh. vietnamplus. vn/越南与老挝加强防务合作/62888. vnp。

③ 〔越南〕《2017 年越南与老挝的双边贸易额达 8. 92 亿美元》，越南通讯社，2018 年 1 月 30 日，https：//zh. vietnamplus. vn/2017 年越南与老挝的双边贸易额达 8. 92 亿美元/76158. vnp。

④ 〔越南〕《越老特殊关系成为国际关系典范》，越南通讯社，2017 年 12 月 4 日，https：//zh. vietnamplus. vn 越老特殊关系成为国际关系典范/73754. vnp。

（五）越柬关系持续发展

越柬关系持续发展，政治上高层互访频繁。4 月 24～26 日，越南政府总理阮春福对柬埔寨进行正式访问。双方发表了联合声明，一致同意继续加强在各个领域，尤其是在教育培训、边贸、旅游、电信、航空、金融、石油、橡胶业、农业、电力等双方具有优势领域的合作，力争将两国双边贸易额提升至 50 亿美元。双方承诺推动相互投资，同时确保双方企业的合法权益。双方一致同意加强配合，加大打击走私、商业欺诈、造假等行为的力度。双方再次强调，尊重与全面实施两国所签署的有关边境划界协定和有关边界问题的协定。7 月 20 日，越共中央总书记阮富仲对柬埔寨进行国事访问。这是值庆祝越柬建交 50 周年之际进行的历史性访问，双方发表关于加强越柬友好合作关系的联合声明。阮富仲此访成为进一步增加双方互相信任和互相了解，推动两国关系迈上新高度等的重要里程碑。①

在经贸合作方面，越南对柬埔寨投资项目大概有 200 个，投资总额约为 30 亿美元，集中于农林业领域。截至 2017 年 6 月，越南对柬投资项目共有 190 个左右，协议资金约为 29 亿美元，较 2009 年分别增加 100 多个项目和 7 倍。越南是柬埔寨第三大贸易伙伴，双向贸易额达 30 亿美元左右。双方下决心快速将双向贸易额提升至 50 亿美元。②

迄今，双方已完成有关勘界立碑工作量的 84%，并一再强调早日完成此工作的决心。此外，两国对推进教育培训、能源、医疗卫生、交通运输等领域的合作予以关注。③

---

① 〔越南〕《推动越柬团结友谊及全面合作关系蓬勃发展》，越南通讯社，2017 年 7 月 21 日，https：//zh. vietnamplus. vn/推动越柬团结友谊及全面合作关系蓬勃发展/67921. vnp。

② 〔越南〕《越柬两国团结一致　加强友好合作　共谋发展》，人民报网，2017 年 6 月 24 日，http：//cn. nhandan. org. vn/newest/item/5207601 - 越南祖国阵线中央委员会主席陈青敏会见柬埔寨祖国发展团结阵线代表团 . html？ pagespeed = noscript。

③ 〔越南〕《推动越柬团结友谊及全面合作关系蓬勃发展》，越南通讯社，2017 年 7 月 20 日，https：//zh. vietnamplus. vn/推动越柬团结友谊及全面合作关系蓬勃发展/67858. vnp。

（六）积极参与湄公河地区相关合作机制

2017 年 12 月 15 日，澜沧江－湄公河合作第三次外长会议在云南大理举行。中国外交部部长王毅、柬埔寨国务兼外交国际合作部大臣布拉索昆、泰国外长敦、老挝外长沙伦赛、缅甸国际合作部部长觉丁、越南副总理兼外长范平明出席。会议回顾了澜湄合作进展，对下一步工作做出规划，并为第二次领导人会议进行了充分准备。澜湄合作是首个由全流域六国共商、共建、共享的新型次区域合作机制。澜湄合启动以来，作已取得令人瞩目的显著进展。各方抓紧落实首次领导人会议共识，机制建设取得重要成果，合作项目稳步落地，资金安排逐步到位，全方位合作态势初步形成，有效调动了各种资源参与合作，未来合作规划基本成型，澜湄合作正在不断走深走实。①

9 月 20 日，大湄公河次区域经济合作（GMS）第 22 次部长级会议在越南河内举行。GMS 成员国的部长级政府官员、亚洲开发银行副行长、有关国际组织代表出席了会议。本次会议的主题为“加强务实合作，推动 GMS 合作取得更大成果”。会议通报了 GMS 各领域合作进展，审议了《河内行动计划》框架、区域投资框架以及旅游、交通等领域成果，并发表了联合声明。会议提出发挥 GMS 经济合作优势，推进 GMS 与“一带一路”倡议、澜湄合作机制等其他多边机制的对接；构建区域金融网络，保障域内发展资金的有效供给；创新产业合作模式，推动各国产能合作。②

① 《澜沧江－湄公河合作第三次外长会举行》，中华人民共和国外交部，2017 年 12 月 15 日，http：//www. fmprc. gov. cn/web/wjbzhd/t1519912. shtml。

② 《大湄公河次区域经济合作第 22 次部长级会议在越南河内举行》，中华人民共和国财政部，2017 年 9 月 21 日，http：//gjs. mof. gov. cn/pindaoliebiao/gongzuodongtai/201709/t20170921_2706226. html。

❖ 皮书起源 ❖

“皮书”起源于十七、十八世纪的英国，主要指官方或社会组织正式发表的重要文件或报告，多以“白皮书”命名。在中国，“皮书”这一概念被社会广泛接受，并被成功运作、发展成为一种全新的出版形态，则源于中国社会科学院社会科学文献出版社。

❖ 皮书定义 ❖

皮书是对中国与世界发展状况和热点问题进行年度监测，以专业的角度、专家的视野和实证研究方法，针对某一领域或区域现状与发展态势展开分析和预测，具备原创性、实证性、专业性、连续性、前沿性、时效性等特点的公开出版物，由一系列权威研究报告组成。

❖ 皮书作者 ❖

皮书系列的作者以中国社会科学院、著名高校、地方社会科学院的研究人员为主，多为国内一流研究机构的权威专家学者，他们的看法和观点代表了学界对中国与世界的现实和未来最高水平的解读与分析。

❖ 皮书荣誉 ❖

皮书系列已成为社会科学文献出版社的著名图书品牌和中国社会科学院的知名学术品牌。2016 年，皮书系列正式列入“十三五”国家重点出版规划项目；2013~2018 年，重点皮书列入中国社会科学院承担的国家哲学社会科学创新工程项目；2018 年，59 种院外皮书使用“中国社会科学院创新工程学术出版项目”标识。

中国皮书网

（网址：www.pishu.cn）

发布皮书研创资讯，传播皮书精彩内容
引领皮书出版潮流，打造皮书服务平台

栏目设置

关于皮书：何谓皮书、皮书分类、皮书大事记、皮书荣誉、
皮书出版第一人、皮书编辑部

最新资讯：通知公告、新闻动态、媒体聚焦、网站专题、视频直播、下载专区

皮书研创：皮书规范、皮书选题、皮书出版、皮书研究、研创团队

皮书评奖评价：指标体系、皮书评价、皮书评奖

互动专区：皮书说、社科数托邦、皮书微博、留言板

所获荣誉

2008 年、2011 年，中国皮书网均在全国新闻出版业网站荣誉评选中获得“最具商业价值网站”称号；

2012 年，获得“出版业网站百强”称号。

网库合一

2014 年，中国皮书网与皮书数据库端口合一，实现资源共享。

权威报告·一手数据·特色资源

皮书数据库

ANNUAL REPORT(YEARBOOK) DATABASE

当代中国经济与社会发展高端智库平台

所获荣誉

● 2016年，入选“‘十三五’国家重点电子出版物出版规划骨干工程”

● 2015年，荣获“搜索中国正能量 点赞2015”“创新中国科技创新奖”

● 2013年，荣获“中国出版政府奖·网络出版物奖”提名奖

● 连续多年荣获中国数字出版博览会“数字出版·优秀品牌”奖

WWW.PISHU.COM.CN

成为会员

通过网址www.pishu.com.cn访问皮书数据库网站或下载皮书数据库APP，进行手机号码验证或邮箱验证即可成为皮书数据库会员。

会员福利

● 使用手机号码首次注册的会员，账号自动充值100元体验金，可直接购买和查看数据库内容（仅限PC端）。

● 已注册用户购书后可免费获赠100元皮书数据库充值卡。刮开充值卡涂层获取充值密码，登录并进入“会员中心”—“在线充值”—“充值卡充值”，充值成功后即可购买和查看数据库内容（仅限PC端）。

● 会员福利最终解释权归社会科学文献出版社所有。

社会科学文献出版社 SOCIAL SCIENCES ACADEMIC PRESS (CHINA) 皮书系列
卡号：894256255487
密码：

S 基本子库
SUB DATABASE

中国社会发展数据库（下设 12 个子库）

全面整合国内外中国社会发展研究成果，汇聚独家统计数据、深度分析报告，涉及社会、人口、政治、教育、法律等 12 个领域，为了解中国社会发展动态、跟踪社会核心热点、分析社会发展趋势提供一站式资源搜索和数据分析与挖掘服务。

中国经济发展数据库（下设 12 个子库）

基于"皮书系列"中涉及中国经济发展的研究资料构建，内容涵盖宏观经济、农业经济、工业经济、产业经济等 12 个重点经济领域，为实时掌控经济运行态势、把握经济发展规律、洞察经济形势、进行经济决策提供参考和依据。

中国行业发展数据库（下设 17 个子库）

以中国国民经济行业分类为依据，覆盖金融业、旅游、医疗卫生、交通运输、能源矿产等 100 多个行业，跟踪分析国民经济相关行业市场运行状况和政策导向，汇集行业发展前沿资讯，为投资、从业及各种经济决策提供理论基础和实践指导。

中国区域发展数据库（下设 6 个子库）

对中国特定区域内的经济、社会、文化等领域现状与发展情况进行深度分析和预测，研究层级至县及县以下行政区，涉及地区、区域经济体、城市、农村等不同维度。为地方经济社会宏观态势研究、发展经验研究、案例分析提供数据服务。

中国文化传媒数据库（下设 18 个子库）

汇聚文化传媒领域专家观点、热点资讯，梳理国内外中国文化发展相关学术研究成果、一手统计数据，涵盖文化产业、新闻传播、电影娱乐、文学艺术、群众文化等 18 个重点研究领域。为文化传媒研究提供相关数据、研究报告和综合分析服务。

世界经济与国际关系数据库（下设 6 个子库）

立足"皮书系列"世界经济、国际关系相关学术资源，整合世界经济、国际政治、世界文化与科技、全球性问题、国际组织与国际法、区域研究 6 大领域研究成果，为世界经济与国际关系研究提供全方位数据分析，为决策和形势研判提供参考。

法律声明